汽车先进技术译丛·新能源汽车系列

混合动力电驱动系统工程与技术

建模、控制与仿真

[波兰] 安东尼·苏马诺夫斯基（Antoni Szumanowski） 著

陈 勇　王仁广 译

机械工业出版社

本书介绍了 HEV 动力系统的设计过程和非线性动态系统建模在汽车一般设计中的应用，包括动力系统及其控制策略。本书是将学术层面的整合分析方法应用到 HEV 动力系统设计的一次尝试，重点在于揭示了动力系统能量分析的重要性，这将使得在主要能源和辅助能源中能量指标最小化。本书还讨论了电机建模及其控制系统，在强调磁场矢量控制建模的同时，描绘了电机和发电机运行的综合模型。另外，本书讨论了动力电池，无论是功率型还是能量型，在动力系统中都是必不可少的，为降低成本需要反复修改设计方案。最后，本书还集中介绍了相关机械传动部分的设计。本书旨在介绍节能高效的动力系统结构设计方法，适合混合动力电动汽车行业研发人员学习、参考。

First published in the English language under the title "Hybrid Electric Power Train Engineering and Technology" by Antoni Szumanowski.

Copyright @ 2013 by IGI Global，www.igi-global.com

北京市版权局著作权合同登记　字图：01-2017-7869 号。

图书在版编目（CIP）数据

混合动力电驱动系统工程与技术：建模、控制与仿真/（波）安东尼·苏马诺夫斯基（Antoni Szumanowski）著；陈勇，王仁广译 .—北京：机械工业出版社，2021.3

（汽车先进技术译丛. 新能源汽车系列）

书名原文：Hybrid Electric Power Train Engineering and Technology：Modeling，Control，and Simulation

ISBN 978-7-111-67632-4

Ⅰ.①混… Ⅱ.①安… ②陈… ③王… Ⅲ.①混合动力汽车—电动机—研究 Ⅳ.①U469.7

中国版本图书馆 CIP 数据核字（2021）第 036164 号

机械工业出版社（北京市百万庄大街 22 号　邮政编码 100037）
策划编辑：何士娟　　　责任编辑：何士娟　谢　元
责任校对：张　征　　　封面设计：鞠　杨
责任印制：李　昂
北京联兴盛业印刷股份有限公司印刷
2021 年 7 月第 1 版第 1 次印刷
169mm×239mm·19.25 印张·2 插页·374 千字
0 001—1 900 册
标准书号：ISBN 978-7-111-67632-4
定价：159.00 元

电话服务　　　　　　　　网络服务
客服电话：010-88361066　　机　工　官　网：www.cmpbook.com
　　　　　010-88379833　　机　工　官　博：weibo.com/cmp1952
　　　　　010-68326294　　金　书　网：www.golden-book.com
封底无防伪标均为盗版　　　机工教育服务网：www.cmpedu.com

译者序

近几年，混合动力电动汽车因其较高的节油率、适中的成本、较低的排放等特点，在国内保持快速增长。2020年10月27日中国汽车工程学会发布了《节能与新能源汽车技术路线图2.0》，把混合动力作为下一步重点和核心方向，要求2035年实现传统能源动力乘用车全部为混合动力电动汽车。中华人民共和国工业和信息化部、财政部、商务部、海关总署、国家市场监督管理总局令（第53号）公布的《关于修改〈乘用车企业平均燃料消耗量与新能源汽车积分并行管理办法〉的决定》已于2021年1月1日实施，不仅提高了新能源汽车核算标准，还将低油耗乘用车纳入其中，混合动力电动汽车将成为企业低油耗乘用车的发展方向。

本书翻译自国际知名混合动力技术专家、波兰华沙工业大学教授安东尼·苏马诺夫斯基的新版英文原著 Hybrid Electric Power Train Engineering and Technology：Modeling, Control, and Simulation，介绍了混合动力电动汽车动力系统的设计过程以及非线性动态系统建模在汽车通用设计中的应用，包括动力系统及其控制策略。从混合动力电动汽车的构型开始，介绍混合动力电驱动系统中关键部件——电机、动力电池、发动机原理以及系统相应的需求，混合动力电驱动系统的建模与仿真，最后介绍了典型混合动力电驱动系统的结构、设计、仿真与试验结果。

北京信息科技大学陈勇教授翻译了第1~7章，中国汽车技术研究中心有限公司王仁广高级工程师翻译了第8~10章。另外，北京信息科技大学研究生方磊、孙国跃、郑阳、殷康胜、张骞、魏晓旭、刘聪、黄宇航、刘志博、邓智辉、冯亦奇和李娜参加了本书部分译稿的整理工作，在此向他们表示感谢。在翻译和审阅本书的过程中，北京理工大学何洪文教授、中国农业大学江发潮教授和北京工业大学宋建国副教授等提出了修改意见或建议，在此向他们表达深深的谢意。

在本书翻译的过程中，一直得到北京理工大学电动车辆国家工程实验室主任孙逢春院士的热情鼓励与悉心指导，在此对他表示衷心的感谢。

感谢新能源汽车北京实验室、北京电动车辆协同创新中心、北京市属高等学校长城学者培养计划项目（项目号：CIT&TCD20130328）的支持。

由于水平有限，书中难免会有翻译不当之处，恳请读者提出宝贵意见。

译　者

目 录

译者序
第0章 绪论 ··· 1
第1章 混合动力系统的构型演变 ·· 13
  1.1 概述 ··· 13
  1.2 混合动力系统构型的工程开发评述 ······································· 19
  致谢 ··· 28
第2章 混合动力系统能量和功率需求的建模与控制 ······························ 29
  2.1 概述 ··· 29
  2.2 能源与功率分配动态建模 ··· 30
  2.3 混合动力系统能量流建模 ··· 39
  2.4 混合动力系统控制方法 ··· 41
  2.5 储能装置放电因子的确定方法：最小内部损失 ························· 43
第3章 混合动力系统中电机动态建模理论基础 ·································· 45
  3.1 概述 ··· 45
  3.2 交流异步电机建模 ··· 45
  3.3 永磁同步电机建模 ··· 58
第4章 混合动力系统用电机仿真的通用模型 ···································· 70
  4.1 概述 ··· 70
  4.2 交流感应电机驱动系统动力仿真建模方法 ····························· 70
  4.3 永磁同步电机建模 ··· 88
  4.4 永磁同步电机驱动系统仿真建模方法 ··································· 90
第5章 动力电池非线性建模 ·· 108
  5.1 概述 ··· 108
  5.2 在HEV和BEV动力系统中常用电池的主要特点 ························· 111
  5.3 电池建模的理论基础 ··· 112
  5.4 基本的电池动态模型 ··· 113

5.5 动力电池非线性建模 …………………………………………………… 122

第6章 动力电池作为储能单元的基本设计要求 …………………………… 135
6.1 概述 ……………………………………………………………………… 135
6.2 电池管理系统设计要求 ………………………………………………… 136
6.3 混合动力系统中的电池和超级电容器 ………………………………… 144
6.4 温度对电池和超级电容器电压均衡的影响 …………………………… 155
6.5 电压均衡 ………………………………………………………………… 157

第7章 混合动力电动汽车建模与仿真基础 ………………………………… 159
7.1 概述 ……………………………………………………………………… 159
7.2 主能源发动机的动态建模 ……………………………………………… 159
7.3 串联式混合动力系统 …………………………………………………… 165
7.4 使用自动变速器的驱动系统构型 ……………………………………… 174
7.5 分轴式驱动 ……………………………………………………………… 179

第8章 行星混合动力系统基础 ……………………………………………… 184
8.1 概述 ……………………………………………………………………… 184
8.2 行星排建模 ……………………………………………………………… 184
8.3 双动力源混合动力系统的二自由度行星排设计 ……………………… 186
8.4 混合动力系统可用的行星机构 ………………………………………… 187
8.5 紧凑型行星混合动力驱动装置 ………………………………………… 195
8.6 功率耦合机电转换装置设计 …………………………………………… 214
致谢 ………………………………………………………………………… 220

第9章 行星混合动力系统设计过程中的基础仿真研究 …………………… 221
9.1 概述 ……………………………………………………………………… 221
9.2 城市公交车的混合动力系统仿真研究 ………………………………… 223
9.3 通勤公交车的混合动力系统仿真研究 ………………………………… 236
9.4 车辆性能对机械速比的敏感度分析 …………………………………… 241

第10章 插电式混合动力系统建模与仿真 ………………………………… 250
10.1 概述 …………………………………………………………………… 250
10.2 纯电动模式 …………………………………………………………… 251
10.3 机械变速器的概念 …………………………………………………… 253
10.4 典型插电式混合动力系统分析 ……………………………………… 270

附录 缩略语 …………………………………………………………………… 289

参考文献 ………………………………………………………………………… 290

第 0 章

绪 论

目前，有关混合动力电动汽车动力系统设计的专著较少。大多数出版物以详细介绍其他类型的汽车动力系统为主，或仅介绍有关混合动力电动汽车动力系统的基础知识。

然而，在有关电动汽车的主题研讨会上，很多与会者的文章和报告都关注于纯电动汽车和混合动力电动汽车的动力系统结构。这些出版物通常都是基于特定的解决方案和研究工作（大多数为仿真），且缺少对混合动力电动汽车动力系统结构的综合分析方法，通常使用简单的线型数学模型，甚至将诸如 ADVISOR 软件中的公式作为理论依据。严格意义上说，就混合动力系统而言，这种做法是不可接受的。混合动力电动汽车的特点在于部件涉及多学科领域，且受复杂控制函数控制，使其呈现出高度非线性。因此，在建立数学模型时必须考虑到混合动力电动汽车动力系统的动态和非线性特点。建模过程中需要特别考虑的因素包括诸如电化学电池、发动机、电机及其控制系统等与动力系统相关的部分。因此，建立合适的数学模型对于仿真研究的结果真实、可用来说至关重要。

幸运的是，我们掌握了有关混合动力电动汽车动力系统中每一个部件的实验室研究结果，据此可以得出一些诸如转矩和角速度的静态函数 MAP 图，后期以表格的形式应用到工程仿真研究中。然而，从学术角度来看，这种做法只能是辅助性的。

汽车制造商迫切需要可适用于传统发动机和机械传动装置的新型混合动力系统。考虑到目前电动汽车市场还未发展成熟，这种需求是可以理解的，也是较为经济的。1997 年，丰田公司开始大量生产自主设计的混合动力电动汽车，走出了主流路线之外的另一条成功道路。当代汽车工业面临的挑战是要从全局考虑问题。如果我们想设计出高效经济的混合动力电动汽车动力系统，就必须在每个设计阶段对各部件进行单独的设计匹配，这就需要调整电池参数。

如果我们认为混合动力电动汽车的开发及其应用非常重要，那么就需要设计出高效、低价且广泛适用的方案。混合动力电动汽车动力系统的设计与传统发动机汽车设计有着本质差别。例如，就机械变速器而言，不能太贵，因为传统动力

混合动力

电驱动系统工程与技术：建模、控制与仿真

系统使用自动变速器或双离合变速器已经非常普遍。

通常认为，设计混合动力系统的重点不在机械部件，这种认识是不正确的，因为如果机械部件设计得当，能使动力系统的效率提高10%左右（尤其是在再生制动过程中），还能降低混合动力系统的成本。在对纯电动汽车和混合动力电动汽车的机械部件进行优化时，这些优势要给予足够的重视。

设计混合动力系统的关键是仿真研究中的非线性动态建模。当然，在设计中的其他关键部分就是动力系统的原始结构，以及生产和在仿真结果基础上合理选择零部件。

本书介绍了混合动力电动汽车动力系统的设计过程，旨在介绍非线性动态系统建模在汽车通用设计中的应用，具体包括动力系统及其控制策略。

鉴于作者长期研究数学建模与仿真，本书尝试将学术层面的整个分析方法应用到HEV动力系统设计中，重点在于揭示动力系统能量分析的重要性，这将使得在主要能源和辅助能源中的能量指标最小化，这是正确设计的第一步。

本书还讨论了电机建模及其控制系统，强调磁场矢量控制建模的同时，描述了电机和发电机运行的综合模型，包括异步电机和永磁同步电机。

作者的工作也包括了混合动力系统上应用的发动机，包括用实验研究数据的解决方法。

应予以特别关注的还有动力电池，无论是功率型（HP）还是能量型（HE），在动力系统中都是必不可少的，其价格最贵，因此为了降低成本会反复修改设计方案。

最后，本书集中介绍了机械传动部分的设计。必须考虑二自由度行星齿轮传动机构，可由电机控制，也可由辅助电磁离合器控制的具有固定速比的传动机构控制。此外，还介绍了如滚珠式或带式变速传动等简单的自动变速器设计。在仿真研究中，也讨论了发动机和电机MAP图的应用，对这些研究结果和使用非线性模型的研究结果进行了比较。

本书旨在介绍高效节能的动力系统结构设计方法。在有限工况下，高效率即机械能和电能损耗均降至最低。实际上，这也涉及发动机的油耗最小（应考虑到其他限制，例如电池荷电状态的改变）。

设计合理的混合动力电动汽车必须考虑以下3个方面：

1）汽车起步使用纯电动模式（车辆的加速一般由电池组-电机辅助完成）。

2）当发动机工作在最佳效率区（动力系统运转在混合动力模式下）时，应考虑通过瞬时机械传动比来启动发动机。

3）车辆再生制动可以在动力系统处于混合动力模式下实现，通过电机切换成发电机发电来降低车速，或尽可能长时间运转在高效的纯电动模式（关闭发动机）来降低车速。在车辆减速过程中，提高整个混合动力系统效率和延长再生制动的作用时间是本书讨论的最重要的两个问题。

改变机械传动比，一方面影响电能和燃油的消耗，另一方面也影响混合动力系统总效率，本书均有所介绍。这在电池参数设计中具有重要意义。系统内部功率损耗的降低是电机与专门设计的传动系统协调工作的结果，与电池供电的电机（由负载电流减小所致）无关。这将极大地影响整个动力系统的效率（总的内部损耗降低），并使得能量损耗最小。合理调整瞬时机械传动比（自动变速器）不仅在车辆加速过程中非常重要，在再生制动过程中更重要。根据车辆允许的最低速度，通过正确地调整自动变速器传动比可延长再生制动时间，书中也考虑了这一问题。

本书涉及电化学能量源的章节也介绍了超级电容及其与动力电池组成的复合电源。

本书所介绍的建模和仿真研究适用于设计两种动力系统——非外接充电式混合动力系统和插电式混合动力系统。

作者及其博士研究生等研究人员所进行的仿真和实验研究是完整分析的基础。根据这些研究结果，提出了一些动力系统的构型。由于使用的数学模型都经过实验室验证，确保了所提出方案的原创性，因此具有重要的意义。

同时，也参考了其他类似的已公开的解决方案，大多来源于不太重要的会议论文，但作者认为这些论文也是目前有关混合动力系统相关知识的最重要来源。

一方面，在获取纯电动汽车和混合动力电动汽车动力系统最大效率的过程中，整个动力系统及其部件的设计都需要合理的建模和仿真。另一方面，动力系统部件的参数及其控制需通过仿真研究来确定。这些研究结果在应用到标准的车辆行驶工况中时，无需再进行研究。静态的车辆行驶工况通常仅适用于不同的动力系统构型和控制的比较，在真实的行驶条件下进行动力系统运行研究测试也是必不可少的。

本书强调了在混合动力电动汽车动力系统中应用机械部件的重要性，具体体现在机械、电气部件的综合性能，这需要机电工程师充分了解机械、电气部件特性。

本书忽略了有关机械结构的一些特定工程问题。例如发动机、电机、动力电池或机械传动机构的耐久性问题，允许根据 BEV 和 HEV 的使用要求调整相关结构。另外，在动力系统部件运行过程中应单独设计热管理系统，分别考虑其在动载或过载情况下的最长工作时间。

结构设计的目标是这些部件质量和体积的最小化，对未来车身轻量化尤为重要。

准确且适度的非线性动态模型和仿真方法，可利用计算机优化所有动力系统的能量，这是 BEV 和 HEV 动力系统设计的"必要条件"，在本书中也有介绍。

混合动力
电驱动系统工程与技术：建模、控制与仿真

混合动力动力系统的控制策略必须以内部功率损耗最小化为基础，即整个动力系统及其部件对应于其输入、输出转矩和速度分布上能耗最小。根据这种方法定义的控制策略是局部控制器结构的基础。

控制策略的主要指标为：

1）发动机油耗应尽可能低，这可以通过发动机在燃油消耗率最小的特定区域内运转实现。

2）消耗的电池能量应尽可能小。

电池能量的平衡应等于0（仅在非外接充电式混合动力模式下），而SOC（荷电状态）在静态车辆行驶循环的开始和结束时应该是相同的。对于PHEV，必须严格定义纯电动和混合动力工作方式，才能获得电池的最高效率区间，即准确地控制电池的SOC与车辆最大续驶里程相对应。在选择动力系统构型和实际行驶要求时，电池应处于电能转移的最佳状态：

1）限制电池内阻的变化（在分析范围内保持电池内阻最小）。

2）电池电流不得超过限定值。

3）在车辆行驶工况中，电机必须运行在高效区。

上述目标只需适当地建模，把所有驱动部件作为一个整体的动力系统。这意味着首选非线性动态模型可以为HEV和PHEV的设计提供更精确的仿真工具。

本书共分为10章，每章详细描述如下：

第1章包括最重要的混合动力系统结构、功能和技术发展的介绍。主要的混合动力系统应根据功能来选择，本章介绍了具体需要考虑的细节。一般来说，主要有两种可选的混合动力系统形式。

第一种是"非外接充电式混合动力"，动力系统使用小容量的动力电池，且不可由外部电源充电，在整个行驶循环中的能量平衡通过再生制动和发动机工作来实现。

第二种是"插电式混合动力"，即在电池的SOC小于可使用的下限时，可通过外接电网给电池充电。此时，推荐使用小电流在整个晚间进行充电。

这两种类型混合动力系统的主要差别并不在于动力传动系统结构。"插电式混合动力"适用于大容量高能电池（HE），可以只由发动机驱动。该解决方案包括小功率发动机，也称为"增程器"，它更接近纯电驱动的动力系统。PHEV把纯电驱动和"非外接充电式混合动力"驱动的特点结合起来，假如未来电池技术能够得到进一步发展，这种结构是大有希望的。

混合动力传动系统是一个复杂的系统。它由机械和电气部件组成，而且都很重要。本章从历史的角度介绍了混合动力电动汽车和纯电动汽车动力系统的发展历程。

特别强调了纯发动机驱动和混合动力驱动之间的燃油消耗差异。本章包含了

第0章 绪论

发动机运行MAP图的比较，例如发动机输出转矩与转速的静态特性，转速对应于选定车辆的行驶工况。

这不仅对于燃油经济性很重要，而且对于发动机的排放性能也很重要。必须特别强调的是，二氧化碳排放是能源利用引起的一个衍生因素。因此，政治和经济激励措施直接导致能源使用的减少。能源成本的降低与整个动力系统效率和车辆重量有关。对能源和排放成本进行新的评价时，要选取适当的行驶循环工况。燃料热值是与能量密度相关的重要因素。然而，目前最好的锂离子电池的能量密度只有液体化石燃料的三十分之一，所占空间是液体化石燃料的8～10倍。幸运的是，与发动机驱动系统相比，典型的纯电动系统的平均效率是发动机驱动的3倍。混合动力驱动能够提高热机（内燃机）中燃料的燃烧效率，具有广阔的应用前景。

混合动力系统的功率和效率还取决于所用发动机的类型。本章介绍混合动力系统中使用的不同类型发动机，将其整体效率与使用汽油机或柴油机的传统驱动系统进行比较。另外，本章介绍了燃料电池动力系统的效率，这也属于混合动力驱动，因为取代了传统发动机的燃料电池与动力电池协调工作，从能量流的角度来看，属于典型的串联混合动力系统。

本章对混合动力系统的工程结构进行了综述，包括混合动力电动汽车动力传动系统的发展，在结构上，从简单的串联和并联混合动力系统到行星齿轮系统构成的混联式混合动力系统。

最后，本章重点介绍燃料电池串联混合动力传动系统，但仅供参考，因为其运行和设计超出了本书范围。

第2章是混合动力汽车动力系统设计的第一步，即在确定驱动架构后，分析发动机（本书仅作为主要能源PS）与能量储存装置（称为功率源或辅助能源SS）之间的功率分配和能量流动。主要能源的作用是向动力系统提供基本能量，而辅助能源则在动力系统峰值功率负荷期间为混合动力系统提供辅助能量，也是再生制动期间储存车辆动能的首选。在本书讨论由动力电池和主要能源构成的系统时，汽车的驱动轮、储存单元之间的能量流是开始设计混合动力系统的关键。目标是确定主要能源的最小必备功率和辅助能源的最小容量。当然，这种计算需要适当的能量流动模型和基本的车辆行驶循环工况，这里推荐静态行驶循环工况。本章的主要目的是对上述问题进行描述并找到解决方案。

总体上，本章以两种驱动系统为背景，对其他较先进的传动系统进行了建模和数学分析。这两种混合动力系统就是串联混合动力系统和并联混合动力系统，它们都遵循基本的计算公式。

在混合动力电动汽车和纯电动汽车的动力系统设计中，经常遇到的一个根本问题就是对其能量效率的精确评估。驱动结构各不相同，例如动力电池类型（纯电动动力系统中的主要能源,以及混合动力系统的辅助能源)、电机、CVT(无级变速器)组件等。单独确定每个部件的内部效率无法对其进行全面评估,也不能比较所有可用的驱动部件,并从中选择最合适的驱动部件,这一点在所有设计过程中至关重要。对混合动力系统结构进行能量评估,就是根据车辆瞬时外载荷值所需的功率变化,动态确定每个动力系统部件的内部功率和效率,从而降低车轮上的功率。需要强调的是,针对混合动力传动系统的一个点进行所有能量和功率计算。强烈建议这个点取为车辆的驱动轮(混合动力系统的部件所有转矩和转速必须换算到这一点)。

混合动力系统的复杂结构需要其设计人员采用恰当的控制策略。为了实现这一目标,可以应用非线性规划的数值优化方法(将动态优化问题转化为非线性规划问题)。通过分析动力系统的输出轴转矩,由控制函数实现车辆所需的速度时间分布,该控制函数必须能使设定的性能指标最小化。混合动力电动汽车运行的性能很大程度上取决于电池,或者取决于整个能量储存单元。本章讨论了电池荷电状态即电池系数 k 的确定方法。

第 3 章描述了电机的高级建模方法,这也可以认为是混合动力系统建模和仿真的解决方案。

目前,可以应用的电机只有交流感应电机和永磁同步电机,无刷永磁直流电机属于永磁同步电机的一种。本章内容是确定上述电机的通用动态非线性模型必备的基本理论知识。

以向量形式的微分方程构成了描述瞬态过程的完整方程组,应包括电机旋转部件的绕组电压方程和运动方程。这里,考虑作为动态建模基础的向量,以合成向量表示。引入一个复平面(α,β),相对于两极模型方程组的定子静止不动,涉及从定子量的 α-轴和 β-轴分量变换到转子量的 d-轴和 q-轴分量。此外,就电机电流相而言,在本章中考虑了磁场、磁链向量。定义了关于 α-轴和 β-轴分量的电压方程。通过合成向量函数确定的方程,列出了特定的定子电压方程,该电压方程采用 d-轴和 q-轴分量以及沿任意速度的旋转轴表示分量。电磁转矩用沿着磁链向量及其分量方向的合成电流来表示。

数学模型用动态方程描述,所需的基本电机理论通过交流感应电机来解决。这一基本理论可以被看作永磁同步电机的基础,也可以被视为交流同步电机的基础。对后一种情况,解释了其运行原理和结构的演变。由于永磁同步电机常用于混合动力电动汽车动力系统,所以特别重视这种电机的动态建模。这种电机应用广泛的原因在于它的效率最高。

为了简化讨论,对于理想的同步电机模型作出以下假设:
1) 所讨论的电机结构对称(其电枢绕组是相同的,且相电阻对称分布)。
2) 仅考虑匝数和磁通密度的基波,即忽略在气隙中空间磁场分布的高次谐

第 0 章
绪 论

波（源于绕组的离散分布和磁路几何形状）。

本章内容是电机建模原理的高级知识，适于从事混合动力电动汽车动力系统设计的机械工程师和电气工程师，对那些参加硕士和博士课程的工程师来说，本章可能很有用。

第 4 章介绍了获取电机功率仿真模型的方法，为混合动力系统仿真研究提供了非常实用的方法。本章所给出的模型，即交流感应电机模型和永磁同步电机动力学模型，都是基于第 3 章所介绍的基础知识。这些通用模型适于混合动力系统的要求，而车辆动力系统的机械特性则归入后台。力学特性有两个区域。在第一个区域中，转矩值是恒定的，功率值随速度增加而线性增大。在第二个区域，功率是恒定的，而转矩随转速增加按双曲线降低。在第一区域，转速很小（从 0 到 ω_b），在这个阶段，随着动力系统克服惯性阻力，车辆会加速。在第二区域（在 ω_b 到 ω_{max} 之间），运动更加均匀，没有大的加速度，因此转矩可以更小并且仅适用于匀速驾驶。从电机控制的角度来看，电机的转矩-转速调节最常用的方法是本章要考虑的脉宽调制（PWM）。

本章的后面部分介绍了电机性能与电机设计参数之间的关系，以及逆变器/电机的控制策略。电机选型（尤其是驱动电机）和设计环节中需要考虑的大多数因素都在这部分介绍。

对混合动力电动汽车动力系统中常用的交流感应电机和永磁同步电机进行分析。目前，永磁电机的应用比较广泛，其中两种类型的永磁电机更为普遍：永磁同步电机和永磁无刷直流电机。这两种电机结构的建模方法相同，而且永磁电机是二者建模的基础。交流感应电机和永磁同步电机的数学建模，采用了磁场定向矢量控制。本章还讨论了控制电压频率的影响。在 PWM 控制时，永磁电机的弱磁调整方法是非常重要的，本章也介绍了永磁同步电机弱磁模型。

书中附上了基本的仿真研究结果，特别是专门针对前面提到的电机仿真结果。进行仿真的目标之一就是确定电机静态特性，即电机输出转矩与电机轴转速间的函数关系。

电机的静态特性表示为电机 MAP 图，与电机四象限运行的效率联系在一起，四象限是电机由于有电动机/发电机模式，且电机轴转速有两个方向，这在实际中非常有用。

第 5 章介绍了如何确定随时间变化的电池电动势和电池内阻，这也与电池荷电状态有关。模型基于电池不同恒流下的充放电特性，需要在实验室进行测试。

此外，还考虑了根据电池建模结果确定电池 SOC 的方法。根据实验测试数据，分析了温度对电池性能的影响，获得了计算 SOC 的理论基础。详细介绍了电池 SOC 显示值的算法。考虑了温度影响的 SOC 在线显示算法，很容易在实际中使用。对镍氢电池（Ni-MH）和锂离子（Li-ion）电池进行了详尽的分析。

事实上，如果可以得到所必需的测试数据，这种方法同样可以用于其他类型的电池。

混合动力电动汽车和纯电动汽车是解决世界范围内由汽车造成的环境和能源问题的有效措施。混合动力电动汽车相关技术的研究和发展正在积极进行中。动力电池是混合动力电动汽车中的主要能源。根据所分析的行驶工况，动态非线性建模与仿真是电池参数优化调整的唯一工具。考虑到电池过载电流的影响，电池的容量、电压和质量应该尽可能小。根据电池的性能、鲁棒性和运行时间的需求，这是获得电池最低成本的方法。

在混合动力和电驱动系统设计过程中，电池工作过程的调节和管理至关重要。基于线性假设（例如戴维南模型）和采用实验测试数据的电池建模方法这里不作详细描述（见第5章5.3节）。本章还介绍了能够用于各种类型电池的电化学蓄电池通用模型，这个模型是根据电池能量转换过程中基本电气影响而进行的物理和数学建模。

模型定位于电动势和内阻的参数计算，很容易找到荷电状态与这两个参数之间的直接关系。如果定义了电动势与荷电状态之间的函数关系，那么可由电动势确定电池的充放电状态。

该模型实际上是非线性的，因为在电池工作期间，方程的相关参数是时间函数，或者是电池SOC的函数。本章提出的建模方法要使用静态模式下测得的实验数据（例如，不同恒定电流时的电压或内阻对应电池SOC的数据），这些类型的实验数据只能在充放电测试时得到。所考虑的通用模型适用于不同类型的电池数据，使用近似值法和迭代法表示其动态过程。

当电池作为辅助能源时，混合动力电动汽车对电池有特殊要求。为了延长电池的使用寿命，必须减少电池过充或过放的时间。当从电池SOC大致50%的基点工作时，电池必须能够大电流放电或回收能量。因为电池效率影响电池的荷电状态，所以掌握电池内部损耗（效率）的意义重大。

第6章介绍了储能单元设计的基本要求。一般情况下，储能单元被理解为电池，在大多数情况下，也确实如此。但也可以考虑另一种电化学储能装置，即电容器。

混合动力驱动系统中应用的电化学电容器，称为超级电容器。在混合动力电动汽车动力系统中，超级电容器似乎并不能取代电池。本章还讨论了电池和电容器并联的复合电源方案，可能有助于延长电池的使用寿命和降低电池的工作电流。

当然，最重要的是动力电池，重点在于动力电池管理系统关键功能所涉及的电池热特性、电池SOC显示和监测。本章还讨论了动力电池非线性动态建模的原始算法方面的基础知识，该算法包含了电池温度的影响。本章提出了考虑到高精度的电池SOC系数，这对混合动力系统的整体控制非常重要。电池的SOC信

第 0 章
绪　论

号是动力系统在线控制的基本反馈信号,应用在以下各种运行模式:纯电动模式、纯发动机模式和占大部分运行时间的混合动力模式。

上面提到的动力电池包建模和设计方法同样适用于功率型(HP)和能量型(HE)的电池。

非外接充电式混合动力汽车动力系统使用高功率型动力电池,而插电式混合动力电动汽车使用接近于高能量型的电池,与纯电动汽车上使用的电池相似。两种电池的不同之处在第 1 章中已经介绍过了。

本章关于超级电容器的部分,给出了超级电容器的通用动态模型。这里重点关注锂离子电池和超级电容器之间的协同工作。

前文提到的建模和仿真表明,电池/超级电容器并联储能(电池起能量源作用,超级电容器起功率源作用)的一些优点源于系统惯性和 RC 时间常数。这种并联储能装置的主要优点包括:电流减小(尤其是电池)、电池电压降低、平均价格下降、储能装置同时具有高能量密度和高功率密度等。当然,这种储能装置也存在一些不足,例如成本高、重量大、体积大。热分布的分析结果表明,电池端子的最高温度上升。

两种储能装置都需要电压均衡,对于超级电容器更是必不可少的。最新型的锂离子电池质量最好,即每一个电池单体都与其他单体的参数相同,这就可以不使用价格昂贵、结构复杂、电子式的单体电压均衡装置。

正如前文所说,现代超级功率型钛酸锂电池(见第 5 章)完全可以替代超级电容器。无论如何,本章提出的非线性动态建模方法能够成功地用于超级电容器。

第 7 章主要内容包括现有混合动力汽车的基本构型和存在的问题,动力系统建模与仿真,一般分为串联和并联混合动力系统。在两种情况下,发动机的作用及其动态建模都很重要。发动机建模应考虑两方面:一是能源分配建模,二是发动机的局部控制。这两个问题在本章都有讨论。

首先,发动机作为主要能源,提出了一种合理的动态建模方法。

发动机建模十分复杂。混合动力系统设计最好的解决方案是利用发动机运行 MAP 图,可以通过特定的试验台架测试得到 MAP 图。基于燃油喷射系统产生的转矩进行发动机控制,在这种情况下,取决于外加负载情况,一般认为输出响应是发动机输出轴的角速度。

当确定了发动机 MAP 图后,意味着根据实际的台架测试,合理的动态模型可以将静态发动机特性表示为发动机输出转矩与转速的关系。发动机 MAP 图也可以用于能量流分析。

第 2 章中已经描述了串联式混合动力系统的能量分配过程。理论上,由发动机输出的功率可以永远不变,即不停机(见第 2 章图 2-1)。在实际应用中,要考虑到发动机运行的不同控制策略。最重要的就是发动机"恒转矩"和"恒转速"功能。

上文提到的理论分析在实践中不能严格实现。第一，发动机-发电机组是非线性的。第二，涉及控制的准确性。这说明在实时控制中，发动机工作点会有延迟，所附的仿真结果也显示了这一影响。

另一个重要问题是通过轴与发动机连接的永磁电机建模。本章包括对内埋式永磁体（见第4章）的永磁同步电机的矢量图分析。

还讨论了串联式混合动力系统的建模与仿真结果，以15t的串联式混合动力电动公交车为例进行讨论研究。

至于普通的并联式混合动力系统，进行两种类型的动态建模仿真测试。其中一种是使用自动变速器的混合动力系统。一般说来，这种变速器可以使用自动变速器或双离合变速器。

第二种是分轴并联混合动力系统，可看作是最简单的解决方案。本书介绍了应用在城市公交车中的分轴并联混合驱动技术。假如只进行混合动力公交车的能量分析，很容易注意到分轴并联混合动力系统具有常规并联混合动力的典型特征。

第8章描述了最先进的混合动力系统，在第1章中也进行了概述。提出了由二自由度行星齿轮机构组成的结构，这似乎是发动机、动力电池和电机之间最好的能量分配系统。但是很遗憾，这也是制造界最昂贵的解决方案。尽管如此，从技术角度看，这种类型混合动力系统还是应优先作为最佳驱动构型。出于这样的原因，本章详细介绍了行星齿轮混合动力系统的特征和建模方法。当然，最值得注意的是二自由度行星齿轮机构，但也不仅限于此，还要考虑与这个行星齿轮机构协同工作的离合器和机械式减速器。

二自由度行星排使输出轴的角速度随着输入转矩和输出转矩之间的恒定比值变化。因此，这不是经典的转矩和速度连续变化的变速器（无级变速器）。为获得无级变速器的功能，行星排必须进行转矩控制。控制行星排最好的转矩变换器是可在四象限运行的电机，它可以在坐标系的四象限中进行控制。这也意味着动力系统中，二自由度行星排的三根轴中只能有两根轴与发动机和电机连接，例如从电化学电池获得能量的永磁电机。因此，发动机和动力电池是能源的两个来源。当然，第三根轴通过减速器和差速器连接到车辆的驱动轮。基于此，必须严格定义混合动力系统中的两个自由度。其运行必须可靠和有效，也必须提供车辆加速行驶、匀速行驶，特别是再生制动时。行星混合动力系统可能的三种工作模式：①纯电动模式，这种模式可能发生在车辆起步加速时段或在车速较低时的匀速行驶状态；②当SOC很低时，只用发动机驱动模式；③混合动力模式。

这里介绍了一个装有上述行星排的混合动力系统的例子，称为紧凑型行星齿

第0章
绪 论

轮混合动力装置（CHPTD）。该系统架构的特征体现在轴的连接方面：发动机通过机械式减速器和离合器/制动系统与行星排的太阳轮连接，电机连接到齿圈，发动机和电机输出的功率（功率的正或负取决于工作模式）在行星架处耦合，通过主减速器和差速器传递到驱动轮。

本章讨论了诸如自动离合器/制动装置和机械式减速器等辅助驱动部件的作用和建模，并讨论和分析了车辆在纯电驱动模式和纯发动机驱动模式时的控制策略。

此外，分析了二自由度行星排和功率耦合机电转换装置的可能组合。

与二自由度行星排（其自由度通过电机控制）相关的电机驱动系统设计可以转化为纯电磁解决方案。本章给出了上述行星齿轮装置的一个例子，这是一个复杂的结构，具有旋转定子，需要多个电子控制器的复合电机。还描述了机电转换器输出增矩和与其相连的机械式二自由度行星排的情况。

第9章通过仿真研究了不同行驶工况下动力系统参数和控制策略变化对车辆能耗的影响。

控制策略的作用是管理能量流入或流出每个部件的情况，更具体地说，它涉及转矩-速度变化关系。这样，混合动力系统的部件必须与控制策略相结合，当然也要与能量参数相结合，以达到给定约束集下的最优设计。混合动力系统的每个部件都是非常复杂的且呈现非线性。系统优化的一个有效方法是数值计算，即仿真，就像在关系到机电驱动部件数量的多变量次优子程序中，其操作跟合适的能量流控制相关。目标就是动力系统内部损失的最小化。品质因素是最少的能量，以及最小的油耗和电耗。

混合动力系统的油耗必须与传统汽车（其中一个能量源就是发动机）进行比较。紧凑型行星混合驱动装置（见第1章和第8章）及其改进的解决方案，满足实际的功率要求。还测试了所分析的混合动力系统结构，考虑整车质量15t的城市公交车和5t的通勤车两种车辆。

假定选择了基本车型及要匹配的动力系统架构之后，根据所提出的设计任务、利用考虑了诸多因素的仿真程序，对所分析的动力系统进行仿真测试，这一混合动力系统正确设计的过程已经得到广泛认可。所有这些都关系到降低动力系统的内部损失及其对油耗和电耗的影响。首先，应考虑常用的行驶工况，但这还不够充分。在动力系统设计过程中，强烈建议对车辆在实际条件下的爬坡、加速和动力系统特性进行附加测试。因此，本章包含多个仿真结果，篇幅较大。

第10章介绍了插电式混合动力汽车的工作原理。纯电动汽车的动力系统接近于插电式混合动力系统，因此插电式混合动力系统的纯电动模式非常重要。提高车辆的驾驶自主性，必须延长续驶里程。这意味着设计过程必须集中精力于能量的经济利用，特别注重电力消耗。同时，增加电池容量，意味着其质量和体积

混合动力
电驱动系统工程与技术：建模、控制与仿真

增大，这不被认可。大量试验证明，多档变速器、机械式自动变速器的合理选择同汽车续驶里程之间有很强的关联性。在插电式混合动力系统中，使用变速器意味着以电池能量为主的车辆可以行驶更远的距离。本章讨论机械速比的合理匹配及其对车辆行驶里程的影响。

减少电机在最低效率区和较低转矩的运行时间，意味着电机电流减小会降低能耗，但会提高整个动力系统的效率。

增程器的应用涉及体积很小的发动机和汪克尔发动机，或与旋转或直线运动的部件相连的自由活塞式发动机。在这种情况下，电子控制系统解决方案可能包括发电机控制器和充电机的一体化设计。然而，重点在于不同类型的自动变速器的概念。介绍了三种类型的机械式自动变速器：齿轮（滚珠式）、带式无级变速器（CVT）和被称为紧凑型行星齿轮混合动力装置（见第9章）的行星排，另外还配有通过特殊构造的电磁离合器，可以连接或断开齿轮减速器。机械传动比的档位数取决于车辆的大小、质量和用途，在大多数情况下，最高速度是决定因素。严格地说，对于城市超轻型乘用车而言，两三个档位就足够了。在多功能车辆中，例如通过紧凑型行星齿轮传动混合动力装置，机械传动比的档位数必须更多。根据控制算法的适当匹配，应考虑在车辆再生制动期间机械传动比自动变化的影响。提高动力系统的效率才是可接受的解决方案。只有在车辆制动期间，储存在电池中的回收能量的效率增长了约8%。

本书的每一章开始都会向读者介绍这一章的主题，并通过讨论的问题给予指导。

本书是专门为研究生（包括硕士生和博士生）、工程师和对混合电动汽车动力系统感兴趣的研究人员而撰写的。本书涉及混合动力电动汽车动力系统的设计以及使用非线性动力学建模和仿真对其参数进行正确匹配。总体而言，本书侧重于混合动力电动汽车动力系统的设计，包括工程分析、建模和控制策略。要特别予以强调这三个要素，本书的主要目标是提供可能的探索方法进行驱动结构分析，以确定最高效的动力系统，包括动力系统的输入、行驶循环工况以及车辆的驱动特性。上述方法是设计混合动力电动汽车动力系统的唯一途径。

第 1 章

混合动力系统的构型演变

混合动力系统是由机械和电气部件组成的复杂系统,每个部件的作用都很重要。这里从历史演变的角度出发,介绍混合动力电动汽车动力系统的发展历程。本章对所选择的混合动力系统结构进行了讨论,包括混合动力汽车动力系统从简单的串联和并联驱动到行星混合动力系统的发展情况;并着重说明纯发动机驱动和混合动力驱动之间的燃料消耗差异。一般情况下,业界定义了两种主要的混合动力系统类型,其主要区别并不只在于动力系统构型上。第一种是非外接充电式混合动力系统,其中配备的动力电池容量相对较低,且不用外部电源充电,其动力电池的能量(荷电状态)必须平衡。第二种是插电式混合动力系统,当其电池荷电状态不能满足要求时,就需要通过电网对电池充电。此外,本章还简单提到了燃料电池串联混合动力系统,因为其运行和设计超出了本书的范围,不进行过多介绍。

1.1 概　　述

混合动力电动汽车和纯电动汽车的最初目的就是节能和环保,现在正沿着满足更广泛的用户需求方向不断发展。需要采用新的动力系统结构和增强的功能来提高驾驶性和舒适性,甚至是新一代汽车强烈要求的"驾驶乐趣"。

事实上,对于混合动力电动汽车最初的燃油效率要求,在很大程度上依赖其运行工况,在城市行驶时表现较好,但在高速公路上或上坡时则相对较差。相应地,新一代混合动力电动汽车,正呈现出最佳整体性能同时具有低油耗的新趋势。

本章首先介绍了几种可行的混合动力系统结构,然后对混合动力电动汽车的最新结构进行了概述。

2000年以来,石油价格翻了两番,空气污染也越来越厉害。特别是二氧化碳排放量的增加对地球大气层的构成了负面影响,这可能是近年来气候变化的原因之一。当前，汽车产生的二氧化碳约占工业二氧化碳排放总量的25%。根据最近的预测，石油在未来四十年内可能会枯竭。这些情况都说明了公路运输电气化的必要性，混合动力汽车不断增长的市场成功表现将逐渐使其成为绿色电力运输系统的重要组成部分。这就意味着，必须从现在开始对混合动力在工程和技术上进行持续改进和发展。

在这种情况下，人们越来越倾向于使用混合动力或新型汽车动力系统，混合动力电动汽车为未来实现生态平衡带来了希望。这个希望是基于一个简单的规则，即天然燃料燃烧得越少，排放产生的尾气就越少。此外，燃烧过程越稳定就越容易控制燃烧产生的气体排放，而混合动力正具备所有这些优点。

当然，如果我们要实现与传统汽车类似的驱动特性，就应该把基本相同的驱动能量施加到车轮上。在混合动力系统中，一次能源消耗应该较少，那么如何才能达到所要求的能量平衡呢？

能量的不足部分由作为辅助能源的储能装置提供，也称之为功率型电源，这种能源通常是电化学电池。动力电池的作用是在汽车再生制动过程中回收车辆动能，并在车辆动力需求较大的短时间内辅助驱动。在混合动力系统的优化设计中，如何根据燃料和电能消耗最低的目标合理地分配能量，这是一个十分重要的问题。

一般来说，有两种主要的混合动力驱动形式。一种是非外接充电式混合动力系统，其配备容量相对较低的动力电池，不使用外部电源充电。在整个行驶过程中SOC应保持平衡，这需要通过再生制动回收能量和发动机适时起动运行来实现。

另一种类型是插电式混合动力系统，这种驱动方式在SOC不足时，需要通过电网充电使电池获得电能。因此，建议在夜间用电低谷时给电池充电。

两种混合动力驱动系统都可以采用结构相同的动力系统。插电式混合动力系统配备了更大容量的动力电池，在行驶过程中其能量只能由发动机补充，现在这种发动机也叫"增程器"。因此，插电式混合动力系统本身具有纯电动和非外接充电式混合动力系统的特点。此外，由于这种情况下发动机的燃料消耗和二氧化碳排放都非常低，因此就当前和未来应用而言，电池的不断发展注定其应用前景比较广阔。

本章包括混合动力系统结构介绍和正确建模的方法，即能量－功率分配，通过提高系统效率实现一次能源的最低消耗，其次是实现功率源的能量平衡。

混合动力系统很复杂，由机械和电气部件两大重要部分组成。合理的驱动系统设计涉及每种驱动系统各自的建模和优化调整。与纯发动机驱动相比，混合动力驱动系统的优点是发动机可以控制在燃料消耗低、排放少的区域运行，以及通过再生制动为电池充电的可能性。

图 1-1 给出了现代混合动力系统的演变过程。

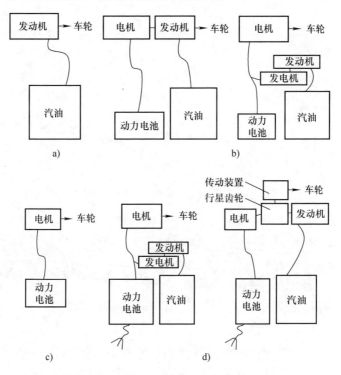

图 1-1 现代混合动力系统的演变过程
a）汽油车 b）混合动力电动汽车 c）纯电动汽车 d）插电式混合动力电动汽车

最重要的目标是获得一种智能和有效的插电式混合动力电动汽车的动力系统，其中配用新一代发动机作为增程器。这种方案是纯电动汽车驱动系统和非外接充电式混合动力电动汽车动力系统之间的桥梁，但这并不意味着传统的串联或并联混合动力系统就没有改进或发展了。

总之，为了对上面提到的驱动系统构型进行建模和仿真，本章后半部分将讨论混合动力电动汽车驱动系统开发，也需要相同的设计方法和过程。

图 1-2 和图 1-3 所示的是发动机 MAP 图（发动机转矩、转速和等燃料消耗关系曲线图）。图 1-2 为传统发动机驱动，图 1-3 为行星齿轮混合动力装置驱动。对于 12t 城市客车按照同一城市循环行驶时，其发动机工作点同发动机燃料消耗紧密相关。容易发现，与纯发动机驱动相比，混合动力驱动系统中发动机的工作区域被控制在高效区内。

图 1-2 和图 1-3 所示为发动机工况点的静态特性图。为了能在相同的驱动循环基础上进行比较，只能以动态的方式显示图 1-2 和图 1-3 所示点的重复频率。在接下来的章节中，将对混合动力系统进行动态分析，当然这些图是在动态建模

和仿真过程中得到的,在纯发动机驱动和混合动力驱动情况下,计算发动机燃料消耗量。

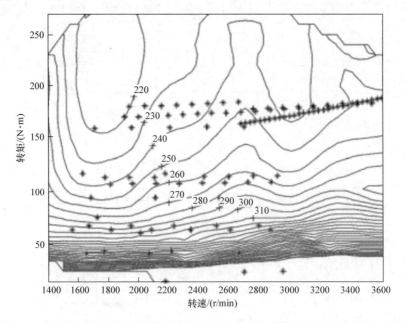

图1-2 传统发动机驱动时的发动机特性曲线 [等油耗曲线单位为 g/(kW·h)]

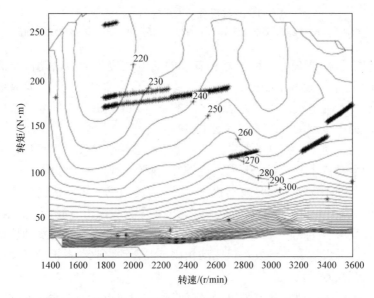

图1-3 紧凑型行星齿轮混合动力装置的发动机工作点,与第7章和第8章的发动机相同 [等油耗曲线单位 g/(kW·h)]

第1章 混合动力系统的构型演变

传统纯柴油发动机驱动与紧凑型行星混合动力装置驱动之间的油耗差异，如图1-4所示。

必须强调的是，CO_2排放是由能源利用派生出一个参数。因此，在政治和经济上都鼓励直接减少能源的用量。能量成本定义为比能量（MJ/L）和CO_2排放量（以g/km为单位）的因子来确定。降低能源成本与驱动系统的效率和车辆重量有关。为了进行新的能源和排放成本比较评价，这里只考虑合适的行驶循环。涉及能量密度时，燃料的热值是一个重要表征。

即使是最好的锂离子电池，其体积能量密度（图1-5）也仅仅大约为液体燃料的1/30，而所占空间多达10倍。幸运的是，纯电驱动系统的平均效率比内燃机驱动高3倍。但是必须承认，这种纯电动汽车的单次充电续驶里程只有传统汽车的几分之一。因此，当电池有足够能量时，在城市交通中，使用纯电动汽车是合理的。混合动力驱动系统提高了热机（内燃机）中燃料的燃烧效率，具有广泛的应用前景。

车辆重量在能源和排放成本中起着重要作用。目前，研发机构试图降低现有车辆的质量，甚至减轻到50%以下。然而，新材料并不是唯一的基本因素，生产技术也很重要。

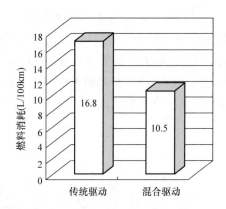

图1-4 紧凑型行星齿轮混合动力装置与传统驱动方式的燃料消耗比较
（试验车辆质量5t）

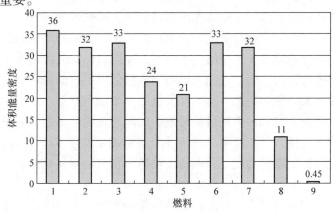

图1-5 不同能源的体积能量密度比较

1—柴油（MJ/L） 2—汽油（MJ/L） 3—天然气/沼气（MJ/m³） 4—液化石油气（MJ/m³）
5—乙醇（MJ/L） 6—生物柴油（MJ/L） 7—乳化燃料（MJ/L）
8—氢气（MJ/m³） 9—锂离子电池（MJ/kg）

混合动力系统的效率也取决于驱动系统中使用的发动机类型。与传统汽油或柴油发动机相比，图1-6对比了不同混合动力系统中发动机的效率。此外，图1-6也显示了燃料电池动力系统的效率，这也是混合动力系统的一种构型，只不过其中的内燃机被燃料电池与电池组合所取代了。为了便于进行比较，分析中采用了新欧洲行驶工况（NEDC）。

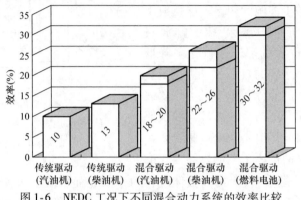

图1-6 NEDC工况下不同混合动力系统的效率比较

显然，对于相同重量的汽车，使用混合动力系统代替传统的驱动系统可以获得明显优势。

如果要对混合驱动构型进行合理调整，还有很多工作要做。这意味着要在机械驱动和电驱动部件之间获得一个最优的折中方案，还必须对它们的结合和控制方法进行评估。对不断发展的城市交通系统而言，混合动力（非外接充电式混合动力系统或插电式混合动力系统）和纯电动汽车都扮演非常重要的角色。如前所述，石油价格在迅速上涨，还应该考虑石油储量迅速减少的问题（一般预测石油将在40年后完全枯竭）。众所周知，装有内燃机的混合动力驱动系统是当前混合动力电动汽车和纯电动汽车之间的一个桥梁，而燃料电池混合动力电动汽车及其基础设施是未来的发展方向。目前，燃料电池替代内燃机的费用太高，需要基础设施的投资非常大，例如制氢、运输和大量的安全加氢站等。

在城市交通中，空气污染是目前最重要的问题。混合动力驱动系统提供了显著降低污染的可能性，其减排效果比传统驱动系统要大得多，可以降低二氧化碳排放量。通过降低发动机油耗，并调整发动机工作点运行在高效区，来降低二氧化碳排放量。

混合动力驱动系统的主要特点是电池电量的平衡。这意味着对于非外接充电式混合动力系统在行驶工况开始和结束时，动力电池SOC应该处于同一水平；而对于插电式混合动力系统，动力电池SOC可以在最低限值0.3以下。在后一种情况下，夜间充电是必要的。电能消耗也应该尽可能少。通过合理调整混合驱动结构和控制策略，使燃料和电能的消耗最少，从而实现最高的驱动效率，这是混

第1章 混合动力系统的构型演变

合动力汽车设计的主要目标。为了获得最高效率,电机应该考虑采用感应电机或永磁电机;同样,动力电池应该是镍氢电池或锂离子电池。包括电控自动变速器或 CVT 在内的高效机械传动在设计过程中都应该一起考虑,还有使用步进电动机和低能耗电磁离合器等实现混合驱动运行模式选择。本书旨在推进这种复杂的方法。

1.2 混合动力系统构型的工程开发评述

常见的有串联混合动力和并联混合动力两种构型,它们有可能获得最优的驱动性能。两种构型如图 1-7 和图 1-8 所示。

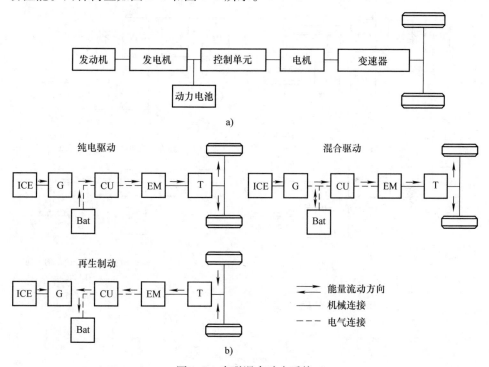

图 1-7 串联混合动力系统

a) 总体方案 b) 各个模式下的能量流

ICE—内燃机 G—发电机 Bat—动力电池 CU—控制单元 EM—电机 T—变速器

注:纯发动机驱动不能用于串联混合动力系统只用于并联混合动力系统(见图 1-8)

并联混合动力有三种基本型式:单轴联合式、双轴联合式和分轴驱动混合动力系统。双轴联合式并联混合动力的特点是两根轴,一根轴与发动机相连,另一根轴与电机相连。同时,两根轴都与变速器相连。

混合动力
电驱动系统工程与技术：建模、控制与仿真

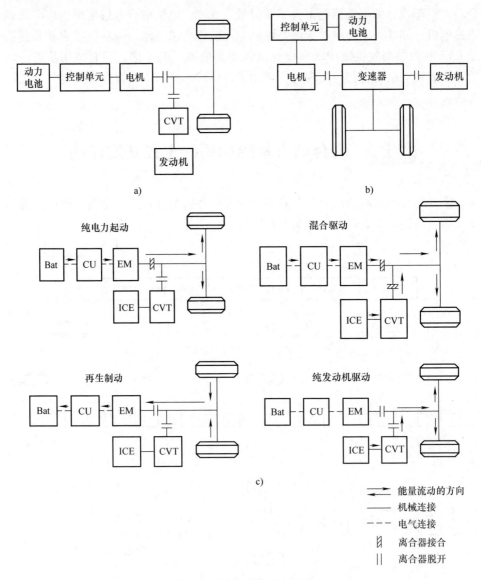

图 1-8 并联混合动力系统
a) 双轴联合 b) 单轴联合 c) 各模式下的能量流
ICE—内燃机 Bat—动力电池 CU—控制单元 EM—电机 CVT—无级变速器

如果采用二自由度的行星排作为变速器，则混合动力系统可以配备一台或两台电机。在丰田普锐斯的混合动力系统选用了双电机，并分别与行星排中两个独立轴相连的方案，而发动机与第三根轴连接（见图 1-11）。与传统并联式系统相比，此时发动机的工况更为稳定且始终处于高效区，因此又称为混联式混合动力系统。同样，采用单电机的行星排并联系统也可以取得相同的效果，因减少了组成元件的数量而降低了系统成本。因此，可以通过开发适用的控制策略来解决这个问题，而这比采用双电机双轴系统、串联和混联式混合动力系统（或并联双轴联合，或通过路面 TTR 耦合的前轴、后轴分别驱动的并联系统）都要复杂得多。

本书提出的高效混合动力系统（能耗最小）是一种采用单电机的行星排式混合驱动系统（见第 7~10 章），该方案是由 Antoni Szumanowski 教授发明，并由其同事加以发展。

本书旨在介绍混合电驱动系统的设计方法，尤其是在城市交通车辆上的应用。下面用于分析和比较的混合动力驱动构型有：串联、分轴并联和采用单电机的两自由度混合动力行星系统，下面的系列结构图显示了上述混合驱动系统的构型（见图 1-8~图 1-10）。

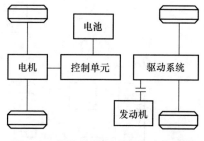

图 1-9　分轴并联驱动混合动力系统

在混合动力系统中，行星齿轮机构非常有吸引力，首先是因为它体积和质量小（与轴载荷成正比）。其次是使用了二自由度变速器，就意味着它的三根旋转轴可以用于连接：一根连接发动机，一根连接电机，第三根连接驱动轮（需另外再添加一个连接装置）。对于常规汽车应用来说，行星排的生产制造技术已经很发达了。但在混合动力系统中，行星变速器的作用与传统的工作方式不同。除了二自由度行星排之外，还包括离合器/制动器，根据最优设计（在设计之前由建模和仿真确定）和控制功能进行具体操作。

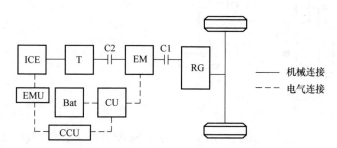

图 1-10　菲亚特研究中心（CRF）EcoDriver 并联混合动力系统（Szumanowski，2000）
ICE—内燃机　T—变速器　C1, C2—单向离合器　CU—控制单元　CCU—中央控制器
EMU—发动机管理单元　EM—驱动电机　RG—6 档自动变速器　Bat—动力电池

典型的动力系统构型如图 1-11 所示，二自由度行星排起着能量分配作用。

图 1-12 绘制了丰田开发的插电式混合动力汽车的系统构型。与图 1-11 的非外接充电式混合动力系统相比，主要差别在于：高功率锂离子电池、100V/200V

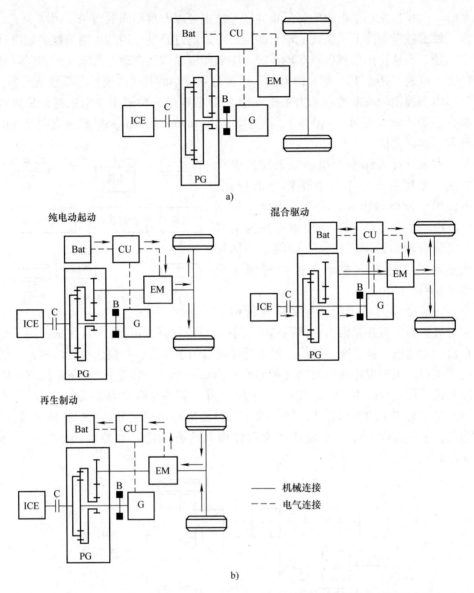

图1-11 丰田混合动力驱动系统——HEV（这种混合构型也称为动力分配或混联式混合动力）
a) 驱动方案 b) 各模式下的能量流（Yamagouchi, 1996; Yamagouchi, Miyaishi 和 Kawamoto, 1996）
ICE—内燃机 PG—行星排 C—离合器 B—轴制动器 EM—驱动电机
G—发电机 Bat—动力电池 CU—控制单元

充电系统和更大的纯电动续驶里程，这意味着只靠动力电池驱动车辆就可获得更大功率和最高速度。

采用与非外接充电式混合动力汽车相同的基本混合动力系统，插电式混合动

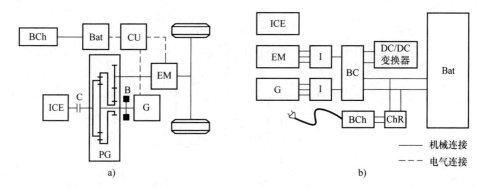

图 1-12 丰田插电式混合动力系统，建立在图 1-11 所示的非外接充电式混合动力系统基础上
a）动力系统布置　b）电气方案
I—逆变器　BC—升压变换器　ChR—充电机继电器　ICE—发动机　PG—行星排　C—离合器
B—轴制动器　BCh—充电机　EM—电机　Bat—动力电池　CU—控制单元　G—发电机
注：区别在于 PHEV 具有大容量动力电池，附加连接到电网的充电机和充电继电器等
设备（Takaoka 和 Komatsu，2010）

力汽车选用更大容量的动力电池功率/能量，依靠外部电源充电。因此，与非外接充电式混合驱动汽车使用的镍氢（Ni–MH）电池相比，为 PHEV 新开发的体积小、重量轻的锂离子电池具有更高的能量密度。镍氢电池（Ni–MH）和锂离子电池（Li–ion）的参数如下：

- 非外接充电式混合动力系统（HEV）：镍氢电池，202V，1.3kW·h，42kg。
- 插电式混合动力系统（PHEV）：锂电池，345.6V，5.2kW·h，160kg。

锂离子电池的一个大问题是获得内部恒压结构，以及冷却性能和防护性能的升级。

图 1-13 所示为由单台电机控制的两自由度行星排。与图 1-12 所示的解决方案相比，离合器/制动器单元控制着混合驱动的工作模式（见第 7~10 章）。共有三种工作模式：如果离合器（CB1）分离但传动轴处于连接状态，则连接着行星排的发动机处于制动模式，由动力电池供电的电机驱动行星轮的齿圈，从而实现纯电动驱动。

当松开制动器（CB1），离合器接合时，发动机驱动太阳轮，电机驱动齿圈。此时，处于混合动力模式。如果电机端子上的电路（来自逆变器）关断，制动器 B2 制动，则为纯发动机驱动模式。这种动力系统借助专用电磁控制离合和制动装置（见第 7~10 章），可实现复杂的功能选择，其特点是体积小、工作效率高，被称为紧凑型行星齿轮混合动力装置（CHPTD），如图 1-13 所示。

另一种名为"双模式"的行星混合动力汽车由 Allison GM（2000—2001 年）开发。它的主要特点是强大的输出转矩，因此这一动力系统适用于豪华乘用车和 SUV，例如戴姆勒（图 1-14），以及公共汽车，但这种混合动力系统复杂且昂贵。

混合动力

电驱动系统工程与技术：建模、控制与仿真

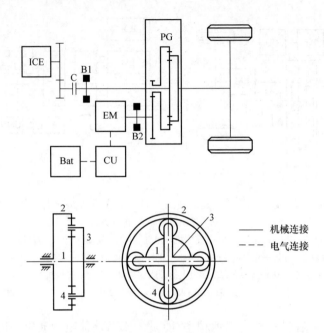

图 1-13　基本的紧凑型行星齿轮混合动力装置（CHPTD；由 A. Szumanowski 在 1994 年开发），使用一个二自由度行星排（见第 8 章）

1—太阳轮　2—齿圈　3—行星架　4—行星轮

ICE—发动机　PG—行星排　C—离合器　B1，B2—轴制动器　EM—电机　Bat—动力电池　CU—控制器

FEV Motorentechnik GmbH（Aachen）公司开发的新型传动概念，是基于三个简单的行星排，使用了少于三个离合器和两个制动器。该混合动力系统的电机（EM）与第一个行星排和第一个锁止离合器（C1）配合，能够提供 4 个前进档，全部安装在变速器的锥形壳体内。第一个行星排（PGS1）的三个元件的连接关系如下：

- 太阳轮：发动机（ICE）。
- 齿圈：PGS2。
- 行星架：PGS3 和电机。

图 1-15 所示为这种新型混合动力传动系统的布置图。

PGS2 和 PGS3 用作双速变速器，均有一个制动器和一个离合器（分别为 B1/C2 和 C3/B2）。PGS1 有两个不同功能：当离合器 C1 分离，发动机轴和电机轴被锁在一起，选择换档元件 B1、C2、C3 或 B2 的接合，可以有 4 个直接档。当离合器 C1 接合，PGS1 作为一种机械动力分配装置，将发动机转矩分配给 PGS2 和 PGS3，其中一个换档元件必须结合（组合方式有：B1/C3，B1/B2，C2/C3 和 C2/B2），这样可以提供四个动力分配档位。

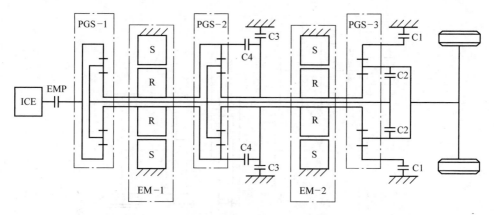

图 1-14 采用二自由度行星排的混合动力系统示例（对应双模系统）
EMP—电磁输入离合器片　ICE—发动机　PGS-1，PGS-2—二自由度行星排
PGS-3—行星齿轮减速器的输出　C（1-4）—离合器/制动系统　EM—电机（电机/发电机）
R—电机转子　S—电机定子

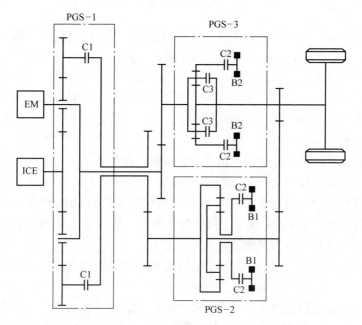

图 1-15　基于 FEV 的电动功率分配系统的混合动力系统方案
（Hellenbrouch, Lefgen, Janssen, 和 Rosenburg, 2010）
ICE—发动机　PGS—行星齿轮部分　C—离合器　B—轴制动器　EM—电机

　　图 1-16 是与 CHPTD 动力系统构型类似的概念。它有四个速比，包括与发动机连接的二自由度主行星排形成的基本速比，齿圈和行星架各对应两个速比。

25

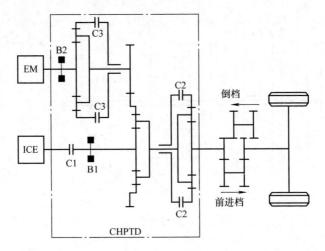

图1-16 一种紧凑型行星混合动力装置（CHPTD；A. Szumanowski）的系统构型，配备三个行星排（参见第9章）

ICE—发动机　C—离合器　B—轴制动器　EM—电机

由于城市循环工况的重复性高，利用混合动力系统可以获得最低的能耗。显然，混合动力系统比传统驱动装置的成本更高。然而，这一额外的成本对于城市公共汽车来说并不那么重要，但是对于乘用车而言，这部分成本可以通过合理的设计大幅度降低，而且混合动力的优势非常具有竞争力。混合动力的优势包括燃料消耗、空气污染和行驶噪声的显著下降。这些特点对城镇和城市交通都非常重要。

本书提出了一种基于建模和仿真的混合驱动设计方法。

所使用的数学模型都已经在实验室台架上经过了验证。对于发动机这类热机，对其进行数学建模非常困难，因此使用了所选择发动机的万有特性曲线图（转矩-角速度）当成数学模型。另外对于使用"黑盒子"模型也存在困难，因为缺乏足够的试验台架测试数据（见第6章）。

对于辅助能源，考虑了电池（镍氢电池和锂离子电池）和超级电容器的建模。

燃料电池动力系统也是一种必须提及的混合动力系统构型。燃料电池也需要配备动力电池，这与串联式混合动力系统一样，只不过发动机被燃料电池替代了，见图1-17。

在串联式混合动力系统中，发动机的运行受到限制并且尽量稳定（见第7章）。同样，为了获得最佳的燃料电池效率和更长寿命，其稳定运行和限制也是必要的（图1-18），因此也需要动力电池辅助供电。由于篇幅所限，本书内容不包括燃料电池动力系统的建模和仿真。

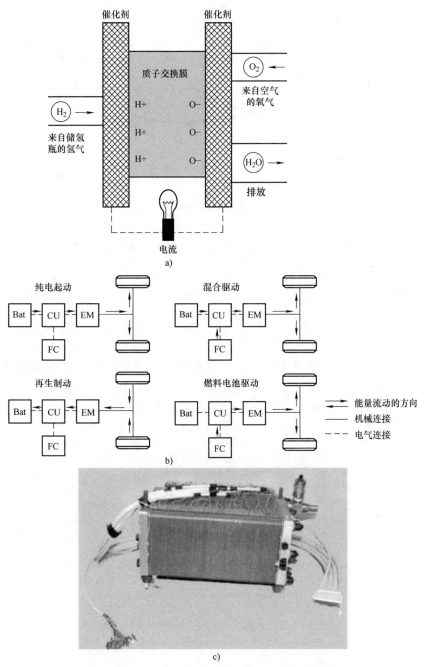

图 1-17 质子交换膜燃料电池串联混合动力系统
a) FC 工作原理 b) 各工作模式时动力系统的能量流
c) 5kW 质子交换膜燃料电池（来自作者的 HEV 和 BEV 实验室）
FC—燃料电池 Bat—电池 CU—控制器 EM—电机

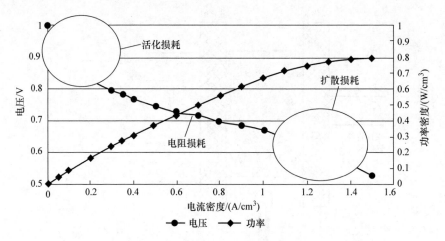

图1-18 质子交换膜燃料电池电压、功率与电流密度的基本关系

致　　谢

特别感谢本章中提到的所有公司，感谢他们允许我使用他们的演讲报告（例如，在混合动力和电动汽车设计领域的世界峰会－电动汽车大会［EVS］上的报告，EVS20－25，EVS25和EVS26），并通过这些报告来描述他们取得重大的技术成果。

第 2 章

混合动力系统能量和功率需求的建模与控制

在选择好驱动系统构型之后,混合动力汽车动力系统设计的第一步就是对发动机(本书中指主要能源)和辅助能源之间的功率分配和能量流进行分析。主要能源(PS)的作用是向系统提供基本的能量需求;辅助能源(SS)在动力系统处于峰值功率期间提供额外能量,以及在再生制动过程中回收汽车动能。设计目标是找到主要能源必要的最小需求功率和辅助能源的最小储能量。当然,这一计算需要恰当的能量流模型和基本的车辆行驶循环工况,推荐使用符合统计要求的行驶循环工况。本章的主要目标是讨论上述问题并找到解决方案。对混合动力驱动系统结构能量进行评估需要确定驱动系统各个部件动态效率,混合动力系统的复杂结构需要设计人员制订合适的控制策略。应用非线性规划的数值优化方法可以实现这一目标。

2.1 概　　述

正确匹配混合动力汽车传动系统的主要目标是确定发动机与储能装置之间的功率分配和能量流。假设控制策略是以连续或离散方式进行控制,由主要能源(PS)提供基本的能量需求。辅助能源(SS)必须在外部载荷的需求功率达到峰值时提供能量(如汽车加速时),或在再生制动时回收汽车动能。这种功率需求操作会涉及发动机,这是最常用的主能源,其工况稳定能大幅提高工作效率,也意味着减少燃料消耗。另一个就是汽车制动时的动能回收,这也是混合动力系统的一个基本特征。混合动力系统比较复杂,而且包括几大部件。动力系统的总效率直接影响燃料消耗和电能消耗。本章介绍混合动力系统设计的第一步——能量/功率动态分配建模。

功率分配过程在很大程度上取决于所选择的驱动系统结构及其部件的传递效率,特别是主要能源(PS)(本书中基本只考虑发动机)以及辅助能源(SS),也就是镍氢(Ni-MH)电池和锂离子(Li-ion)电池。

混合动力系统有串联结构和并联结构两种典型构型,如果这两种结构各以定义的形式简单集成,在实际应用时会存在不少缺点。因此有必要开发一种新型混合动力驱动结构,它能够将上述两种结构的优点整合在一种驱动结构中。这一探索过程的目标是保持发动机尽可能在高效区工作,从而使燃料消耗和大气污染降到最小。该设计目标可通过动力系统的非线性动态建模来实现,发动机为主要能源(PS),其数学模型与能量/功率分配直接相关。

建模和仿真是获得这一既定目标的唯一途径。建模过程中最重要的是确定能量分配效率随行驶时间的变化关系。解决这一问题的方法是求解广义混合动力系统的功率分配问题。

在设计混合动力电动汽车或纯电动汽车的结构时,遇到的一个关键问题是精确评估能量效率。这些驱动结构在许多方面彼此不同,例如电池类型(纯电动驱动系统的主要能源、混合动力系统的辅助能源)、电机和CVT(无级变速器)总成等方面。只单独确定每个部件的内部效率,不能使我们对每个特定驱动系统进行全面的评估,因为需要比较所有可用的驱动形式并作出最合适的选择,这在每个设计过程中都是非常重要的。

在每个混合动力系统工作过程中,两个或多个能量源的连续功率叠加情况时有发生。然而,在每一种情况下,混合动力系统也可以简化为一种能源,例如纯电动或纯发动机驱动。

混合动力驱动结构能量评价的前提是动态确定驱动系统各部件内部的效率,具体根据功率变化的分析时间对应的瞬时外部负载 $N_{i=3}(t)$ 变化(例如根据行驶循环工况)。

2.2 能源与功率分配动态建模

图2-1 所示为串联混合动力系统框图。

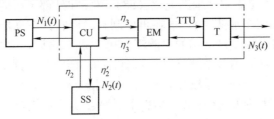

图2-1 串联混合动力系统框图

PS—主要能源　SS—辅助能源　EM—电机　N_1—主要能源的输出功率　N_2—辅助能源的功率
N_3—车轮处的功率　η_2—辅助能源放电效率　η_2'—辅助能源充电效率
η_3—车辆加速或匀速时的变速器效率　η_3'—车辆再生制动时的变速器效率　CU—控制单元
T—与车轮相连的机械变速器　TTU—变速器单元

对于已知车辆，每个循环的功率 $N_k(t)$ 和转矩 $M_k(t)$ 循环可根据车速 $V(t)$（N_k—换算到车辆驱动轮处的功率，M_k—换算到驱动轮处转矩，t—时间）导出。相应地，能量计算的关系式可以确定，图 2-2 是一个足够精确的简化模型。

由于角刚度相当大，发动机和主减速器齿轮的阻尼近似为零，车辆的运动可以用 D'Alembert 方程表示如下：

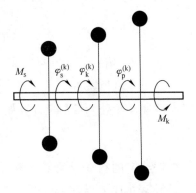

图 2-2 简化到动力系统选定轴上的车辆模型（用部件的转动惯量和角速度表示）

$$\begin{cases} (J_s + J_k + J_p)\dfrac{d^2\varphi^{(k)}}{dt^2} = M_s - M'_k \\ \varphi_s^{(k)} = \varphi_k^{(k)} = \varphi_p^{(k)} = \varphi^{(k)} \\ M'_k = b + c\dfrac{d\varphi^{(k)}}{dt} \end{cases} \quad (2\text{-}1)$$

式中，J_s 为发动机旋转件的转动惯量；J_k 为车轮换算到发动机输出轴上的转动惯量；J_p 为整车质量换算到发动机输出轴上的转动惯量；$\varphi_s^{(k)}$ 为发动机输出轴转动角度；$\varphi_k^{(k)}$ 为换算到发动机输出轴的车轮转动角度；$\varphi_p^{(k)}$ 为汽车位移换算到发动机输出轴上的转动角度；M_s 为发动机输出转矩；M'_k 为换算到发动机输出轴上的摩擦转矩；b, c 为换算到发动机输出轴上的与车辆参数和行驶条件相关的方程参数。

数学模型中，机械参数的换算是根据动能、势能以及各个耗能元件能量守恒得到的。

实际上，最简单的方法是利用描述汽车驱动轮上驱动摩擦力矩 M_k 的方程：

$$M_k = (mgf_t + 0.047Ac_xV^2 + m\delta_b a)r_d \quad (2\text{-}2)$$
$$V[\text{km/h}] \rightarrow M_k[\text{N}\cdot\text{m}]$$

式中，m 为汽车总质量（kg）；g 为重力加速度（m/s^2）；f_t 为滚动阻力系数；A 为迎风面积（m^2）；c_x 为空气阻力系数；δ_b 为旋转质量换算系数；r_d 为车轮滚动半径（m）；a 为汽车加速度（m/s^2）。

其中

$$\delta_b = 1 + \dfrac{J_s j^2 \eta_m}{mr_d^2} + \dfrac{\sum J_k}{mr_d^2} \quad (2\text{-}3)$$

式中，j 为发动机输出轴与驱动轮之间的传动比；η_m 为传动效率。

整车驱动轮处的总功率 N_k 计算如下：

$$N_k = F_k V = \frac{M_k}{r_d} V = \frac{1}{3600}(mgf_t V + 0.047 A c_x V^3 + m\delta_b a V) \qquad (2\text{-}4)$$

$$M_k [\text{N}\cdot\text{m}] \to N_k [\text{kW}]$$

$$V[\text{km/h}]$$

车辆驱动轮处能量消耗计算如下：

$$E_k = \int N_k \mathrm{d}t \qquad (2\text{-}5)$$

根据给定的行驶循环，分析得到的车辆运动能量为时间的函数。以下把式（2-5）表示成 $E_k = f(a,t)$ 更方便。为此，把式（2-6）代入式（2-4）：

$$V[\text{km/h}] = 3.6 a[\text{m/s}^2] t[\text{s}] \qquad (2\text{-}6)$$

因此，E_k 的单位是 kJ。

一般情况下，汽车的能量分析均是在水平路面上进行的。在特殊情况下，在式（2-3）和式（2-5）中还要考虑坡道阻力。

图 2-3 所示为一段简化的车辆行驶循环工况，表示为车速 V 和功率 N 的时间历程曲线。它显示了换算到驱动轮上的部分真实功率需求。

作为主能源的发动机恒功率运行如图 2-3a 所示，这种主能源运行方式被认为是混合动力系统能量分析的基础。当然，在实际中，发动机的恒功率运行可以替换成发动机停止工作。

以发动机做主要能源（PS）的串联混合动力驱动系统中，发动机采取恒速（转速）的控制策略。此时，发动机的转矩（M）对角速度 ω、功率（N_1）对时间（t）的特性曲线如图 2-3b 所示。

从 $M(\omega) = \text{const}$ 中得到功率 $N_1 = f(t)$，称为主要能源（见图 2-3c）的恒转矩运行。第 7 章对发动机作为串联混合动力系统的主要能源，进行三种不同控制策略的仿真研究。

驱动轮的功率定义如下：

N_3 为驱动轮功率：

$$\begin{cases} -N_3(t) = N_{MR}(t) + N_A(t) \ \forall \ \text{Sign} N_3(t) = 1 \\ -N_3(t) = N_R(t) = N_A(t) - N_{MR}(t) \ \forall \ \text{Sign} N_3(t) = -1 \end{cases}$$

式中，$N_{MR} = N_k$，为驱动轮的阻力功率；N_A 为加速或减速功率；N_R 再生制动功率。

根据混合动力系统构型以及所考虑的行驶工况，通过驱动系统部件功率流的合理分配和控制，按照分析结果确定混合传动系统的最小能量，或提供辅助功率的辅助能源储存的能量取值最小。根据具体的混合动力系统构型，混合动力系统能量传递最优控制的核心在于决定其动态功率分配效率。功率损失与传动系统的

第 2 章
混合动力系统能量和功率需求的建模与控制

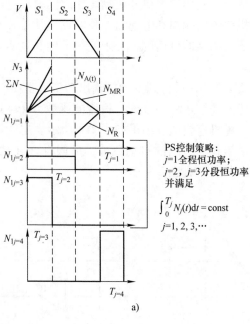

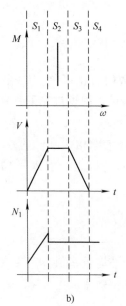

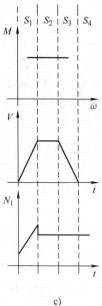

图 2-3 简化的行驶循环和主要能源（PS）控制策略

a)"连续"或"分段"功率 N_1（对应所讨论的工况，发动机功率换算到驱动轮上）、功率 N_3 分别等于驱动轮上的 N_k　b) 恒转速控制　c) 恒转矩控制

混合动力

电驱动系统工程与技术：建模、控制与仿真

具体构型密切相关。例如，在驱动电机和驱动车轮之间增加一个可变速比的变速器，这样就可限制电机绕组的铜损和电池组的瞬时输出功率，从而提高系统传动效率。当然，为提高仿真结果的可信度，必须使用准确和真实的混合动力传动部件模型。

利用迭代法求解式（2-1）可得到发动机输出功率 N_1 的最小值。动态分析功率分配的依据是用下述方法描述功率分配。负载的函数 $N_3(t)$ 具有强非线性和周期重复性，该函数的计算机直线拟合结果如图 2-4 所示。主能源的最佳工作点为稳定功率点。通过能量累积和适当的自动调节，可假设（在功率图上）曲线 N_1 即为主能源的功率输出曲线（见图 2-4）。

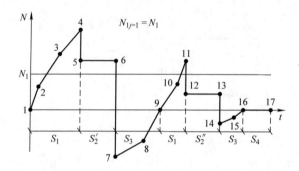

图 2-4 汽车行驶工况下换算到驱动轮处的实际功率需求

函数 $N_3(t)$ 是代表系统负载功率的变化，具体数值可正可负。如果 N_1 表示主要能源的输出功率，那么辅助能源的三种能量状态可以根据汽车的加速度、匀速和减速度来全面描述。

在确定多源系统中具体部件的负载循环时，还要考虑相关部件的效率函数，并将其引入到一定的循环工况。在扩展中值定理的基础上，引入平均效率的概念。

$$\sum_j \int_0^T N_j(t)\,\eta_j^a(t)\,\mathrm{d}t = \overline{\eta_j^a} \sum_j \int_0^T N_j(t)\,\mathrm{d}t \qquad (2\text{-}7)$$

式中，$\eta_j^a = \overline{\eta_j^a}(\zeta)$，$\zeta \in (0, T)$，$\overline{\eta_j^a}$ 为对应 j 循环段的平均效率值，定义为驱动系统外部负载变化的瞬时值确定的驱动系统各部件的内部效率。

$$\sum_j \int_0^T N_j(t)\,\eta_j^a(t)\,\mathrm{d}t = \overline{\eta_j^a} \int_0^T N_j(t)\,\mathrm{d}t$$

式中，$a = \pm 1$，取决于功率流的方向（当车辆动能回收时，$a = -1$）；$j = 1, 2, 3, \cdots, j \in S_d$；$T$ 为循环工况的持续时间，$T = \sum_{d=1}^n S_d$，S_d 为对应 j 段的循环时间。

第 2 章
混合动力系统能量和功率需求的建模与控制

对于给定的负载循环和确定的多源混合动力系统构型，上述分析求解的最终结果是确定 N_1 的最小值。

关于动力系统的能量平衡，首先定义以下符号：

E_1：当 $\dfrac{dN_3(t)}{dt} \neq 0$ 且 $N_3(t) \geq 0$ 时，按循环工况行驶所需的总能量。

E_2：当 $\dfrac{dN_3(t)}{dt} \neq 0$ 且 $N_3(t) \geq 0$ 时，主要能源输出的总能量。

E_3：当 $\dfrac{dN_3(t)}{dt} \neq 0$ 且 $N_3(t) \leq 0$ 时，由再生能量转换装置产生并且输送到储能装置的总能量。

E_4，E_5：当 $N_3(t) = \text{const}$，即 $\dfrac{dN_3(t)}{dt} = 0$ 时，主要能源瞬时功率大于负载需求功率时，累积的总能量。

$N_3(t) \in (0, K)$，当 K 为负载功率 $N_3(t)$ 循环的最大值，对于 $N_3(t) < 0$（制动回馈时），且假设 $\eta = 1$，则双源混合动力系统的能量平衡满足下式：

$$E_1 - E_2 = E_3 + E_4 + E_5 \tag{2-8}$$

式（2-8）左边的差值表示在 $\dfrac{dN_3(t)}{dt} \neq 0$ 且 $N_3(t) \geq 0$ 情况下储能装置（辅助能源）的输出能量，式（2-8）右边各项的和表示辅助能源提供的能量。若用 $S_d \in T$，$j \in S_d$ 来表示 $N_3(t)$ 变化的各个阶段，则式（2-7）可改写成（$\eta \neq 1$，从主能源起始工作点算起）如下形式：

$$\begin{aligned}
& \overline{\eta}_s^{-1} \sum_{j \in S_1} \int_{t_j}^{t_{j+1}} N_3(t)\, dt - N_1' \, \overline{\eta}_3 \sum_{j \in S_1}(t_{j+1} - t_j) = \\
& \overline{\eta}_r \sum_{j \in S_3} \int_{t_{j+1}}^{t_j} N_3(t)\, dt + \overline{\eta}_{ak} N_1' \sum_{j \in S_3 \in S_4}(t_{j+1} - t_j) + \\
& \overline{\eta}_{ak} \sum_{j \in S_2}(N_1' - \overline{\eta}_3^{-1} N_3(t))(t_{j+1} - t_j)
\end{aligned} \tag{2-9}$$

式中，N_1' 为主要能源功率循环的一阶近似值；$\overline{\eta}_s = \overline{\eta}_2 \overline{\eta}_3$ 为考虑控制后的能量转换装置的效率（对应图2-1）；$\overline{\eta}_r = \overline{\eta}_2' \overline{\eta}_3'$ 为再生能量回收效率；$\overline{\eta}_{ak} = \overline{\eta}_2'$ 为辅助能源的存储效率；S_1 对应于满足 $\dfrac{dN_3(t)}{dt} \neq 0$ 且 $N_3(t) > 0$ 工况片段；S_4 对应于满足 $N_3(t) = 0$ 工况片段；S_3 对应于满足 $\dfrac{dN_3(t)}{dt} \neq 0$ 且 $N_3(t) < 0$ 工况片段；S_2 对应于满

足 $N_3(t) = \text{const} \neq 0$ 的工况片段；t_j 为 j 循环段的起始点。

式（2-8）中有两个近似假设：

① 对 $j \in S_{jd}$，由曲线 $N_3(t)$ 下方和直线 N_1' 线围成未被分割的区域。

② 当 $j \in S_2$ 时，N_1' 和 $N_3(t) = \text{const}$ 时，参数间没有量化关系；当 $j \in S_2''$ 时，$N_1' \geqslant N_3(t) = \text{const}$；当 $j \in S_2'$ 时，$N_1' \leqslant N_3(t) = \text{const}$。

在 N_1' 确定后，就可以去掉研究 N_1' 和 $N_3(t) \in S$ 之间关系的第二个假设，第一条假设就是用于分析 N_1' 和 $N_3(t)$ 曲线间交点构成的点集（见图 2-5）。

N_{z1} 线和曲线 $N(t)$ 的交点可采用拉格朗日插值多项式和埃特肯（Eitken）插值及迭代法确定。目标在于确定时间 t_j（与图 2-5 相比）：

$$E_a = \sum_{j \in S_1} \left(\int_{t_j}^{t_{j+n}} N_3(t)\,dt - E_n' - E_n'' \right), \quad n = 1,2,3,\cdots \qquad (2\text{-}10)$$

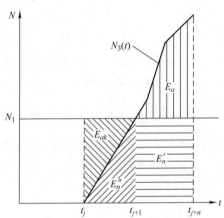

图 2-5　对应车辆加速行驶期间的 E_a 和 E_{ak} 含义示意图

在 S_1 阶段，储能装置（辅助能源）输出的能量 E_a：

$$E_a = \int_{t_j}^{t_{j+n}} N_3(t)\,dt - \overline{\eta}_3 N_n'(t_{j+n} - t_{j+1}) - \int_{t_j}^{t_{j+1}} N_3(t)\,dt \qquad (2\text{-}11)$$

式（2-11）的另一种表示形式如下：

$$\overline{\eta}_s^{-1} \left(\sum_{j \in S_1} E_a - \sum_{j \in S_4} (N_3(t) - N_1'' \overline{\eta}_3)(t_{j+1} - t_j) \right) =$$

$$\overline{\eta}_r \left(\sum_{j \in S} \int_{t_{j+1}}^{t_j} N_3(t)\,dt + \overline{\eta}_{ak} \sum_{j \in S_2''} (N_1'' - \overline{\eta}_3^{-1} N_3(t)) \right) \qquad (2\text{-}12)$$

$$(t_{j+1} - t_j) + \overline{\eta}_{ak} N_1'' \sum_{j \in (S_4 + S_3)} (t_{j-1} - t_j) + \overline{\eta}_{ak} \sum_{j' \in S_1} E_{ak}$$

式中，

$$E_{ak} = \bar{\eta}_3 N_1'(t_{j+1} - t_j) - \int_{t_j}^{t_{j+1}} N_3(t)\,dt$$

N''_1 为 N_1 的二次迭代近似值。

采用迭代法得到式（2-12）的解：

$$F(N_1^{(h+1)}) = N_1^{(h+1)}A - B(N_1^{(h)}) = 0 \quad (2\text{-}13)$$

式中，A 为方程的迭代系数；B 为与第 h 次迭代值 $N_1^{(h)}$ 相关的迭代系数。

这个迭代方程满足莱布尼兹条件和牛顿算法的收敛准则：

$$N_1^{(h+1)} = N_1^h - \frac{N_1^h A - B(N_1^{(h)})}{A};\ |N_1^{(h+1)} - F(N_1^{(h+1)})| < C \quad (2\text{-}14)$$

式中，$C < 1$ 为经 $h+1$ 次迭代后的计算精度。式（2-12）的求解方法也可采用对分法，但收敛速度较慢。

主能源（PS）的输出功率 N_1（经传动装置输出到驱动轮后与负载功率 N_3 相平衡）是时间的函数，方程（2-12）中的能量 E_{ak} 和 E_a（见图 2-6）的具体定义如下：

$$\begin{aligned}
E_{ak} &= \int_{t_j}^{t_{j+1}} N_1(t)\,dt - \int_{t_j}^{t_{j+1}} N_3(t)\,dt \Rightarrow E_{ak} = \int_{t_{j+n}}^{t_{j+(n+1)}} N_1(t)\,dt - \int_{t_{j+n}}^{t_{j+(n+1)}} N_3(t)\,dt \\
E_a &= \int_{t_{j+1}}^{t_{j+2}} N_3(t)\,dt - \int_{t_{j+1}}^{t_{j+2}} N_1(t)\,dt \Rightarrow E_a = \int_{t_{j+(n+1)}}^{t_{j+(n+2)}} N_3(t)\,dt - \int_{t_{j+(n+1)}}^{t_{j+(n+2)}} N_1(t)\,dt
\end{aligned} \quad (2\text{-}15)$$

$$j = 1,2,3,\cdots;\ n = 1,2,3\cdots。$$

具体情况如图 2-6 所示，$N_1(t)$ 表示已知的多项式近似函数。通常假设 $N_{1ss} \approx N_{10}$，例如发动机处于怠速状态，是发动机怠速运转的已知参数。

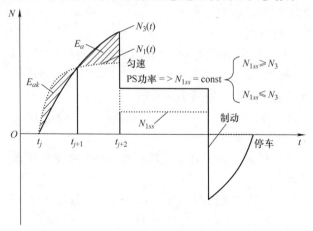

图 2-6　PS 功率函数

上述工况是并联混合动力系统中的发动机工作的典型工况。由图 2-6 可以看出，在车辆匀速、制动和停车时，发动机的输出功率为不同的恒定值。因此，方程式（2-12）没必要改变，但要记住对于车辆匀速（$t_j \in S'_2$ 和 $t_j \in S''_2$）、制动（$t_j \in S_3$）和停车（$t_j \in S_4$）期间的每个功率 N_1 值是不同的。为了建立式（2-18）的新形式，应根据车辆稳态速度、制动和停车等行驶阶段来正确地定义（或设定）N_1 值。

在串联混合动力系统中，发动机经常在恒功率或间断恒功率模式工作，如图 2-3 所示。

并联混合动力系统结构框图如图 2-7 所示。

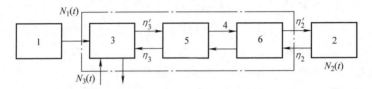

图 2-7　并联混合动力系统结构框图（符号含义同图 2-1）

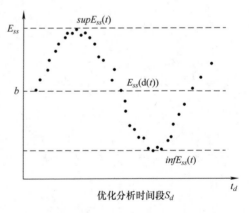

回顾混合动力系统的典型结构和扩展结构，有必要考虑混合动力系统结构中采用两个储能装置（例如电池和飞轮，或者电池和超级电容）（见第 6 章）的可能性，上述确定功率分配的方法也可以有效地应用到这个设计过程中（见图 2-8）。

式（2-12）可用于混合动力系统的结构、参数和控制函数的能耗优化过程，具体有两种方法：

• 当主要能源（PS）输出功率是一条连续线段描述的时间函数时（见图 2-5），可确定主要能源的最小功率值。

图 2-8　辅助能源最小容量 E_{ssmin} 和初值 E_{ssin}（汽车行驶循环的起点）的确定方法

• 当主要能源（PS）输出功率是时变函数时，可确定 PS（参考式（2-11）和图 2-6）的最小输出能量值。

基本式（2-12）的解提供了在重复的行驶循环中将储能装置（辅助能源 SS）储能最小化的契机。

辅助能源容量 E_{ss} 的确定过程如图 2-8 所示，并满足下列方程：

$$E_{ssmin} = \sup_{d=1,\ldots,n} E_{ss}(d) - \inf_{d=1,\ldots,n} E_{ss}(d) \tag{2-16}$$

$$E_{ssin} = b - \inf_{d=1,\ldots,n} E_{ss}(d) = \sup_{d=1,\ldots,n} [b - E_{ss}(d)] \tag{2-17}$$

最后，应注意，采用基于能量平衡的计算方法进行功率分配分析，就是必须满足在车辆行驶循环开始和结束时辅助能源（SS）的能量应准确地保持一致。

2.3 混合动力系统能量流建模

图2-9所示为计算机分析仿真测试方案的流程图。首先，对所使用的混合动力系统结构而言，必须建立部件的数学模型。然后，使用下面介绍的方法确定控制策略。

能量流法的背景与行驶工况统计不同，实际应用的功率建模于如图2-9所示。

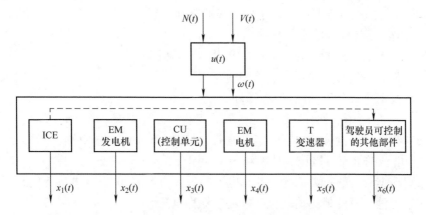

图2-9 混合驱动方案计算机仿真示意图（虚线表示驱动结构可能的不同组合形式，包括串联和并联）

驱动轮的动态函数$N(t)$和$V(t)$是根据车辆数据直接从行驶工况中生成的。从行驶循环工况获取的$N(t)$和$V(t)$组成输入矢量$u(t)$：

$$u(t) = \begin{bmatrix} N(t) \\ V(t) \end{bmatrix}$$

描述驱动部件的模型方程决定输出矢量$X(t)$：

$$X(t) = \begin{bmatrix} x_1(t) \\ x_2(t) \\ \vdots \\ x_n(t) \end{bmatrix}$$

其中，$x_1, x_2 \cdots x_n$是时间函数，如流量、电流、转矩、角速度以及各模型中出现的其他变量。

混合动力
电驱动系统工程与技术：建模、控制与仿真

上面所描述的方程需要一个数值解，Gear 法（代数微分方程的数值解法）用来求解不同的非线性代数微分方程（Gear，1971，1972）。

为了利用离散变量法，需要对一组由常微分方程、非线性方程和线性方程组合进行积分。在这种动态仿真过程中，特别重要的是要注意机械（包括发动机）和电气（包括电池）部件之间的时间常数差异。因此，计算期间的积分步长必须适当调整，如调整到 0.01s。

仿真研究的主要目标是在相同行驶工况下比较混合动力构型的性能，动态建模与仿真是混合动力系统设计的有效工具。

混合动力系统的设计过程主要有以下步骤：

① 在选择和调整最佳驱动构型时考虑以下因素：部件数最少、效率最高、与排放相关的油耗和电耗最低。

② 制订的控制策略，适应于所研究的驱动构型。

③ 确定下述混合驱动的参数：

a) 针对所分析的行驶工况，MAP 上的发动机工作点。

b) 发动机转矩、角速度、功率的变化。

c) 发动机百公里油耗（L/100km）。

d) 电机 u_q、u_d 和 i_q、i_d 变化（矢量控制，见第 2 章、第 3 章）。

e) 根据计算电势和内阻确定电池荷电状态（SOC）工作范围。

f) 电池的电流、电压、功率和 SOC 变化。

g) 根据分析的行驶工况，计算电池的最大边界值（A·h 电量变化）。

h) 电池容量的最终估计值、电池包标称电压。

i) 最终确定机械传动比。

第一步需要比较分析，在获得不同驱动构型的仿真结果后才能确定。这意味着对所选择的混合动力系统仿真结果进行比较之前，需要找出第 3 步中提到的各种测试策略的参数最优值。

本书列出了一些仿真研究的最终结果。由于混合动力电动汽车的整车模型（包括驱动构型和控制）对输入数据非常敏感，因此需要进行多次仿真。有经验的研究人员可能容易完成这项任务：例如，混合动力驱动对机械速比非常敏感（见第 9 章、第 10 章）。不管设计目标如何，即使这个比值变化很微小也可能导致较大误差。通常，混合动力系统中将发动机与电机/发电机相连的机械传动装置（见第 10 章）有多种，这些传动装置的传动比对混合动力系统的效率影响很大。

同时，城市公交车采用混合动力系统时，应针对选定的城市或城镇进行有针对性的设计。此时，重复进行的实际行驶工况反映了客车的真实行驶情况。

乘用车必须满足复杂的驾驶性要求，包括加速度、最高速度、爬坡能力等。

混合动力系统的设计应该通过选择合适的发动机和电机,甚至增加一个带有两档、三档或更多档位的变速器来调节。

混合动力系统的能量流总体方案及控制信号如图 2-10 所示。

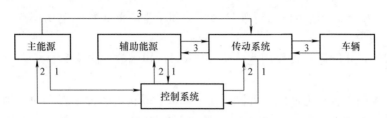

图 2-10　混合动力系统的能量流总体方案及控制信号
1—能量信号　2—控制信号　3—能量流

以下章节基于建模和仿真介绍整个动力系统的设计过程。

2.4　混合动力系统控制方法

结构复杂的混合动力系统设计人员要求使用复杂的技术和确定恰当的控制策略,目的就在于提出解决这些问题的方法。为了达到这一目的,采用非线性规划的数值优化方法(将动态优化问题分解为非线性规划问题),以及动态切换轨迹方法。

只有设计出驱动系统合适的动态特性和效率特性,才有可能降低能耗和减少环境污染排放。

(1) 控制函数的计算

控制功能通过控制动力系统输出轴转矩来实现预期车速分布,必须使设定的目标最小化。依据这一准则,应该关注那些动力系统高效工作相关的重要数据:燃油消耗和由此造成的环境污染排放、系统中能量损失、辅助能源累积的能量(电池 SOC 变化最小等)。此外,控制函数还应考虑驱动系统和再生制动系统特性带来的约束。

寻找满足上述要求的控制函数是一个典型动态优化问题,求解方法众所周知。但在解决这些复杂问题的过程中,可以采用了一种不同的方法,更简单的方法就是将动态优化问题分解为非线性规划问题(NPP)(Fletcher, 1974, Fletcher 和 Powell, 1974)。

问题的分解包括确定控制函数的参数(将各阶段的时间间隔划分为几个等距或非等距部分,然后是用三次或指数插值样条函数逼近网格点上的参数控制函数)、成本函数和约束条件的构建,其选择决定了驱动系统的性能。

对于行驶工况所有阶段，应考虑到性能（成本函数）的统一标准：

$$I = \int_{t_{bf}}^{t_{ff}} (E + M) \mathrm{d}t \tag{2-18}$$

式中，t_{bf}、t_{ff} 分别为所考虑的行驶阶段开始和结束时间；E 为电功率损失；M 为机械功率损失。

非线性优化问题可以使用鲍威尔（Powell）罚函数方法求解。

（2）实施的可能性

合理控制混合动力系统的关键，在于降低发动机的燃油消耗和对电池的放电限制，从而有效地改变电池的 SOC。驱动部件的实际效率主要取决于转矩和转速，或电流和电压，特别是在实际行驶工况中更是如此。因此，在仿真研究中引入驱动效率的函数是绝对必要的。问题的焦点在于准确的实时（在线）驱动控制，其中的目标函数是使燃料和电能消耗最小化，或整个动力系统的内部损耗最小。这一目标的实现与汽车实际行驶中行驶负荷的预测有关，也关系到车辆的加速、再生制动和匀速行驶。

发动机的油耗应尽可能低。这可以通过发动机运行在最小燃油消耗率区来解决。电池的能量平衡应等于零（仅适用于非外接充电式混合动力系统），但是在行驶工况开始和结束时电池荷电状态的 k 因子应该相同。电池电能传输的最佳条件由式（2-20）表示，也可用图 2-13 表示。总之，控制策略的准则如下：

1）在行驶工况中，电机必须运行在最高效率区。

2）电池内阻的变化应加以限制（电池内阻保持在最小值范围内，见第 5 章）。

3）电池的电流不应超过限定值。

为了实现上述准则，必须考虑车辆的最高速度、最大加速度以及最大连续爬坡度。

在不同的行驶情况下，上述目标可以通过适当调整动力系统的速比实现。解决这一问题也可以采用稳态标准行驶工况，例如扩展的欧洲循环工况（ECE）。

我们还可以考虑车辆动态情况下的运动，称为"混沌"行驶工况，其特点是符合概率和不确定的特征。无论如何，可以定义真实或稳态行驶工况的每个组成部分（循环片段），如图 2-11 所示，它代表了不同的加/减速度参数（当然，车辆匀速时加/减速度为零）。这些选定部件的数量和分布取决于驱动系统运行的应用特性和要求的精度。

车辆的速度和瞬时加/减速度决定了需要提供驱动轮的总功率，以实现在这些时间点的真实行驶工况，如图 2-11 所示。

下一步根据发动机和电机产生功率确定参数值，要考虑电池 SOC 变化，SOC 及其导数如图 2-12 所示。

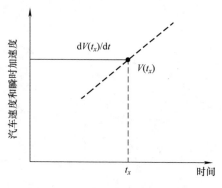
图 2-11 汽车速度和瞬时加速度

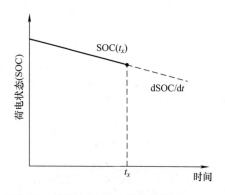
图 2-12 典型电池 SOC 及其导数 Sign = -1
（再生制动期间导数的 Sign = 1）

低 SOC 及其负导数意味着发动机必须输出更多的功率，以满足行驶工况和电池充电的要求。然而，高 SOC 可能意味着比一般情况下电池提供更多的电能给电机。在所有情况下，发动机效率应尽可能高。

只有确定了需求功率，才能对发动机和电机进行控制，这就意味着要同时准确控制发动机的运行以及电机的电压和频率。

最好的解决方案是以矩阵表的形式制定控制函数，创建此表所需的数据只能来自仿真试验，必须对每种工况进行多次试验，并且必须确定发动机与永磁电机功率的分配关系。

2.5 储能装置放电因子的确定方法：最小内部损失

一般来说，混合动力系统的性能主要取决于电池的合理选择，或整个过程中储能装置的正确调节。

以下形式的微分方程为描述如图 2-9 所示系统的数学模型：

$$x' = F(x,u,t) \tag{2-19}$$

式中，t 为实际时间；$u(t)$ 为控制向量，$u(t) = \begin{bmatrix} u_1(t) \\ u_2(t) \end{bmatrix}$，$u_1(t)$ 驱动电机电压，$u_2(t)$ 为驱动电机电流。

注：传动部件（TU）包括驱动电机。

所分析的典型行驶工况下 k 变化（电池 SOC 因子）如图 2-13 所示。

能源效率指标（最小内部损失）可以通过下面的公式描述（Szumanowski, 2000），与图 2-8 比较：

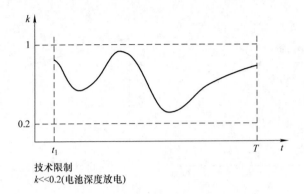

技术限制
$k<<0.2$(电池深度放电)

图 2-13　电池 SOC 因子 k 随汽车循环工况的变化

$$\frac{\int_{t_1}^{T} k(t)\,\mathrm{d}t - \inf k(t)(T - t_1)}{[\sup k(t) - \inf k(t)](T - t_1)} \rightarrow 1 \qquad (2\text{-}20)$$

在稳态情况下和 $k = 1$ 时，与行驶时间无关，式（2-20）的计算结果等于 1。当然，这只是一个理论上的情况。对于严格重复的行驶工况（欧洲 ECE 或美国 FUD 等），因子 k 的初始值和最终值应该相同。然而，这并不意味着式（2-20）在（0，1）范围内达到最佳值，也不足以说明能量分配的效率高。结论是：

- 对 $k(t)$ 函数进行动态观测是必要的（见第 5 章、第 6 章）。
- 式（2-20）的计算值，主要依赖于汽车再生制动过程中电池的充电情况。

为了比较不同混合动力系统构型的性能，必须仔细考虑发动机的最低油耗，同时要考虑辅助能源（电池或储能装置）在能量变化过程中可能达到的最大效能。

对于混合动力城市客车，根据式（2-20），当电池 SOC 变化发在允许的范围内时，动力系统内部的最小功率损失标准是确保电池容量在一个较低的范围（1.7~2.1A·h）内变化（见第 7 章；图 7-14、图 7-16、图 7-18）。

第 3 章
混合动力系统中电机动态建模理论基础

交流感应异步电机和永磁同步电机或无刷直流电机（一种永磁同步电机），均可在混合动力系统中选用。本章为上述电机建立通用动态非线性模型提供必要的基础理论。用电机相量描述瞬态的完整方程组，其微分方程应包括绕组电压方程和电机旋转部件的运动方程。用向量进行动态建模。引入了一种在复平面 (α, β) 上相对静止的定子两极模型方程组，包括了从定子的 $\alpha-\beta$ 坐标分量向转子的 $d-q$ 坐标分量变换。本章所述内容是电机理论建模的高级知识的来源，对从事混合动力系统设计的机械工程师也是有益的，特别对于硕士生、博士生课程也有参考价值。

3.1 概述

考虑了交流异步电机和永磁同步电机或永磁无刷直流电机，实际上可认为永磁无刷直流电机是一种永磁同步电机。本章主要介绍上述电机数学动态建模所必需的基础理论。

3.2 交流异步电机建模

瞬态现象一般是由交流电和电压 U 的相位或峰值在时间上的平衡或不平衡变化，最终馈送到定子绕组（例如，对称的正、负相序电压分量的峰值变化，分别为 U_{11} 或 U_{21}）而引起的。瞬态现象一般是由外部负载转矩突变引起的，导致电磁转矩的不平衡而产生加速度，最终达到一个新的速度值。

（1）基于相量的微分方程组

用于描述电机瞬态的完整方程组，应该包括绕组电压的微分方程和电机旋转部件的运动方程。图 3-1 所示是极对数为 2 的三相平衡定子绕组和转子绕组。

基本电压方程如下：

定子 $\begin{cases} u_{1A} = R_1 i_{1A} + \dot\psi_{1A} \\ u_{1B} = R_1 i_{1B} + \dot\psi_{1B} \\ u_{1C} = R_1 i_{1C} + \dot\psi_{1C} \end{cases}$ (3-1)

转子 $\begin{cases} u_{2a} = R_2 i_{2a} + \dot\psi_{2a} \\ u_{2b} = R_2 i_{2b} + \dot\psi_{2b} \\ u_{2c} = R_2 i_{2c} + \dot\psi_{2c} \end{cases}$

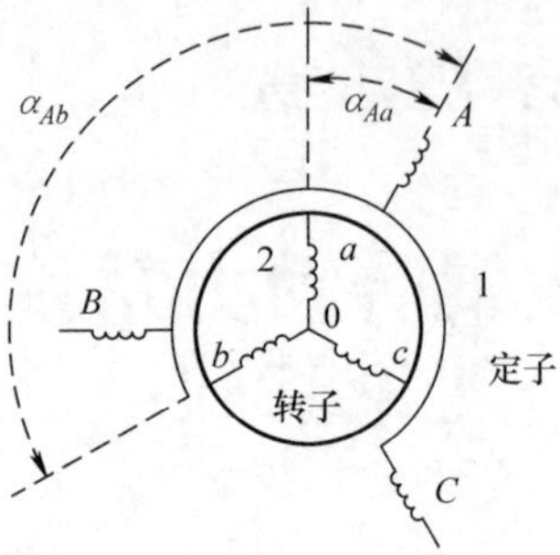

式中，$\dot\psi = \dfrac{\mathrm{d}\psi}{\mathrm{d}t}$

如果电机的磁路未饱和，那么定子相和转子相的磁链可以用相电流和对应的电感来计算：

图 3-1 异步电机示意图
1—定子 2—转子

$$\begin{cases} 定子\ \psi_{1A} = L_{AA\Sigma} i_{1A} + L_{AB\Sigma} i_{1B} + L_{AC\Sigma} i_{1C} \\ \qquad\quad + L_{Aa\Sigma} i_{2a} + L_{Ab\Sigma} i_{2b} + L_{Ac\Sigma} i_{2c} \\ 转子\ \psi_{1a} = L_{aa\Sigma} i_{1a} + L_{ab\Sigma} i_{1b} + L_{ac\Sigma} i_{1c} \\ \qquad\quad + L_{aA\Sigma} i_{2A} + L_{aB\Sigma} i_{2B} + L_{aC\Sigma} i_{2C} \end{cases}$$ (3-2)

式中，

$$L_{KK\Sigma} = L_{NN\Sigma} = L_{KK} + L_{KKd}$$
$$L_{KN\Sigma} = L_{NK\Sigma} = L_{KN} + L_{KNd}$$
$$L_{kk\Sigma} = L_{nn\Sigma} = L_{kk} + L_{kkd}$$
$$L_{kn\Sigma} = L_{nk\Sigma} = L_{kn} + L_{knd}$$

K, $N = A$, B, C；k, $n = a$, b, c；d 为耗散电感指数。

对于其他相的情况，也可以以类似的方式表达。各相的主自感均相同（对称电机），并且与转子角位置无关：

$$L_{AA} = L_{BB} = L_{CC} = L_{aa} = L_{bb} = L_{cc} = L_m \qquad (3\text{-}3)$$

定子与转子各相之间的主互感为

$$L_{AB} = L_{AC} = L_{BC} = L_m \cos\dfrac{2\pi}{3} = -\dfrac{L_m}{2} \qquad (3\text{-}4)$$

转子各相之间的互感与转子角位置无关：

$$L_{ab} = L_{bc} = L_{ac} = L_m \cos\dfrac{2\pi}{3} = -\dfrac{L_m}{2} \qquad (3\text{-}5)$$

转子与定子各相之间的互感与转子的角位置有关。该角位置是由 A 相与 a 相的轴之间的夹角来描述：

$$\begin{aligned} L_{Aa} &= L_{Bb} = L_{Cc} = L_m \cos\alpha_{Aa} \\ L_{Ab} &= L_{Bc} = L_{Ca} = L_m \cos\alpha_{Ab} \\ L_{Ac} &= L_{Ba} = L_{Cb} = L_m \cos\alpha_{Ac} \end{aligned} \qquad (3\text{-}6)$$

并且一般有：$L_{kn} = L_m \cos\alpha_{kn}$

式中，$k = A, B, C$；$n = a, b, c$。

当考虑电机极对数 p 时，定子与转子各相位之间的电角度（见图 1）定义如下：

$$\alpha_{Aa} = \alpha_{Bb} = \alpha_{Cc} = \alpha = p\gamma$$
$$\alpha_{Ab} = \alpha_{Bc} = \alpha_{Ca} = \alpha + \frac{2\pi}{3} \tag{3-7}$$
$$\alpha_{Ac} = \alpha_{Ba} = \alpha_{Cb} = \alpha + \frac{4\pi}{3}$$

当转子以恒定的角速度 ω_0 旋转时，A 相与 a 相轴之间的电角度以及电机极对数 p 满足如下关系式：

$$v = v_0 + \omega_0 t$$

并且通常有

$$v = v_0 + \int_0^t \omega \mathrm{d}t \tag{3-8}$$

式中，t 为时间；v_0 为 v 的初始值；ω 为转子旋转角速度。

转子运动方程如下：

$$\begin{cases} M_{em} \pm M_o = J\dot{\omega} \\ \omega = \omega_0 + \int_0^t \dot{\omega} \mathrm{d}t \end{cases} \tag{3-9}$$

式中，M_{em} 为电磁转矩；M_o 为外部负载转矩；J 为换算到转子轴上的转动惯量。

另外一种表达形式：

$$M_{em} = \sum_{k=A,B,C} i_{1k\Sigma} \sum_{n=a,b,c} i_{2n\Sigma} \frac{\mathrm{d}L_{kn}}{\mathrm{d}v} \tag{3-10}$$

式（3-1）~式（3-10）完整描述了三相感应电机瞬时工况。有两个原因造成了直接求解的严重困难：

1）公式中包含的未知量（定子和转子一共有 6 个相位变量）太多。

2）公式中包含了周期性变化的互感值 L_{Aa}、L_{ab} 等，因为有些系数是时间的周期函数，例如式（3-1）、式（3-2）。

为了简化求解，将原始方程组转换成用诸如固有变量、电流、磁链和相电压等变量表示。

在典型的异步感应电机（见图 3-1）中，相电流、相电压和磁链的方程组如下：

$$\text{定子} \begin{cases} u_{1A} + u_{1B} + u_{1C} = 0 \\ i_{1A} + i_{1B} + i_{1C} = 0 \\ \psi_{1A} + \psi_{1B} + \psi_{1C} = 0 \end{cases} \tag{3-11}$$

转子 $\begin{cases} i_{2a} + i_{2b} + i_{2c} = 0 \\ u_{2a} + u_{2b} + u_{2c} = 0 \\ \psi_{2a} + \psi_{2b} + \psi_{2c} = 0 \end{cases}$ (3-12)

对式（3-1）和式（3-2）写成上述分量的求和形式时，方程组就分成了两组方程。一组具有不含零序项的相量为：

定子 $\begin{cases} \psi_{1A} = L_1 i_{1A} + L_{Aa} i_{2a} + L_{Ab} i_{2b} + L_{Ac} i_{2c} \\ \psi_{1B} = L_1 i_{1B} + L_{Ba} i_{2a} + L_{Bb} i_{2b} + L_{Bc} i_{2c} \\ \psi_{1C} = L_1 i_{1C} + L_{Ca} i_{2a} + L_{Cb} i_{2b} + L_{Cc} i_{2c} \end{cases}$ (3-13)

转子 $\begin{cases} \psi_{2a} = L_2 i_{2a} + L_{aA} i_{1A} + L_{aB} i_{1B} + L_{aC} i_{1C} \\ \psi_{2b} = L_2 i_{2b} + L_{bA} i_{1A} + L_{bB} i_{1B} + L_{bC} i_{1C} \\ \psi_{2c} = L_2 i_{2c} + L_{cA} i_{1A} + L_{cB} i_{1B} + L_{cC} i_{1C} \end{cases}$

式（3-13）为不包含零序分量的磁链方程。

同时，磁链方程中包含：

$$L_1 = L_{11} + L_{1d} \tag{3-14}$$

这是一组针对电流 i_{1A}，i_{1B}，i_{1C}，不包含零序电流的定子相电感（对其他相的影响留有裕度）：

$$L_{11} = L_{AA} - L_{AB} = L_m - \left(-\frac{1}{2}L_m\right) = \frac{3L_m}{2} \tag{3-15}$$

这是与互感磁场的基本项有关的定子相电感分量。

$$L_{1d} = L_{AAd} - L_{Abd} \tag{3-16}$$

这是与泄漏场相关的定子相电感分量：

$$L_2 = L_{22} + L_{2d} \tag{3-17}$$

这是一组为电流 i_{2A}，i_{2B}，i_{2C} 设置的不包含零序电流的转子相电感（对其他相的影响留有裕度）：

$$L_{22} = L_{aa} - L_{ab} = L_m - \left(-\frac{1}{2}L_m\right) = \frac{3L_m}{2} \tag{3-18}$$

考虑以下等式成立：

$$\begin{cases} L_{AA} + L_{AB} + L_{AC} = 0 \\ L_{aa} + L_{ab} + L_{ac} = 0 \\ L_{Aa} + L_{Ab} + L_{Ac} = 0 \end{cases} \tag{3-19}$$

上述方程可以通过式（3-6）~式（3-9）得到证明：

$$\begin{aligned} &\cos\alpha_{Aa} + \cos\alpha_{Ab} + \cos\alpha_{Ac} \\ &= \mathrm{Re}[\exp(j\alpha_{Aa}) + \exp(j\alpha_{Ab}) + \exp(j\alpha_{Ac})] \\ &= \mathrm{Re}[\exp(j\alpha)(1 + a + a^2)] = 0 \end{aligned} \tag{3-20}$$

式中，$a = \exp(j2\pi/3)$。

这意味着零序电流系统只产生了漏磁场，并未建立任何互感磁场。这也是

$L_{01} \ll L_1$ 和 $L_{02} \ll L_2$ 的原因。

基于同样的原因，电磁转矩也不受零序电流的影响。因此只能用不含零序电流的分量来表示。这可以通过将式（3-10）中的电流分解为两个分量的和得到验证：

$$M_{em} = \sum_{k=A,B,C} i_{1k} \sum_{n=a,b,c} i_{2n} \frac{dL_{kn}}{dv} \tag{3-21}$$

考虑到

$$L_{kn} = L_m \cos\alpha_{kn} \tag{3-22}$$

式中，$\alpha_{kn} = \alpha + \Delta\alpha_{kn} \to \alpha = pv$；$\Delta\alpha_{kn} \neq f(v)$

用电流和相位角 α_{kn} 表示的电磁转矩公式如下：

$$M_{em} = -pL_m \sum_{k=A,B,C} i_{1k} \sum_{n=a,b,c} i_{2n} \sin\alpha_{kn} \tag{3-23}$$

（2）合成向量

引入相对定子两极模型静止的复平面（α, β），它的实轴即 α 轴与定子 A 相共线。单位向量 $a = \exp(j2\pi/3)$ 和 a^2 分别与 B 相和 C 相共线，此时，单位向量 $\exp(j\alpha_{Aa})$ 和 $\alpha_{Aa} = pv$ 得到轴和转子相位 α 的方向。定子电流的合成向量可以写成瞬时相电流的形式：

$$\overline{I}_1 = (2/3)(i_{1A} + i_{1B}a + i_{1C}a^2) \tag{3-24}$$

$\overline{I}_1$ 在轴 A、B、C 轴上的投影代表相电流的瞬时值（同时，在其他情况下，一般电压和磁链存在以下关系：$|\overline{X}| = x_{max} = f(t)_{max}$，见图3-2）。

必须记住 $\overline{I}_1$ 在轴 A、B、C 轴上投影的矢量和为 $\frac{3}{2}|\overline{I}_1|$，其具体投影图见图3-3。

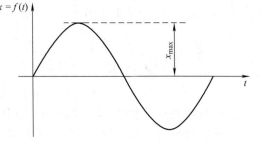

图3-2　$x(t) = x_{max}\sin\omega t$ 最大瞬时值

定子电压和磁链的向量可以用类似的相量来表示：

$$\begin{cases} \overline{U}_1 = 2(u_{1A} + u_{1B}a + u_{1C}a^2)/3 \\ \overline{\psi}_1 = 2(\psi_{1A} + \psi_{1B}a + \psi_{1C}a^2)/3 \end{cases} \tag{3-25}$$

转子向量的合成向量绘制在旋转的复平面（d, q）上，该复平面相对于转子两极模型（见图3-1）是静止的。这个平面的实轴 d 轴与转子 a 相重合，单位相量 a 和 a^2 则分别与 b 相和 c 相的轴重合，并且单位向量 $\exp(-j\alpha_{Aa})$，其中 $\alpha_{Aa} = pv$，位于定子 A 相的固定轴位置。

转子电流、电压和磁链的合成相量可以用转子的各自向量来表示：

$$\begin{cases} \overline{I}_2 = (2/3)(i_{2A} + i_{2B}a + i_{2C}a^2) \\ \overline{U}_2 = (2/3)(u_{2A} + u_{2B}a + u_{2C}a^2) \\ \overline{\psi}_2 = (2/3)(\psi_{2A} + \psi_{2B}a + \psi_{2C}a^2) \end{cases} \quad (3-26)$$

(3) 定子量的 $\alpha-\beta$ 轴分量和转子量的 $d-q$ 轴分量

定子的合成向量可以写成 α - 轴和 β - 轴上分量的和。因此，定子电流式 (3-25) 的合成向量是：

$$\overline{I}_1 = i_{1\alpha} + ji_{1\beta} \quad (3-27)$$

式中，$$\begin{cases} i_{1\alpha} = \text{Re}[\overline{I}_1] = (\overline{I}_1 + \overline{I}_1^*)/2 = i_{1A} \\ i_{1\beta} = \text{Im}[\overline{I}_1] = (\overline{I}_1 - \overline{I}_1^*)/2j = \sqrt{3}(i_{1B} - i_{1C}) \end{cases} \quad (3-28)$$

式 (3-28) 中分别是定子电流在 α - 轴和 β - 轴上的分量。

在一个固定的两相绕组 1α 和 1β 的相轴上可以看到电流 $i_{1\alpha}$ 和 $i_{1\beta}$，相轴与复平面上的 α - 轴和 β - 轴共线（见图 3-3、图 3-4）。两相定子（1α，1β）绕组上所通过的电流 $i_{1\alpha}$ 和 $i_{1\beta}$（见图 3-4）等效于三相（A，B，C）定子绕组（见图 3-2、图 3-3）上所通过的电流 i_{1A}，i_{1B}，i_{1C}。

转子量的合成相位向量可以分解成沿着旋转的 d - 轴和 jq - 轴的分量。

作为一个例子，说明了转子电流的合成向量是如何进行合成的。

在复平面（d，jq）上，由式 (3-25) 定义的转子电流用向量表示为

$$\overline{I}_2 = i_{2d} + ji_{2q} \quad (3-29)$$

式中，$$\begin{cases} i_{2d} = \text{Re}[\overline{I}_2] = (\overline{I}_2 + \overline{I}_2^*)/2 = i_{2a} \\ i_{2q} = \text{Im}[\overline{I}_2] = (\overline{I}_2 - \overline{I}_2^*)/2j = \sqrt{3}(i_{2b} - i_{2c}) \end{cases}$$

式中分别是转子电流在 d - 轴和 q - 轴上的分量。

在旋转的两相（$2d$，$2q$）绕组中可以看到电流 i_{2d} 和 i_{2q}，两项绕组的相轴与复平面（见图 3-3、图 3-5）上的 d - 轴和 q - 轴共线。旋转的两相（$2d$，$2q$）绕组（见图 3-5）上通过的电流 i_{2d} 和 i_{2q} 等效于图 3-1 所示的三相（a，b，c）绕组上所通过的电流 i_{2a}，i_{2b}，i_{2c}。磁链方程和电压方程也可以用类似的方式推导。

(4) 定子量的 $d-q$ 轴分量和转子量的 $\alpha-\beta$ 轴分量

当复平面（d，q）从固定的（α，$j\beta$）复平面转过一个角度 $\alpha = \alpha_{Aa}$（见图 3-3）时，转子电流在（α，$j\beta$）复平面上以向量的形式表达为

$$\begin{aligned} \overline{I}_{2(\alpha,\beta)} &= \overline{I}_2 \exp(j\alpha) = (i_{2d} + ji_{2q})\exp(j\alpha) \\ &= i_{2\alpha} + ji_{2\beta} \end{aligned} \quad (3-30)$$

电机电流向量在 α - 轴和 β - 轴上的分量为

$$\begin{cases} i_{2\alpha} = \text{Re}[(i_{2d} + ji_{2q})\exp(j\alpha)] = i_{2d}\cos\alpha - i_{2q}\sin\alpha \\ i_{2\beta} = \text{Im}[(i_{2d} + ji_{2q})\exp(j\alpha)] = i_{2d}\sin\alpha + i_{2q}\cos\alpha \end{cases}$$

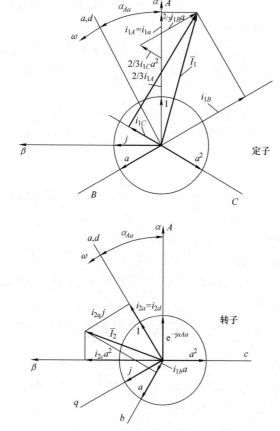
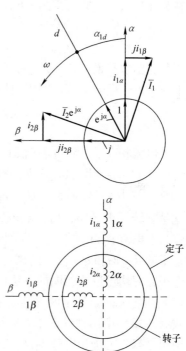

图3-3 交流异步感应电机定子、转子电流合成向量图

图3-4 在静止的 α-β 坐标系下交流异步感应电机的定子、转子电流分量

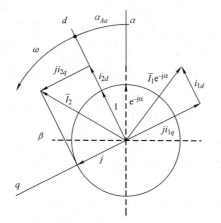
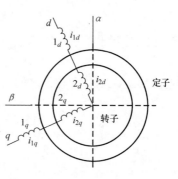

图3-5 在旋转的 d-q 坐标系下交流异步感应电机的定子、转子电流分量

这是在静止的 $(2\alpha, 2\beta)$ 两相绕组上的电流（见图 3-4），它们与通过电流 i_{2d} 和 i_{2q} 的旋转两相绕组产生了完全相同的磁场。

在旋转的复平面 (d, jq) 上，对合成的定子相量采用类似的变换。例如，如果在静止的 $(\alpha, j\beta)$ 复平面上，用向量法描述定子电流符合式（3-22），表示为

$$\bar{I}_1 = i_{1\alpha} + ji_{1\beta}$$

于是，当复平面 (d, jq) 从 $(\alpha, j\beta)$ 复平面转过一个角度 $-\alpha = -\alpha_{Aa}$ 时（见图 3-3），同样的电流可以用向量法表示为

$$\bar{I}_{1(d,q)} = \bar{I}_1 \exp(-j\alpha)$$
$$= (i_{1\alpha} + ji_{1\beta})\exp(-j\alpha) = i_{1d} + ji_{1q} \quad (3\text{-}31)$$

定子电流相在 d-轴和 q-轴上的分量为

$$\begin{cases} i_{1d} = \mathrm{Re}[(i_{1\alpha} + ji_{1\beta})\exp(-j\alpha)] = i_{1\alpha}\cos\alpha + i_{1\beta}\sin\alpha \\ i_{1q} = \mathrm{Im}[(i_{1\alpha} + ji_{1\beta})\exp(-j\alpha)] = -i_{1\alpha}\sin\alpha + i_{1\beta}\cos\alpha \end{cases}$$

这是旋转两相 $(1d, 1q)$（见图 3-5）绕组上的电流，它们产生了与静止的两相绕组上电流 $i_{1\beta}$ 和 $i_{2\beta}$ 完全相同的磁场。

定子的 d-轴和 q-轴上的磁链、电压方程和转子的 α-轴和 β-轴上的磁链、电压方程均可以用相同的方法推导得到。

（5）用电流向量表示的磁链向量

式（3-13）中出现的定子相磁链 $(\psi_{A1}, \psi_{B1}, \psi_{C1})$。可以在式（3-6）的基础上用相电流、定子相电感 L_1 和转子与定子间的互感表示：

$$L_{Aa} = L_m \cos\alpha$$

$$L_{Ab} = L_m \cos\left(\alpha + \frac{2\pi}{3}\right)$$

$$L_{Ac} = L_m \cos\left(\alpha + \frac{4\pi}{3}\right)$$

$$L_{Ba} = L_m \cos\left(\alpha + \frac{4\pi}{3}\right)$$

上述公式是转子角位置的函数，也就是说，定子 A 相轴和转子 a 相之间的电角度，$\alpha = \alpha_{Aa} = p\gamma$。

用指数形式表示各个相位之间夹角的余弦值如下：

$$\cos\alpha = \mathrm{Re}[e] = (e + e^*)/2$$

$$\cos\left(\alpha + \frac{2\pi}{3}\right) = \mathrm{Re}[ea] = (ea + e^* a^2)/2$$

$$\cos\left(\alpha + \frac{4\pi}{3}\right) = \mathrm{Re}[ea^2] = (ea^2 + e^* a)/2$$

式中，$e = \exp(j\alpha), e^* = \exp(-j\alpha)$，$a = \exp(j2\pi/3)$，$a^2 = \exp(j4\pi/3)$ 是表示相轴

方向的单位向量(见图3-3)。然后,对于式(3-25)和式(3-26),合成的定子磁链向量可以用合成的定子电流向量和转子电流向量来表达:

$$\bar{\psi}_1 = L_1\bar{I}_1 + L_{12m}\bar{I}_2\exp(j\alpha) = L_1\bar{I}_1 + L_{12m}\bar{I}_{2(\alpha,\beta)} \tag{3-32}$$

式中,

- $L_{12m} = 3L_m/2$:是定子相和转子相之间的主要互感。
- $\bar{I}_{2(\alpha,\beta)} = \bar{I}_2\exp(j\alpha)$:是静止的定子(见图3-3)复平面$(\alpha,\beta)$上合成的转子电流向量。

类似地,使用式(3-6)、式(3-19)和式(3-21),并采用类似的变换,转子磁链向量可以用定子和转子的电流向量以及相应的电感表示:

$$\bar{\psi}_2 = L_2\bar{I}_2 + L_{12m}\bar{I}_1\exp(-j\alpha) = L_2\bar{I}_2 + L_{12m}\bar{I}_{1(d,q)} \tag{3-33}$$

式中,$\bar{I}_{1(d,q)} = \bar{I}_1\exp(-j\alpha)$,是在旋转的转子复平面$(d,q)$上定子电流的合成向量(见图3-3)。

(6) 用α-轴和β-轴分量表示的电压方程

对于一个特定定子相、用合成的向量函数表示的电压方程式(3-1),可以通过将u_{1A}的方程乘以$2/3$,u_{1B}的方程乘以$2a/3$,u_{1C}的方程乘以$2a^2/3$,并将方程的左右两端分别相加来得到。然后,由式(3-25)可知,求和后的方程即是定子在其自身复平面(α,β)上的电压方程。

$$\bar{U}_1 = R_1\bar{I}_1 + d\bar{\psi}_1/dt \tag{3-34}$$

式中,定子的磁链向量可以根据式(3-33)中的电流相量进行定义。

对单独的转子相可以采用与电压方程式(3-1)类似的过程,在转子自身的复平面(d,q)上获得转子的电压方程:

$$\bar{U}_2 = R_2\bar{I}_2 + d\bar{\psi}_2/dt \tag{3-35}$$

式中,转子的磁链相量可以用式(3-34)中的电流向量进行定义。

然而,$\bar{U}_1$和$\bar{U}_2$的方程是在不同的复平面内,不能同时进行分解。因此,其中之一,如$\bar{U}_2$的方程必须按照在(α,β)复平面坐标系上的转子电压、电流以及磁链的向量进行变换,得到$\bar{U}_{2(\alpha,\beta)}$,$\bar{I}_{2(\alpha,\beta)}$,$\bar{\psi}_{2(\alpha,\beta)}$。根据式(3-31)有:

$$\begin{aligned}\bar{U}_2 &= \bar{U}_{2(\alpha,\beta)}\exp(-j\alpha) \\ \bar{I}_2 &= \bar{I}_{2(\alpha,\beta)}\exp(-j\alpha) \\ \bar{\psi}_2 &= \bar{\psi}_{2(\alpha,\beta)}\exp(-j\alpha)\end{aligned} \tag{3-36}$$

式中,$\alpha = \alpha_{Aa} = \alpha(t)$是定子相与转子相之间的夹角(见图3-3)。完成上述方程变换后,得到式(3-37):

$$\begin{aligned}\bar{U}_{2(\alpha,\beta)}\exp(-j\alpha) &= R_2\bar{I}_{2(\alpha,\beta)}\exp(-j\alpha) \\ &+ \frac{d}{dt}(\bar{\psi}_{2(\alpha,\beta)}\exp(-j\alpha))\end{aligned} \tag{3-37}$$

在求导时，需要注意的是，定子和转子两相轴之间的夹角是随时间变化的，因此

$$\overline{U}_{2(\alpha,\beta)}\exp(-j\alpha) = R_2\overline{I}_{2(\alpha,\beta)}\exp(-j\alpha)$$

$$+\exp(-j\alpha)\left(\frac{\mathrm{d}\overline{\psi}_{2(\alpha,\beta)}}{\mathrm{d}t}\right)$$

$$+\overline{\psi}_{2(\alpha,\beta)}\left[-j\exp(-j\alpha)\left(\frac{\mathrm{d}\alpha}{\mathrm{d}t}\right)\right] \tag{3-38}$$

将上面的方程项除以 $\exp(-j\alpha)$，并且 $\mathrm{d}\alpha/\mathrm{d}t = \omega$ 是转子的电角速度，转子电压方程可以写成

$$\overline{U}_{2(\alpha,\beta)} = R_2\overline{I}_{2(\alpha,\beta)} + \left(\frac{\mathrm{d}\overline{\psi}_{2(\alpha,\beta)}}{\mathrm{d}t}\right) - j\omega\overline{\psi}_{2(\alpha,\beta)} \tag{3-39}$$

式中，所有的量均参考静止的复平面 (α,β)。这同样也适用于磁链。它可以根据源自式（3-31）、式（3-32）和式（3-33）的一个方程得到

$$\overline{\psi}_{2(\alpha,\beta)} = \overline{\psi}_2\exp(-j\alpha) = L_2\overline{I}_2\exp(-j\alpha)$$

$$+L_{12m}\overline{I}_{1(\alpha,\beta)}\exp(-j\alpha)$$

$$= L_2\overline{I}_{2(\alpha,\beta)} + L_{12m}\overline{I}_1 \tag{3-40}$$

式中，电流向量是在 (α,β) 坐标系中的表示。

如果所有的量都参考复平面 (α,β)，在上面的方程中删除下标，并将转子方程转化为

$$\overline{U}_2 = R_2\overline{I}_2 + \left(\frac{\mathrm{d}\overline{\psi}_2}{\mathrm{d}t}\right) - j\omega\overline{\psi}_2 \tag{3-41}$$

式中，$\overline{\psi}_2 = L_2\overline{I}_2 + L_{12m}\overline{I}_1$。

根据式（3-28）和式（3-31），所有的向量都可以依照其在 α-轴和 β-轴上的分量进一步写成式（3-34）和式（3-42）的形式。与向量形式的两个电压方程不同，用标量表示法中将有四个方程：

$$u_{1\alpha} = R_1 i_{1\alpha} + \frac{\mathrm{d}\psi_{1\alpha}}{\mathrm{d}t}$$

$$u_{1\beta} = R_1 i_{1\beta} + \frac{\mathrm{d}\psi_{1\beta}}{\mathrm{d}t}$$

$$u_{2\alpha} = R_2 i_{2\beta} + \frac{\mathrm{d}\psi_{2\alpha}}{\mathrm{d}t} + \omega\psi_{2\beta}$$

$$u_{2\beta} = R_2 i_{2\alpha} + \frac{\mathrm{d}\psi_{2\beta}}{\mathrm{d}t} - \omega\psi_{2\alpha}$$

$$\tag{3-42}$$

在上述方程式中，磁链分量可以用对应的电流分量来表示：

$$\text{定子}\begin{cases}\psi_{1\alpha} = L_1 i_{1\alpha} + L_{12m} i_{2\alpha}\\ \psi_{1\beta} = L_1 i_{1\beta} + L_{12m} i_{2\beta}\end{cases}$$

$$\text{转子}\begin{cases}\psi_{2\alpha} = L_2 i_{2\alpha} + L_{12m} i_{1\alpha} \\ \psi_{2\beta} = L_2 i_{2\beta} + L_{12m} i_{1\beta}\end{cases} \quad (3\text{-}43)$$

(7) d-轴和 q-轴分量以及沿任意速度旋转轴的分量表示的电压方程

式（3-35）需要进行变换。根据式（3-32）的形式，相关的量可以用 d-轴和 q-轴上的分量表示：

$$\overline{U}_{1(d,q)}\exp(j\alpha) = R_1 \overline{I}_{1(d,q)}\exp(j\alpha)$$
$$+ \frac{\mathrm{d}}{\mathrm{d}t}[\overline{\psi}_{1(d,q)}\exp(j\alpha)] \quad (3\text{-}44)$$

定子轴向量与转子轴向量之间的夹角是时间的函数 $\alpha = \alpha(t)$：

$$\overline{U}_{1(d,q)}\exp(j\alpha) = R_1 \overline{I}_{1(d,q)}\exp(j\alpha)$$
$$+ \exp(j\alpha)\frac{\mathrm{d}\overline{\psi}_{1(d,q)}}{\mathrm{d}t}$$
$$+ \overline{\psi}_{1(d,q)} j\exp(j\alpha)\left(\frac{\mathrm{d}\alpha}{\mathrm{d}t}\right) \quad (3\text{-}45)$$

消除 $\exp(j\alpha)$，便可以得到定子电压方程：

$$\overline{U}_{1(d,q)} = R_1 \overline{I}_{1(d,q)} + \frac{\mathrm{d}\overline{\psi}_{1(d,q)}}{\mathrm{d}t} + j\omega \overline{\psi}_{1(d,q)} \quad (3\text{-}46)$$

S 中，所有的量都以旋转的复平面（d, q）做参考。利用式（3-31）到式（3-33），磁链方程可以用复平面（d, q）上的电流来表示：

$$\overline{\psi}_{1(d,q)} = \overline{\psi}_1 \exp(-j\alpha) = L_1 \overline{I}_1 \exp(-j\alpha)$$
$$+ L_{12m} \overline{I}_{2(\alpha,\beta)} \exp(-j\alpha)$$
$$= L_1 \overline{I}_{1(d,q)} + L_{12m} \overline{I}_2 \quad (3\text{-}47)$$

式（3-47）中的所有量均以复平面（d, q）为参考，所以上面的式（3-47）也可以写成如下形式：

$$\overline{U}_1 = R_1 \overline{I}_1 + \frac{\mathrm{d}\overline{\psi}_1}{\mathrm{d}t} + j\omega \overline{\psi}_1 \quad (3\text{-}48)$$

式中，$\overline{\psi}_1 = L_1 \overline{I}_1 + L_{12m} \overline{I}_2$

用标量形式重新表示式（3-37）和式（3-49），必须按照式（3-30）和式（3-32)的形式，用 d-轴和 q-轴上的投影表示所涉及的所有向量，并将左右两侧的实部和虚部分开。这是得到 d-轴和 q-轴上的定子和转子电压方程组的一种方法，与式（3-37）和式（3-49）等效：

$$\begin{cases} u_{1d} = R_1 i_{1d} + \dfrac{\mathrm{d}\psi_{1d}}{\mathrm{d}t} - \omega\psi_{1q} \\ u_{1q} = R_1 i_{1q} + \dfrac{\mathrm{d}\psi_{1q}}{\mathrm{d}t} + \omega\psi_{1d} \\ u_{2d} = R_2 i_{2d} + \dfrac{\mathrm{d}\psi_{2d}}{\mathrm{d}t} \\ u_{2q} = R_2 i_{2q} + \dfrac{\mathrm{d}\psi_{2q}}{\mathrm{d}t} \end{cases} \quad (3\text{-}49)$$

式（3-50）中的磁链向量可以用相应的电流分量来表示：

$$\begin{cases} \psi_{1d} = L_1 i_{1d} + L_{12m} i_{2d} \\ \psi_{2d} = L_2 i_{2d} + L_{12m} i_{1d} \\ \psi_{1q} = L_1 i_{1q} + L_{12m} i_{2q} \\ \psi_{2q} = L_2 i_{2q} + L_{12m} i_{1q} \end{cases} \quad (3\text{-}50)$$

在式（3-50）的微分方程中，认为转子短路时，可以得到以下方程：

$$\frac{\mathrm{d}}{\mathrm{d}t}\psi_{1d} = \frac{\mathrm{d}}{\mathrm{d}t}(L_1 i_{1d} + L_{12m} i_{2d})$$

$$R_2 i_{2d} + \frac{\mathrm{d}}{\mathrm{d}t}(L_2 i_{2d} + L_{12m} i_{1d}) = 0$$

上述方程描述了图 3-6a 中所示的 d – 轴的等效电路。将同样的推理方法应用于 q – 轴的电压方程和磁链方程，可以获得如图 3-6b 中的 q – 轴等效电路。这两个等效电路分别描述了电机的 d – 轴和 q – 轴上等效定子绕组和转子绕组之间的变压器 – 电感耦合。

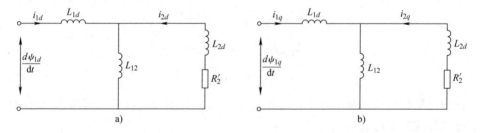

图 3-6 异步电机的等效电路图（其中 L_{1d} 和 L_{2d} 分别是定子和转子的耗散（泄漏）电感）
a) d – 轴 b) q – 轴

通常，如果电压方程是参照某些以任意角速度 ω_0 旋转的轴，它将包含一个代表旋转电动势的附加项。此电动势正比于相关绕组轴的旋转速度。

因此，以角速度 ω_0 旋转的轴为参考，描述定子电压方程将包含一个附加电动势，此电动势与这些转轴相对于静止的定子绕组的转速成比例，即

$$\overline{U}_1 = R_1\overline{I}_1 + \frac{\mathrm{d}\overline{\psi}_1}{\mathrm{d}t} + j\omega_0\overline{\psi}_1 \qquad (3\text{-}51)$$

相似地，在以角速度 ω_0 旋转的轴为参考时，描述转子电压的方程将包含一个与 $\omega_0 - \omega$ 成比例的附加电动势，即这些转轴相对于转速为 ω 的转子的相对速度：

$$\overline{U}_2 = R_2\overline{I}_2 + \frac{\mathrm{d}\overline{\psi}_2}{\mathrm{d}t} + j(\omega_0 - \omega)\overline{\psi}_2 \qquad (3\text{-}52)$$

代入式（3-52）和式（3-53）的量必须参考以 ω_0 旋转的同一复平面。在时间 $t = 0$ 时，复平面的实轴与定子 A 相的轴重合。在 t 时刻时，复平面的实轴从定子 A 相转过 α_0 角度，于是，式（3-52）和式（3-53）中的电流为：

$$\begin{aligned}\overline{I}_1 &= \overline{I}_{1(\alpha,\beta)}\exp(-j\alpha)\\ \overline{I}_2 &= \overline{I}_{2(\alpha,\beta)}\exp[-j(\alpha_0 - \alpha)]\end{aligned} \qquad (3\text{-}53)$$

式中，式（3-52）和式（3-53）中的磁链可以用上述电流向量 $\overline{I}_1$，$\overline{I}_2$ 表示为：

$$\begin{aligned}\overline{\psi}_1 &= L_1\overline{I}_1 + L_{12m}\overline{I}_2\\ \overline{\psi}_2 &= L_2\overline{I}_2 + L_{12m}\overline{I}_1\end{aligned} \qquad (3\text{-}54)$$

（8）以合成的电流、磁链相量及其分量表示的电磁转矩

电磁转矩方程，即早前的式（3-24）过于繁琐，不适合实际应用，但使用合成电流向量可以明显地简化。回顾合成电流向量是方均根值 $\left(D_{\mathrm{rms}} = \dfrac{D_{\max}}{\sqrt{2}}\right.$，$D$ 为电流或电压等，rms 为方均根值$\Bigr)$ 的 $\sqrt{2}$ 倍。电流用于求转子平均电磁转矩，如下：

$$M_{em} = (3p/2)\operatorname{Im}[\overline{\psi}_2\overline{I}_2^*] = 3p(\overline{\psi}_2\overline{I}_2^* - \overline{\psi}_2^*\overline{I}_2)/4j \qquad (3\text{-}55)$$

作用在定子上的等效电磁转矩如下：

$$M_{em} = (3p/2)\operatorname{Im}[\overline{\psi}_1^*\overline{I}_1] = 3p(\overline{\psi}_1^*\overline{I}_1 - \overline{\psi}_1\overline{I}_1^*)/4j \qquad (3\text{-}56)$$

如果转子转矩与旋转方向（即逆时针方向）相同，则作用于转子上的转矩设为正的。如果定子转矩与旋转方向（顺时针方向）相反，则定子转矩也为正。把由式（3-2）定义的转子磁链 $\overline{\psi}_2$ 写作自感磁链的总和：

$$\overline{\psi}_{22} = L_2\overline{I}_2$$

以及互感磁链：

$$\overline{\psi}_{21} = L_{12m}\overline{I}_1\exp(-j\alpha)$$

即

$$\overline{\psi}_2 = \overline{\psi}_{22} + \overline{\psi}_{21}$$

可以注意到，式（3-56）所定义的电磁转矩中，由于电流与自感磁链之间的相互作用而产生的分量为零。

$$3p(\bar{\psi}_{22}\bar{I}_2^* - \bar{\psi}_{22}^*\bar{I}_1)/4j = 3pL_2(\bar{I}_2\bar{I}_2^* - \bar{I}_2^*\bar{I}_2)/4j = 0$$

转子的电磁转矩方程可以用互感磁链表示为

$$M_{em} = (3p/2)\text{Im}[\bar{\psi}_{21}\bar{I}_2^*] = 3p(\bar{\psi}_{21}\bar{I}_2^* - \bar{\psi}_{21}^*\bar{I}_2)/4j$$
$$= -9pL_m[\bar{I}_1\exp(-j\alpha)\bar{I}_2^* - \bar{I}_1^*\exp(-j\alpha)\bar{I}_2]/8j \quad (3-57)$$

类似地，式（3-33）中的 $\bar{\psi}_1$ 也可写为自感磁链 $\bar{\psi}_{11} = L_1\bar{I}_1$ 与互感磁链 $\bar{\psi}_{12} = L_{12m}\bar{I}_2\exp(j\alpha)$ 之和，即

$$\bar{\psi}_1 = \bar{\psi}_{11} + \bar{\psi}_{12}$$

式（3-57）中的定子电磁转矩可以由互感磁链来表示：

$$M_{em} = (3p/2)\text{Im}[\bar{\psi}_{12}^*\bar{I}_1] = 3p(\bar{\psi}_{12}^*\bar{I}_1 - \bar{\psi}_{12}\bar{I}_1^*)/4j$$
$$= 9pL_m[\bar{I}_2^*\exp(-j\alpha)\bar{I}_1 - \bar{I}_2\exp(j\alpha)\bar{I}_1^*]/8j \quad (3-58)$$

可以看出，它与作用在转子上的电磁转矩没什么不同。

如果用式（3-25）和式（3-27）的相电流来表示电流向量和它们的共轭向量，从式（3-56）和式（3-58）中可以很明显地发现，其电磁转矩与式（3-18）中的转矩一样：

$$M_{em} = (3p/2)\text{Im}[\bar{\psi}_2\bar{I}_2^*] = 9pL_m[\bar{I}_1e^{-j\alpha}\bar{I}_2^* - \bar{I}_1^*e^{j\alpha}\bar{I}_2]/2j$$

$$= -pL_m\begin{bmatrix} i_{1A}(i_{2a}\sin\alpha_{Aa} + i_{2b}\sin\alpha_{Ab} + i_{2c}\sin\alpha_{Ac}) \\ + i_{1B}(i_{2a}\sin\alpha_{Ba} + i_{2b}\sin\alpha_{Bb} + i_{2c}\sin\alpha_{Bc}) \\ + i_{1C}(i_{2a}\sin\alpha_{Ca} + i_{2b}\sin\alpha_{Cb} + i_{2c}\sin\alpha_{Cc}) \end{bmatrix} \quad (3-59)$$

$$= -pL_m\sum_{k=A,B,C}i_{1k}\sum_{n=a,b,c}i_{2n}\sin\alpha_{kn}$$

最后，如式（3-58）所示的电磁转矩可以用电流和磁链在 d-轴和 q-轴上的分量表示：

$$M_{em} = (3p/2)\text{Im}[\bar{\psi}_2\bar{I}_2^*] = (3p/2)(\psi_{2q}i_{2d} - \psi_{2d}i_{2q}) \quad (3-60)$$

或者用电流和磁链在 α-轴和 β-轴上的分量表示：

$$M_{em} = (3p/2)\text{Im}[\bar{\psi}_1^*\bar{I}_1] = (3p/2)(\psi_{1\alpha}i_{1\beta} - \psi_{1\beta}i_{1\alpha}) \quad (3-61)$$

3.3 永磁同步电机建模

(1) 工作原理和结构演变

传统的同步电机有两个绕组，一个为三相绕组（相数可以更多），当绕组通过交流电流时，会产生一个以恒定转速旋转的磁场，而另一个是励磁绕组，当通过直流电时会产生一个固定极性的磁场。同步电机的运行依赖于这两个磁场间的相互作用。处于同步发电机工作时，励磁绕组（转子）在外转矩作用下会产生

第 3 章
混合动力系统中电机动态建模理论基础

旋转的磁场,从而在多相绕组间产生电压,电压频率取决于转速和多相绕组或励磁绕组分布的极对数。发电机负载在多相绕组中产生电流,该电流产生的磁通使励磁绕组的磁力线偏转,从而将电负载转化为机械转矩。而在同步电机工作的条件下,多相绕组产生的旋转磁场牵引着由励磁绕组产生的磁场,会有一个称为负载角的偏转角,其存在于旋转磁场的轴线和由励磁绕组产生的磁场轴线之间。在同步电机矢量图中,该负载角存在于输入电压矢量(穿过电机端子)和多相绕组产生的电动势之间。电机输出的转矩值是电机自身设计(几何形状和所用的材料)以及负载角正弦值的函数。由于同步转矩与转子相对于多相绕组的旋转轴和磁场的转速有关,而电源频率是固定的,这就使得难于在同步电机上施加恒定频率的电压来启动电机,甚至是不可能的。虽然存在几种启动方法,例如借助感应电机或辅助电机,但启动问题仍限制了同步电机的使用。

由于技术和经济的原因,同步电机的励磁绕组通常位于转子上。因为这样就只需用位于电机轴上的两个滑环与线圈连接以形成电流回路,而且每个动触点承受的电能要比多相绕组的小得多。因此,在传统的同步电机中,多相绕组多用来作为定子。同步电机的转子具有凸极和隐极两种结构。这些结构类型使得电机动态特性的一些差异,并使电机能以不同的速度旋转——凸极适于低速电机,隐极适于高速电机。凸极转子上装有称之为起动鼠笼,以实现上述感应电机的起动。导条位于转子磁场磁铁的极靴中,并通过转子两端的端环连接。端环可以使每个极鞋中的导条短路,或所有导条可以短接在一起。在有动力负载或磁场电流变化时,鼠笼能抑制转子转速的瞬态扰动,因此在一些文献中使用了阻尼笼的术语。从物理学角度看,阻尼笼等效于起动笼。当使用时,它改善了变频器和电压源供电的电机性能。转子中能产生涡流效应的固体材料也可以起到隐极电机(涡轮发电机)中阻尼笼的作用。

通过不断改进生产方法,性能越来越好的永磁性材料不断出现。1974 年,采用钐和钴为原料的永磁材料获得了较高的储能密度,达到 $100\sim150kJ/m^3$。十年后又出现了储能密度达到 $280kJ/m^3$ 的 NdBFe(钕-硼-铁)。如此高的储能密度材料在电机中的广泛使用,使得电机在体积不变的情况下具有越来越大的输出功率。关于磁场磁铁的新结构方案和专利不断涌现。

下面将介绍不同结构的永磁同步电机(见图 3-7)。

(2)逆变电路

一般说来,为了使电机转速的连续可调,通常有三种逆变电路可供选择:一种是直接频率变换器,用于交流三相电源供电的低速驱动单元,其余两种电路基本上是不同的,即电压型逆变器和电流型逆变器。逆变器电路要求控制输入电压。这意味着,在蓄电池或接触线作为电源的情况下,必须使用斩波器。

电流型逆变器用于交流同步电机时,其设计利用了同步电机产生无功功率的

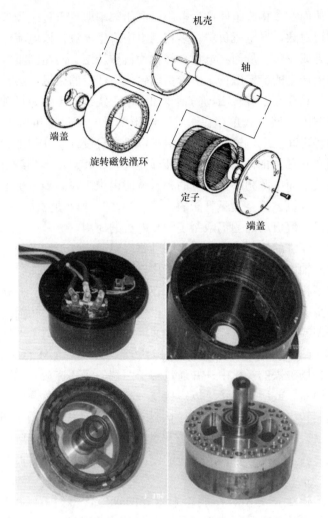

图 3-7 永磁同步电机示意图及实物照片。定子为不采用铁心的
绕组，相当于杯形转子（Huang, Cambier, & Geddes, 1992）

固有特性，换向（电机各相的切换）是以自然方式进行的，即由外部换向（逆变器的通断）决定的，其固态开关通常是可控硅整流器，并通过在电机端子上施加电压而关闭。

可控硅 T1~T6 触发逻辑取决于电机位置传感器（光电式或电磁式），如图 3-8 所示。

然而，这种方法由于三相电机的三相和两相运行之间的周期切换会产生脉动转矩。其幅值是电机负载的函数，可达到平均转矩的 20%，其频率是由电机速度决定的频率的倍数，这种现象在工程上难以消除。有人提出了一种改进的方法是采用高于三相以上的多相电机,以有效抑制与驱动结构部件发生共振。使用普通开关元件的逆变器有一个负面的影响,它靠一个特殊电路来控制可控硅 SCR T_z,以使电机可加速到额定值的 10%~15% 左右。当电机的输入电压触发 SCR 时,电机提高了功率因数。在使用永磁铁的电机中,逆变器电路更简单,因为这样的逆变器工作在固定的转子位置触发角。

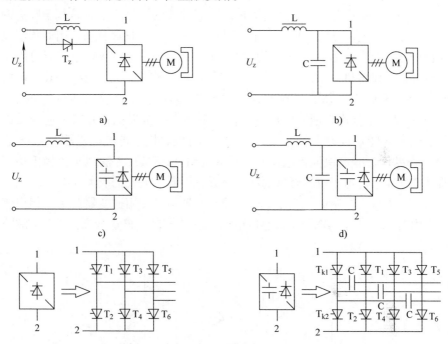

图 3-8 永磁铁励磁的永磁同步电机逆变电路图

a) 电流型逆变器(L—中间供电电路的电感) b) 电压型逆变器(L—中间供电电路的滤波电感,电容 C 在逆变器输入端) c) 端子 1 和端子 2 之间的 $T_1 \sim T_6$ SCR 电路图,通过外部开关把三相电源连接到同步电机 d) 端子 1 和端子 2 之间的 $T_1 \sim T_6$ SCR 构成逆变器的电路图,用电容 C 以及 SCR 的 T_{k1} 和 T_{k2} 作为三相电源电路的内部开关

使用全控(内部)开关器件的电流型逆变器的驱动系统,能够在任意转角位置触发。在励磁可控可用的情况下,该控制可以服从任何稳态优化律,并根据调节范围和初始启动转矩,获得相对于转速恒定或变化的期望值。通过保持磁场近似恒定,转矩调节就能被限制在一定的范围内。

使用电压型逆变器的驱动系统可以是多个驱动系统的组合,其中所有的可控电机都是同步旋转的。在采用外部控制方法的情况下,逆变器的输入电压将受到控制。结果是电机转速在静止到额定同步转速之间为恒转矩控制。在恒功率范围内,逆变器输出电压被限制在其额定值范围内,由所使用的电源决定,可以获得更高的转速。

通过在电压型逆变器中使用功率型固态开关，在任何模式下性能都是可控的。为了保证电流在各个相中的连续性，固态开关与二极管以适当的极性并联使用。带有固态开关的逆变器每个臂都使用一个非常重要的装置（在图3-8中未表示出来），即一个称为缓冲二极管的过压保护装置。这些装置可以保护主固态开关，使其在开关瞬态过程中免受过大的应力。开关的时序和定时是基于脉宽调制（PWM）方式。这种电路在具有一个相对稳定的电源时非常有用，例如蓄电池直接为逆变器供电。在驱动系统中使用多个脉宽调制电压型PWM逆变器可以使单个电机工作在发电机模式，而其他电机工作在电机模式。现有多种PWM电机控制方式，并不仅仅局限于驱动系统。由于在感应电机中使用逆变器的需要，PWM方式基本上都用于消除电压谐波，减小感应电机损耗，并减小逆变器供电的异步电机的转矩波动。尚未见任何参考文献提出为同步电机驱动系统选择PWM的方法。尽管解决同步电机所用脉宽调制（PWM）方法似乎依赖于功率固态器件的性能，但由于可以降低功耗，所以也引起了人们的极大兴趣。

通常，为获得永磁电机输出合适的速度和转矩，使用逆变器产生三相交流电压。常用的方法是（类似于交流感应电机）脉宽调制。该逆变器的方案如图3-9所示。

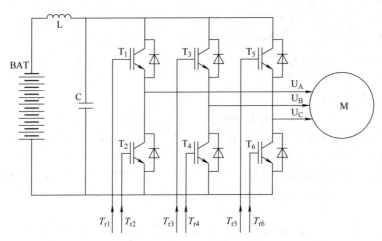

图3-9 永磁同步电机最常用的脉宽调制逆变器简图

图3-10所示为由三相脉宽调制模块驱动的电压式逆变器电路。

（3）同步电机等效电路

对驱动系统的数学模型和特性掌握是进行系统理论分析和设计工作中的基本问题。图3-11所示为一种凸极电机的电路图，它是一种具有电磁激励的机电转换器。为了使讨论具有一般性，考虑了三相电路（目前采用了多相位的电路结

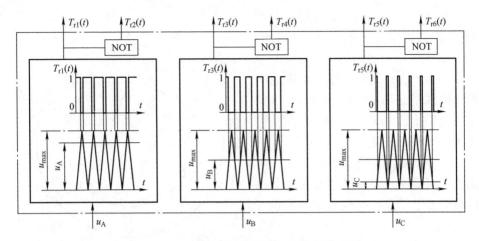

图 3-10 三相脉宽调制模块驱动的电压逆变器

构,但这并不需要改变基本的数学模型)。除了电枢绕组(标号 1~3)和磁场绕组(标号 4)外,在直轴 d 和交轴 q 中还有两个附加短路绕组,它们代表转子实体或层叠部分的阻尼(起动)绕组和涡流。

所有电路,考虑到它们与互感 M_{ij} 的关系,可以写出以矩阵形式表示的电压方程式,如下:

$$\begin{bmatrix} U_1 \\ U_2 \\ U_3 \\ U_4 \\ 0 \\ 0 \end{bmatrix} = \begin{bmatrix} R_1 & 0 & 0 & 0 & 0 & 0 \\ 0 & R_2 & 0 & 0 & 0 & 0 \\ 0 & 0 & R_3 & 0 & 0 & 0 \\ 0 & 0 & 0 & R_4 & 0 & 0 \\ 0 & 0 & 0 & 0 & R_5 & 0 \\ 0 & 0 & 0 & 0 & 0 & R_6 \end{bmatrix} \begin{bmatrix} I_1 \\ I_2 \\ I_3 \\ I_4 \\ I_5 \\ I_6 \end{bmatrix} + \frac{\mathrm{d}}{\mathrm{d}t} \begin{bmatrix} L_{11} & M_{12} & M_{13} & M_{14} & M_{15} & M_{16} \\ M_{21} & L_{22} & M_{23} & M_{24} & M_{25} & M_{26} \\ M_{31} & M_{32} & L_{33} & M_{34} & M_{35} & M_{36} \\ M_{41} & M_{42} & M_{43} & L_{44} & M_{45} & 0 \\ M_{51} & M_{52} & M_{53} & M_{54} & L_{55} & 0 \\ M_{61} & M_{62} & M_{63} & 0 & 0 & L_{66} \end{bmatrix} \begin{bmatrix} I_1 \\ I_2 \\ I_3 \\ I_4 \\ I_5 \\ I_6 \end{bmatrix} \quad (3\text{-}62)$$

电枢绕组的互感和自感是角度的函数(指 d 轴和电枢绕组轴之间的夹角——电枢绕组通常选择 1 绕组(a 相))。下面要做的最重要的就是确定电枢绕组的 $I-d-q$ 轴和角度(角度增加的方向,即电机旋转方向)。为简化讨论,对同步电机的理想模型作出如下假设:

- 所讨论的电机是对称的（具有相同的电枢绕组，并且对称分布：$R_1 = R_2 = R_3$）。
- 仅考虑安匝的基波和磁通密度，即忽略出现在气隙中的空间（由绕组离散形式和磁路几何结构造成）磁场分布的高次谐波。
- 假定磁化曲线为线性的，不考虑饱和与磁滞现象；这样互感和自感就与电流值无关，而取决于转子位置（坐标 ϕ）。

考虑到上述假设，可以确定单个绕组之间的函数关系，同时也考虑到每一个绕组的磁通由两部分构成：主磁通和漏磁通，电压方程式（3-62）

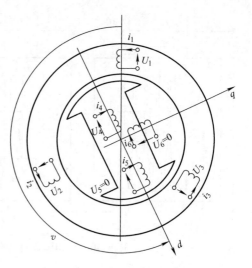

图 3-11 转子绕组短路的凸极永磁同步电机 $d-q$ 模型

给出了一个微分方程组，其中的变量均是角度 φ 和时间 t 的函数。为了将这一方程组转化为具有常值因子的便于计算的方程形式，需进行电枢坐标系变换。最常用但不是唯一的坐标变换是转换为 $0-d-q$（称为旋转直角坐标系或 Park 坐标系）坐标系。

变换如下：用两个随转子转动的位于 d 轴和 q 轴上的两个绕组替代三相电枢绕组，以及位于电机外面的不与其他绕组耦合的第三个绕组 0。绕组 1、2、3 和 0、d、q 的等效通过实际的和等效的绕组之间的电压和电流关系来表达。现增加一个假设：瞬态输出功率和转矩在 $d-q$ 坐标系中是不变的（变换矩阵本章介绍过了）。

用转换矩阵左乘矩阵（3-63），并作相应替代，得到如下形式的电压和磁通关系式，即 Park – Goriev 公式：

$$\begin{bmatrix} U_0 \\ U_d \\ U_q \\ U_4 \\ U_5 \\ U_6 \end{bmatrix} = \begin{bmatrix} R_1 & 0 & 0 & 0 & 0 & 0 \\ 0 & R_2 & 0 & 0 & 0 & 0 \\ 0 & 0 & R_3 & 0 & 0 & 0 \\ 0 & 0 & 0 & R_4 & 0 & 0 \\ 0 & 0 & 0 & 0 & R_5 & 0 \\ 0 & 0 & 0 & 0 & 0 & R_6 \end{bmatrix} \begin{bmatrix} I_0 \\ I_d \\ I_q \\ I_4 \\ I_5 \\ I_6 \end{bmatrix} + \frac{d}{dt} \begin{bmatrix} 0 \\ \Psi_d \\ \Psi_q \\ \Psi_4 \\ \Psi_5 \\ \Psi_6 \end{bmatrix} + \omega \begin{bmatrix} 0 \\ -\Psi_q \\ \Psi_d \\ 0 \\ 0 \\ 0 \end{bmatrix} \quad (3-63)$$

如果磁链 Ψ 是相关绕组的耦合磁通，则有如下计算公式：

第 3 章
混合动力系统中电机动态建模理论基础

$$\begin{cases} \Psi_0 = L_0 I_0 \\ \Psi_d = L_d I_d + M_4^d I_4 + M_5^d I_5 \\ \Psi_q = L_q I_q + M_6^d I_6 \\ \Psi_4 = (L_{s4} + L_4) I_4 + M_4^d I_4 + M_{45} I_5 \\ \Psi_5 = (L_{s5} + L_5) I_5 + M_5^d I_5 + M_{45} I_4 \\ \Psi_6 = (L_{s6} + L_6) I_6 + M_6^d I_q \end{cases}$$

式中，自感 L 和互感 M 的计算式分别为：

$$L_0 = L_s^z = (z_k k_{uz})^2 \Lambda_s^z$$

$$L_d = L_s^z + \frac{3}{2}(M^z + \Delta M)$$

$$M^z = \frac{1}{2}(\Lambda_d + \Lambda_q)(z_k k_{uz})^2$$

$$\Delta M = \frac{1}{2}(\Lambda_d - \Lambda_q)(z_k k_{uz})^2$$

式中，z_k 为电枢绕组匝数；k_{uz} 为电枢绕组系数；Λ_s^z 为电枢漏磁导；Λ_d 为由于转子转动（是角度 ϕ 的函数）产生的主磁通最大磁导；Λ_q 为由于转子转动产生的主磁通最小磁导；$L_q = L_s^z + \frac{3}{2}(M^z + \Delta M)$；$M_4^d$，$M_5^d$，$M_6^d$ 分别为相应于电枢与转子绕组同轴位置时的最大互感；L_{s4}，L_{s5}，L_{s6} 分别为各个转子绕组的漏电感；L_4，L_5，L_6 分别为与电机主磁通相关的各转子绕组的自感；M_{45}，L_{54} 分别为 d 轴上磁场和阻尼绕组间的互感。

绕组 1 的匝数、系数以及所有的磁导都与电机本体的几何结构有关。借助有限元等方法对电机电磁电路进行场分析，就可以高精度地确定同步电机的 Park 模型参数。另一个问题是，在试验室测试基础上，如何识别已知电机模型参数。

当气隙比凸极电机更均匀时，Λ_d 和 Λ_q 之间差别很小，反映在直轴和交轴电感上。不考虑磁心结构，就可以忽略矩阵（3-63）的第一行，实际上，原因在于 d 轴和 q 轴上的等效绕组 0 和旋转绕组 1 上时不存在磁耦合。

为了更充分地描述同步电机这种机电转换器，我们写出在电机转子和电枢之间气隙中形成的电磁转矩方程式。这个公式可以在描述气隙中产生的磁场能量的基础上，通过能量对给定速度的角 ϕ 的微分，或者根据机械坐标的欧拉 - 拉格朗日方程来推导。因此，结果可以在写成以下公式的形式：

$$M_{em} = -\frac{3}{2}\Delta M \begin{bmatrix} I_0 & I_d & I_q \end{bmatrix} \begin{bmatrix} 0 & 0 & 0 \\ 0 & 0 & 1 \\ 0 & 1 & 0 \end{bmatrix} \begin{bmatrix} i_0 \\ i_d \\ i_q \end{bmatrix}$$

$$-\begin{bmatrix} I_0 & I_d & I_q \end{bmatrix} \frac{3}{2} \begin{bmatrix} 0 & 0 & 0 \\ 0 & 0 & -M_6^q \\ M_4^d & M_5^d & 0 \end{bmatrix} \begin{bmatrix} I_4 \\ I_5 \\ I_6 \end{bmatrix}$$
(3-64)

利用矩阵乘法，并替换关系式 $3 \cdot \Delta M = L_d - L_q$，可得：

$$\begin{aligned} M_{em} = &-(L_d - L_q)I_d I_q - \left(\frac{3}{2}M_4^d I_4 + \frac{3}{2}M_5^d I_5\right)I_q \\ &+ \frac{3}{2}M_6^q I_q I_d \end{aligned}$$
(3-65)

通过重新排列两个轴上的电流项，可以写出以下方程：

$$M_{em} = \frac{3}{2}(\Psi_q I_d - \Psi_d I_q)$$
(3-66)

式中，Ψ_q 和 Ψ_d 是在转矩公式 (3-64) 和式 (3-65) 中用到的耦合磁通。

式 (3-63) 和式 (3-67) 像以前一样是非线性的，因为转速出现在电压方程中，此外，式 (3-66) 中出现的时间函数的乘积也是非线性的根源。

电机设计的一般理论和简化到 d 轴和 q 轴上的等效电路如图 3-12 所示。与前面讨论的模型进行比较，就会得到考虑永久磁铁和磁力表示的新公式，图 3-12 所示电机的 Park–Goriev 公式 (3-55) 可以写成下式：

$$\begin{bmatrix} U_d \\ U_q \\ 0 \\ 0 \\ 0 \\ 0 \\ 0 \end{bmatrix} = \begin{bmatrix} R_s & 0 & 0 & 0 & 0 & 0 & 0 \\ 0 & R_s & 0 & 0 & 0 & 0 & 0 \\ 0 & 0 & R_{cd} & 0 & 0 & 0 & 0 \\ 0 & 0 & 0 & R_{cq} & 0 & 0 & 0 \\ 0 & 0 & 0 & 0 & R_{fd} & 0 & 0 \\ 0 & 0 & 0 & 0 & 0 & R_{fq} & 0 \\ 0 & 0 & 0 & 0 & 0 & 0 & R_D \end{bmatrix} \begin{bmatrix} I_d \\ I_q \\ I_{cd} \\ I_{cq} \\ I_{fd} \\ I_{fq} \\ I_D \end{bmatrix} + \frac{d}{dt}\begin{bmatrix} \Psi_d \\ \Psi_q \\ \Psi_{cd} \\ \Psi_{cq} \\ \Psi_{fd} \\ \Psi_{fq} \\ \Psi_D \end{bmatrix} + \omega \begin{bmatrix} -\Psi_q \\ \Psi_d \\ 0 \\ 0 \\ 0 \\ 0 \\ 0 \end{bmatrix}$$
(3-67)

式中，R_s 为电枢绕组电阻；R_{cd}，R_{cq} 分别为简化到 d 轴和 q 轴上的阻尼（起动）绕组电阻；R_{fd}，R_{fq} 分别为在转子铁心中产生的，简化到 d 轴和 q 轴上的阻尼绕组电阻（涡电流）；R_D 为磁场绕组电阻；Ψ_D 为耦合磁通，由式 (3-72) 确定：

$$\begin{cases} \Psi_d = L_d I_d + M_{dc}I_{cd} + M_{df}I_{fd} + M_{dD}I_D + M_{da}\theta_s \\ \Psi_q = L_q I_q + M_{qc}I_{cq} + M_{df}I_{fq} \\ \Psi_{cd} = L_{cd}I_{cd} + M_{cd}I_d + M_{cfd}I_{fd} + M_{cD}I_D + M_{cs}\theta_s \\ \Psi_{cq} = L_{cq}I_{cq} + M_{cq}I_q + M_{cfq}I_{fq} \\ \Psi_{fd} = L_{fd}I_{fd} + M_{fd}I_d + M_{fdc}I_{cd} + M_{fD}I_D + M_{fa}\theta_s \\ \Psi_{rq} = L_{fq}I_{fq} + M_{fq}I_q + M_{fqc}I_{cq} \\ \Psi_D = L_D I_D + M_{Dd}I_d + M_{Dc}I_{cd} + M_{Df}I_{fd} + M_{Ds}\theta_s \end{cases} \quad (3-68)$$

式中，θ_s 为永久磁铁磁势；M_{id} 为在 d 轴上的第 i 个绕组和磁铁结构的等效电路之间的互感。

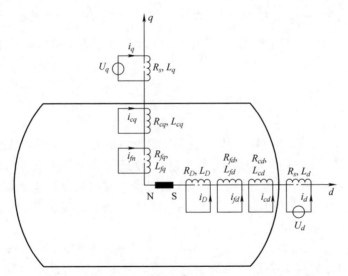

图 3-12　简化到永磁同步电机 d-q 坐标系的等效电路图

上述公式没有考虑电机内部结构的对称性，这种对称性使各个互感之间有以下等式 $M_{ij} = M_{ji}$。

互感和自感的确定类似于式（3-63）的讨论。以这种方式建立的模型，能针对性地分析各个电机组成部分在特定运行工况时的效果。为了减少求解动态问题时所需的方程数，转子电路可简化为 d 轴和 q 轴上两个绕组的形式，表示阻尼绕组电流、涡电流和绕组短路电流。通过重新组合，并对耦合磁通求导，式（3-68）可以写成如下形式：

$$U_d = R_s I_d + L_d \frac{dI_d}{dt} + M_{dD} \frac{dI_D}{dt} + M_{ds} \frac{d\theta_s}{dt} - \omega L_q I_q - \omega M_{qQ} I_Q$$

$$U_q = R_s I_q + L_q \frac{dI_q}{dt} + M_{qQ} \frac{dI_Q}{dt} + \omega L_d I_D + \omega M_{dD} I_d + \omega M_{ds} \theta_s$$

$$0 = R_D L_D + L_D \frac{dI_D}{dt} + M_{Dd} \frac{dI_d}{dt} + M_{Ds} \frac{d\theta_s}{dt}$$

$$0 = R_Q L_Q + L_Q \frac{dI_Q}{dt} + M_{Qq} \frac{dI_q}{dt}$$

(3-69)

式中，以大写字母表示的符号与转子阻尼部分有关，同前面一样，这些等式也没有考虑任何可能的单一回路中的互感的对称性。

为了得到机电转换的完整动态模型，有必要将运动方程（3-68）和位置方程（3-70）代入式（3-69）中：

$$J \frac{d\omega}{dt} = \frac{3}{2} p \left[(L_d I_d + M_{dD} I_D + M_{Ds} \theta_s) I_q - (L_q I_q + M_{qQ} I_Q) I_d \right] - M_{obc}$$

(3-70)

式中，ω 为电机轴旋转角速度；p 为电机极对数；M_{obc} 为电机负载转矩；θ_s 为转子位置角度。

转子位置：

$$\frac{dv}{dt} = \omega$$

(3-71)

式（3-72）~式（3-74）可以简化为状态变量的形式，电机的状态通过变量 I_d、I_q、I_D、I_Q、ω 和 v 对时间的导数确定。利用建立的状态方程可以分析转换器动态特性，包括单一转矩（阻抗、异步和同步）对电机运行瞬态性能的影响。还可以根据 Abdulaziz 和 Jufer（1974）中的状态方程，开发由 PWM 逆变器提供的同步电机运行控制电路。

参考文献 Abdulaziz 和 Jufer（1974），Anderson 和 Cambier（1990），以及 Baucher（2007）等人介绍了一辆装有永磁同步电机驱动系统的试验乘用车。该车重 403kg，载质量为 200kg。电机满载功率 3kW，额定转速 4800r/min。它的转子设计类似于具有特殊气隙的直流换向电机，这种气隙将直流电机的各个部件隔开。因此，除其他原因外，简化为单轴 d 的等效电路可用于对使用 NdFeB 磁体的驱动系统进行功率的初步分析。这些气隙导致直轴 d 和交轴 q 之间电抗的不同。电机气隙中的磁通密度达 0.8T。由铅酸电池通过 PWM 逆变器为电机供电。电机输入频率在 2~2000Hz 范围内，以 0.02Hz 步长进行调节。作者提出了输入电压和转子旋转角 ω 的脉冲开始（ON）时间 P 和脉冲关闭（OFF）时间 N 如下：

$$P_{ON} = \frac{1}{\omega}\left(\frac{v_{j+1}-v_j}{2} + \frac{U}{U_b}\frac{\cos v_j - \cos v_{j+1}}{2}\right)$$
$$P_{OFF} = \frac{1}{v}\left(\frac{v_{j+1}-v_j}{2} + \frac{U}{U_b}\frac{\cos v_j - \cos v_{j+1}}{2}\right) \quad (3-72)$$

式中，P_{ON} 为在第 j 个间隔脉冲开始时间；P_{OFF} 为在第 j 个间隔脉冲关闭时间；v_j 和 v_{j+1} 第 j 个间隔转子角度变化；ω 为需求的转子角速度；U 为需求的输出电压峰值；U_b 为电池提供的直流电压。

因为该车驱动控制思想以能源转换效率最大为目标，因此建议利用电机的特性来确定电机每一相的负载损失 ΔP_{Cu} 和铁损 ΔP_{Fe}，以控制 PWM 控制系统内的固态开关状态。

$$\Delta P_{Cu} = \left[\left(I_{2d} - \frac{P_p X_q}{E_0 R_c}\right)^2 + \left(\frac{E_0 + I_{2d}X_d}{R_c} + \frac{P_p}{E_0}\right)^2\right]R_1$$
$$\Delta P_{Fe} = \left[(E_0 + I_{2d}X_d)^2 + \frac{P_p^2 X_q^2}{E_0^2}\right]\frac{1}{R_c} \quad (3-73)$$

式中，I_{2d} 为逆变器提供的电流有效值；P_p 为每相输出功率；X_q 为同步电机交轴阻抗；E_0 为电机绕组中产生的电动势；R_c 为简化到相上的阻尼电路电阻；X_d 为同步电机直轴电抗；R_1 为电枢绕组的相电阻。

通过增加这两项，在给定负载下就可以确定电机的单相损失。在 E_0 相中包含有速度，对于固定的磁场而言，磁通（安匝数）正比于转子速度。

有一种同步电机的相当简化的模型，对电机各相产生的感应电动势以及电机绕组的自感进行辨识。作者研究了稳态条件下电机恒速运转时 PWM 逆变器的开关构型。结果是以电机电流和转矩对脉冲占空比因数的关系来表示的，脉冲占空比因数以电池组电压对电机中一相的感应电压的比值为参数。通过数字仿真得到的波形表明电机转矩和电流均出现了振荡，这也可以从电机的相电流测试结果中得到证明。

参考文献 Abdulaziz 和 Jufer（1974），Anderson 和 Cambier（1990），Baucher（2007），Ortmeyer（2005），Unique Mobility Inc. 讨论过通过 PWM 逆变器运行的感应电机和同步电机驱动系统，Veinger（1985）将读者的注意力引导到可能出现类似于直流电机中励磁电流降低的效果，即在第二象限通过弱磁控制速度，作者的建议是在电机上采用特殊形状的电压波形，这源于 PWM 控制同步电机系统等效电路的矢量分析。该工程方法是公开的。根据作者提出的锯齿波 PWM 方法，以固态开关运行的时间标准作为同步电机的供电波形，增加了由此产生的电源电压波形的基波值。

第4章 混合动力系统用电机仿真的通用模型

第4章提出了一种获得电机功率仿真模型的方法,可以实际应用于混合动力系统的仿真研究。感应电机和永磁电机的动态数学模型是基于第3章给出的必要基础知识。这些通用模型适用于混合动力传动系统的要求,同时使车辆驱动系统的力学特性归入后台。将矢量磁场定向控制应用于感应电机和永磁电机的数学建模中,同时也讨论了控制电压频率的影响。就永磁电机而言,弱磁的调节方法在脉宽调制控制中非常重要。

4.1 概述

本章介绍永磁同步电机的弱磁模型,以及专门针对上述电机的基本仿真研究结果。这些仿真的目标之一是确定这些电机的静态特性(电机 MAP 图)函数,即反映电机输出的转矩与转速之间的关系。该特征表示为电机在四象限运行时的MAP图,即电机/发电机在两个不同旋转方向的运行模式,在实际中非常有用。

4.2 交流感应电机驱动系统动力仿真建模方法

(1) 逆变器/电机控制策略

在介绍电机工作特性与电机设计参数关系之前,先解释一下逆变器/电机控制策略,为专门应用于牵引驱动系统中的电机选型和设计提供基本依据。

为了获得电机最大输出所使用的逆变器/电机控制策略如图4-1所示。

电机转矩-转速特性曲线应具有在宽转速范围内驱动转矩的预期分布,这个分布图有三个特征区域——恒转矩区、恒功率区和转差率限制区。

恒转矩区是从转速为零处开始到拐点转速(基速)之间的部分。在这个区域内,逆变器工作在PWM模式,为电机提供的电压和频率是可调节的。

第4章
混合动力系统用电机仿真的通用模型

如图 4-1 所示，交流电压随着转速（频率）成正比增长，以保持电机中恒定的磁通密度。因此，交流电压基本上随转速（频率）成比例地增加。转子中感应电压频率（静止频率）保持恒定，且交流电流几乎不变，这也使转矩几乎不变。当然，电机的输出功率与转速成正比，所以功率随着转速线性增加直到基速。这种控制方法在交流电压达到逆变器可提供的最大值之前是可行的。这个节点就是拐点，也是恒转矩区的结束点和恒功率区的起点。在这个条件下，交流电机的工作特性与他励直流电机类似。

恒功率区是从基速开始到恒功率区的最高转速（即恒功率区结束点的速度）结束。

交流电压随转速（频率）的变化进行调整，以保持电机内恒定的磁通密度，如图 4-1 所示。因此，交流电压基本上随转速（频率）的增加而成比例增加。转子感应电压的频率（睡眠频率）保持不变，交流电流几乎恒定。这产生了几乎恒定的转矩。当然，电机的输出功率与转速成正比，因此在基速之前功率随速度线性增加。在交流电压达到逆变器供电的最大可用电压之前，这种控制方法是可能的。这个转折点是基速点，是恒转矩区的结束点，也是恒功率区的开始点。在这种情况下，交流电机的特性与他励直流电机是相同的。

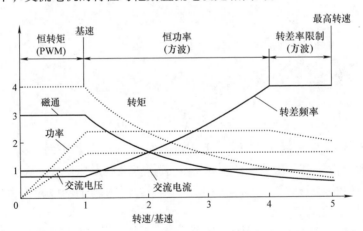

图 4-1 基于脉宽调制的驱动电机控制策略

恒功率区是从基速到最高转速（恒定功率区结束点的转速）。

在该区域内，逆变器向电机提供频率可调的交流电。交流电压不再可调，因为逆变器输出交流电压达到最大值，所以交流电压是恒定的。磁通密度与速度（频率）成反比。滑差频率增加，交流电压几乎不变。这时会产生转矩，其与转速成反比减小，而电机输出功率几乎不变。这种控制方法直到电机在达到其滑差频率限制值以前是可行的。这个重要转折点是最高转速点，亦即恒功率区的结束点和滑差率限制区的起点，而滑差率限制区位于恒功率区之后。进一步提高转速都必须确保恒定的滑差频率和交流电流的减小。而电压和磁通密度的变化与在恒定功率区的变化相同，最终导致转矩与转速的二次方成反比并减小，总功率随之减小。

（2）变速器的影响

驱动电机的输出转矩可以通过两档或多档变速器传递到车轮。电机在恒功率区工作时，变速器从低档（大传动比）换到高档（小传动比）更容易。市区工况下汽车行驶的最高车速为70km/h甚至更高，因此仅选用一档就可以满足使用要求。最好的解决方案就是在电机和驱动轮之间使用无级变速器（CVT）。这种方法成本高，但会尽可能降低电机铜损，并更好地调整电机参数以满足车辆行驶需求。

（3）混合动力系统的交流感应电机建模

为了方便研究，最好将先前介绍的交流电机模型以更方便的形式表示出来。也就是应用在混合动力电动汽车驱动时，交流感应电机是受控的，为描述这种控制关系，有必要将电机瞬时的相电流、相电压或磁链变换到以任意角速度 ω_{ex} 旋转的复平面（α_x, β_x）上。此时，α_x 轴与电机三相绕组 A、B、C 之间的夹角分别描述如下：

$$\begin{aligned} \alpha_{\alpha_x A} &= \alpha_{\alpha_x A0} + \int_0^t (\omega_x - \omega)\,\mathrm{d}t \\ \alpha_{\alpha_x B} &= \alpha_{\alpha_x A0} + \frac{4\pi}{3} + \int_0^t (\omega_x - \omega)\,\mathrm{d}t \\ \alpha_{\alpha_x C} &= \alpha_{\alpha_x A0} + \frac{2\pi}{3} + \int_0^t (\omega_x - \omega)\,\mathrm{d}t \end{aligned} \quad (4\text{-}1)$$

式中，$\alpha_{\alpha_x A0}$ 为 $t=0$ 时刻 a_x 轴和 A 相之间的夹角；ω_x 为复平面（α_x, β_x）的角速度，一般指由供电电压频率所决定的定子旋转磁场角速度；ω 为三相绕组 A、B、C 的角速度（对于定子，$\omega=0$；对于转子，ω 为转子的电角速度 $\omega = p\omega_m$，ω_m 为转子旋转角速度）。

这样，瞬时相位值投影到轴 α_x（乘以上述对应角度的余弦值）和轴 β_x（乘以上述对应角度的正弦值）上。

最后，α_x 和 β_x 电流分量如下：

$$\begin{bmatrix} I_{\alpha_x} \\ I_{\beta_x} \end{bmatrix} = \frac{2}{3} \begin{bmatrix} \cos\alpha_{\alpha_x A} & \cos\alpha_{\alpha_x B} & \cos\alpha_{\alpha_x C} \\ -\sin\alpha_{\alpha_x A} & -\sin\alpha_{\alpha_x B} & -\sin\alpha_{\alpha_x C} \end{bmatrix} \begin{bmatrix} i_A(t) \\ i_B(t) \\ i_C(t) \end{bmatrix} \quad (4\text{-}2)$$

对于 $i_a + i_b + i_c = 0$，逆变换得

$$\begin{bmatrix} i_A(t) \\ i_B(t) \\ i_C(t) \end{bmatrix} = \begin{bmatrix} \cos\alpha_{\alpha_x A} & -\sin\alpha_{\alpha_x A} \\ \cos\alpha_{\alpha_x B} & -\sin\alpha_{\alpha_x B} \\ \cos\alpha_{\alpha_x C} & -\sin\alpha_{\alpha_x C} \end{bmatrix} \begin{bmatrix} I_{\alpha_x} \\ I_{\beta_x} \end{bmatrix} \tag{4-3}$$

同样，也可对电压和磁链做相同变换，也可用于永磁同步电机。

第3章的向量方程式（3-41）、（3-42）、（3-44）实际上可以在许多仿真中应用，但首先它们必须用标量形式表示，如下：

$$u_{1d} = R_1 i_{1d} + \frac{\mathrm{d}\psi_{1d}}{\mathrm{d}t} - \omega_0 \psi_{1q}$$

$$u_{1q} = R_1 i_{1q} + \frac{\mathrm{d}\psi_{1q}}{\mathrm{d}t} + \omega_0 \psi_{1d}$$

$$u_{2d} = R_2 i_{2d} + \frac{\mathrm{d}\psi_{2d}}{\mathrm{d}t} - (\omega_0 - \omega) \psi_{2q} \tag{4-4}$$

$$u_{2q} = R_2 i_{2q} + \frac{\mathrm{d}\psi_{2q}}{\mathrm{d}t} + (\omega_0 - \omega) \psi_{2d}$$

对于鼠笼式转子，有 $u_{2d} = u_{2q} = 0$，则

$$\psi_{1d} = L_1 i_{1d} + L_{12m} i_{2d}$$
$$\psi_{1q} = L_1 i_{1q} + L_{12m} i_{2q}$$
$$\psi_{2d} = L_2 i_{2d} + L_{12m} i_{1d}$$
$$\psi_{2q} = L_2 i_{2q} + L_{12m} i_{1q}$$

式中，$L_1 = \frac{3}{2} L_m$；$L_2 = \frac{3}{2} L_m$；$L_{12m} = \frac{3}{2} \frac{z_2}{z_1} (L_m - L_{1d})$。

$$M_{em} = (3p/2)(\psi_{1d} i_{1q} - \psi_{1q} i_{1d})$$

电动机模式：$J \frac{\mathrm{d}\omega}{\mathrm{d}t} = M_{em} - M_o$

发电机模式：$J \frac{\mathrm{d}\omega}{\mathrm{d}t} = M_o + M_{em}$ \tag{4-5}

$$P = (3p/2)(u_{1d} i_{1d} + u_{1q} i_{1q})$$

式中，R_1 为定子单相绕组阻值；R_2 为转子单相绕组阻值；L_1 为定子绕组相电感；L_2 为转子绕组相电感；L_m 为互感；M_{em} 为电磁转矩；M_o 为负载转矩；J 为换算到转子轴上的转动惯量；z_1 为定子绕组匝数；z_2 为转子绕组匝数。

利用上述微分方程组，可以获得电机动态平衡中的状态，但应选用合适的积分方法求解，例如 Runge – Kutt 方法。方程中所涉及的变量都是以幅值形式表示的，若用有效值形式表示，需将幅值除以 $\sqrt{2}$。在旋转复平面（d,q）上求解方程，没有实值正弦函数。计算结果可用时间函数的最大值或有效值表示。使用有效值进行计算时，可以推导出能量的计算结果，侧重于电机输出转矩、功率和效

率，这是非常重要的，因为据此对由多个部件组成的混合动力系统适当地进行调整。这些方程更易于求解，并且能清晰给出在车辆行驶期间的动态过程，因此非常有效，此时定子和转子电流如下：

$$i_1 = \sqrt{i_{1d}^2 + i_{1q}^2} = I_1\sqrt{2}$$
$$i_2 = \sqrt{i_{2d}^2 + i_{2q}^2} = I_2\sqrt{2} \tag{4-6}$$

式中，I_1，I_2 分别为定子和转子电流的有效值。

必要时，所有参数都可以用实值正弦形式表示。例如，定子 A 相电流是

$$i_A(t) = \sqrt{i_{1d}^2 + i_{1q}^2}\cos(\omega_0 t - \varphi) \tag{4-7}$$

B 相电流是

$$i_B(t) = \sqrt{i_{1d}^2 + i_{1q}^2}\cos\left(\omega_0 t + \frac{2\pi}{3} - \varphi\right) \tag{4-8}$$

C 相电流是

$$i_C(t) = \sqrt{i_{1d}^2 + i_{1q}^2}\cos\left(\omega_0 t + \frac{4\pi}{3} - \varphi\right) \tag{4-9}$$

如果交流感应电机在发电模式下运行（车辆再生制动过程），还应特别注意到在上述方程中，角度 φ 大于 $\pi/2$，从而 $\cos\varphi$ 会改变符号。这意味着在同一坐标系中，电流相量处于不同的象限。电压和磁通量可以用同样的方法来确定。

根据电动模式和发电模式运行的方程式（4-5），得到交流感应电机电压、定子和转子电流、同步旋转磁通角速度和转子角速度的变化结果如图 4-2 所示。

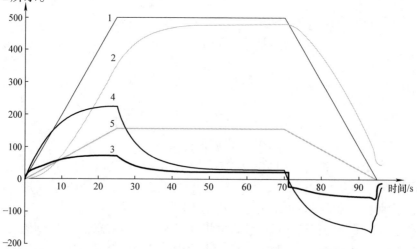

图 4-2 交流电机"加速-恒速-制动"过程试验结果
（电机轴的转动惯量 J 为 $8\text{kg}\cdot\text{m}^2$；电机轴输出力矩 M_o 为 $25\text{N}\cdot\text{m}$，见式（4-5））
1—同步磁场角速度/(rad/s)　2—转子角速度/(rad/s)
3—定子电流/A　4—转子电流/A　5—电压/V

按照方程式（4-4）~式（4-6），交流感应电机的仿真结果如图4-3所示。

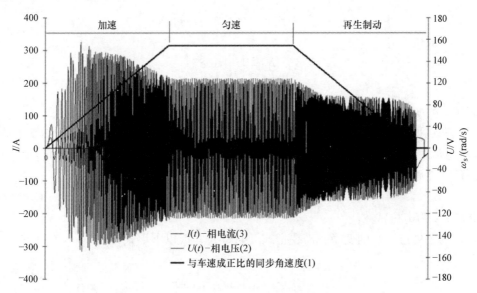

图4-3 利用式（4-5）~式（4-9）得到的交流异步电机仿真结果

（4）交流感应电机的矢量控制

定子电流的向量是第3章的式（3-24）或式（3-27）的欧拉形式。图4-4表示定子电流空间矢量 i_1 相对于定子和静止坐标系 $\alpha-\beta$ 以角速度 ω_0 旋转，以提供电压频率。向量 i_1 投影在与电机定子（例如 α 轴和A相绕组轴线一致）相连的笛卡儿坐标系 $\alpha-\beta$ 上，也可以投影在与转子绕组（例如 d 轴与转子某相绕组轴线一致）相连的有严格对应关系的旋转坐标系 $d-q$ 上。

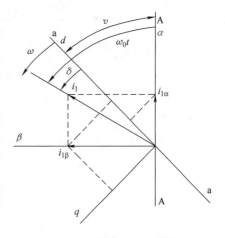

图4-4 矢量控制坐标系变换图
A-A—定子绕组相轴
a-a—转子绕组相轴　δ—负载角

$$i_{1\alpha} = i_A; \quad i_{1\beta} = \frac{2}{\sqrt{3}}\left(\frac{1}{2}i_A + i_B\right) \quad (4-10)$$

$$\bar{i}_1 = i_1 e^{-j\omega_s t} \quad (4-11)$$

式中，$i_A(t)$，$i_B(t)$ 分别为瞬时相电流。

对于静止（α, β）坐标系

$$\bar{i}_1 = i_{1\alpha} + ji_{1\beta} \quad (4-12)$$

根据图 4-4，有

$$\begin{cases} i_{1\alpha} = i_1 \cos\omega_0 t \to i_{1\alpha} = |i_1|\cos\omega_0 t \\ i_{1\beta} = i_1 \sin\omega_0 t \to i_{1\beta} = |i_1|\sin\omega_0 t \end{cases} \quad (4\text{-}13)$$

一般地，有

$$\begin{cases} i_{1d} = |i_1|\cos\delta \\ i_{1q} = |i_1|\sin\delta \end{cases} \quad (4\text{-}14)$$

式中，δ 为负载角。

在这种情况下，如图 4-5 所示，电流分量 i_{1d} 对于磁通而言，是励磁电流（场电流）；电流分量 i_{1q} 指负载电流（转矩电流）。这两个电流分量之间的关系可用广义电磁转矩方程描述：

$$M_{em} = c i_d i_q \quad (4\text{-}15)$$

式中，c 为电机常数。

为了做进一步的变换，需要把式（4-11）写成以下形式：

$$\begin{cases} i_{1d} = i_{1\alpha}\cos v + i_{1\beta}\sin v \\ i_{1q} = -i_{1\alpha}\sin v + i_{1\beta}\cos v \end{cases} \quad (4\text{-}16)$$

或者用另一种方式表示为

$$\begin{Bmatrix} i_{1d} \\ i_{1q} \end{Bmatrix} = \begin{bmatrix} \cos v & \sin v \\ -\sin v & \cos v \end{bmatrix} \begin{bmatrix} i_{1\alpha} \\ i_{1\beta} \end{bmatrix} \quad (4\text{-}17)$$

逆变换可以得到

$$\begin{cases} i_{1\alpha} = i_{1d}\cos v - i_{1q}\sin v \\ i_{1\beta} = i_{1d}\sin v + i_{1q}\cos v \end{cases} \quad (4\text{-}18)$$

由第 3 章中的式（3-11）和式（3-12），可以得到

$$\begin{cases} i_{1d} = i_1(\cos\omega_0 t\cos v + \sin\omega_0 t\sin v) \\ i_{1q} = -i_1(\cos\omega_0 t\sin v - \sin\omega_0 t\cos v) \end{cases} \quad (4\text{-}19)$$

即

$$\begin{cases} i_{1d} = i_1\cos(\omega_0 t - v) \\ i_{1q} = i_1\sin(\omega_0 t - v) \end{cases} \quad (4\text{-}20)$$

用于确定电流分量的坐标系统有如下对应关系：i_α，i_β 为恒流，i_d，i_q 为可变电流，$i_{1q} = -I_2$，为转子电流。

从两相系统到三相系统的转换如下：

$$i_{1\alpha} = i_A; \quad i_{1\beta} = \frac{2}{\sqrt{3}}\left(\frac{1}{2}i_A + i_B\right)$$

逆变换为

第 4 章
混合动力系统用电机仿真的通用模型

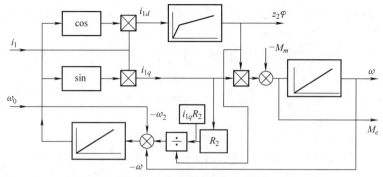

图 4-5　交流感应电机方框图

z_2—转子绕组匝数　φ—主磁通；ω_2—转子转差角速度　ω_0—定子磁场转速（定子频率）
ω—转子转速　M_m—机械负载转矩　M_e—电磁转矩　R_2—转子绕组阻值

$$i_B = -\frac{1}{2}i_{1\alpha} + \frac{\sqrt{3}}{2}i_{1\beta};\quad i_C = -\frac{1}{2}i_{1\alpha} - \frac{\sqrt{3}}{2}i_{1\beta}$$

电磁转矩可以用另一种形式表示为

$$M = c|z_2\varphi||i_1|\sin\delta \tag{4-21}$$

交流电机的最佳控制是滑差、负载角 δ 和 $\cos\varphi$（φ 为定子电压和电流之间的夹角），为常数。

举例说明，采用 IGBT 功率器件的逆变电路如图 4-6 所示。这是一套高效驱动系统，采用了高频 IGBT 和磁场定向矢量控制，还使用了自动速度调节器（ASR），其编码传感器（自动电流调节器）和脉宽调制保证了系统可实现传动的高效率。

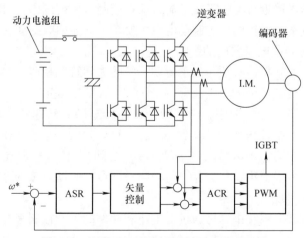

图 4-6　电机 PWM 控制方法的逆变器电路图

矢量控制原理图如图 4-7 所示。交流电机正确合理控制的理念，在于通过计

算电机矢量电流 i_1 的转矩电流分量 i_{1q} 和励磁电流分量 i_{1d}，实现电机电流最小化。

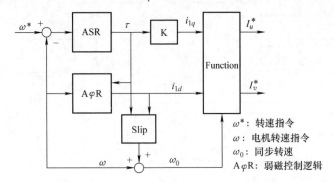

图 4-7　矢量控制原理图

控制电流矢量的目的是使转矩电流矢量和磁场电流矢量垂直，如图 4-8 所示。

控制电流如 I_u^* 和 I_v^* （见图 4-7）是正弦波，它们是建立在 i_{1d}、i_{1q} 和基频进行计算的基础上的。基频等于转差频率与电机转子旋转频率之和。

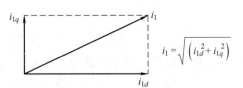

图 4-8　电机定子电流的矢量分解图

励磁电流 i_{1d} 通过计算转矩和转速的弱磁逻辑得到。转矩电流 i_{1q} 也是通过自动速度调节器（ASR）计算转矩而得到的。10kHz 开关频率，电机运行在 386Hz 时电流 i_1 波形如图 4-9 所示。

电机电流非常接近参考的正弦电流，即在控制目标范围内，可以降低谐波损耗，从而提高效率。可控的再生制动电流可使车辆动能回收到动力电池中。

（5）频率对异步电机弱磁的影响

驱动电机的力学特性必须与汽车传动系统的力学特性相似，如图 4-10 所示。

这条特性曲线有两个区域。在第一个区域中，转矩恒定，而功率随转速的提高线性增加。在第二个区域中，功率恒定，而转矩随着转速的提高呈双曲线减小。在第一个区域中转速小（从 0 到 ω_b）：在这个阶段，车辆往往会加速，必须克服惯性阻力。在第二个区域（在 ω_b 和 ω_{max} 之间），汽车行驶比较平稳，没有大的加速，转矩可以减小，只需克服行驶阻力即可。驱动系统的这种力学特性可以用不同的方法实现。

在异步电机驱动系统中，可通过对电压和频率的正确控制来获得这样的特性曲线。

众所周知，异步电机的转矩是

第 4 章
混合动力系统用电机仿真的通用模型

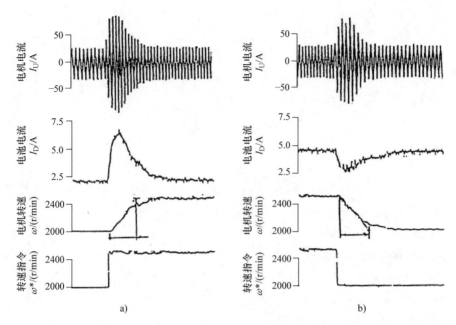

图 4-9 速度控制的阶跃响应

a) 2000r/min→2500r/min b) 2500r/min→2000r/min

$$M = \frac{3}{2}p(\overline{\Psi}_1 \times \overline{I}_1)$$

(4-22)

式中，M 为电机机械转矩；p 为电极对数；Ψ_1 为定子磁通量；I_1 为定子电流。

定子的磁通量为

$$\Psi_1 = L_1 I_1 + L_{12m} I_2$$

(4-23)

式中，L_1 为定子自感；L_{12m} 为定子转子间互感。

绕组端电压为

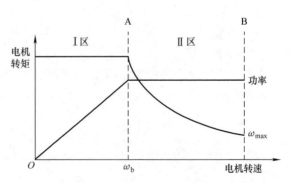

图 4-10 脉宽调制法控制的驱动电机转矩曲线

$$U_1 = R_1 I_1 + L_1 I_1 \omega_s + L_1 \frac{dI_1}{dt}$$

(4-24)

式中，U_1 为绕组端电压；R_1 为绕组电阻；ω_s 为同步转速。

稳态时，

$$L_1 \frac{dI_1}{dt} = 0$$

(4-25)

79

式 (4-23) 可写成

$$U_1 = R_1 I_1 + L_1 I_1 \omega_s \tag{4-26}$$

另一种形式为

$$U_1 = (R_1 + \omega_s L_1) I_1 \tag{4-27}$$

此时, 第 3 章中的式 (3-25) 可以写成

$$M = \frac{3}{2} p [(L_1 \bar{I}_1 + L_{12m} \bar{I}_2) \times \bar{I}_1] \tag{4-28}$$

或

$$M = \frac{3}{2} p \left[(L_1 \bar{I}_1 + L_{12m} \bar{I}_2) \times \frac{\bar{U}_1}{(R_1 + \omega_s L_1)} \right] \tag{4-29}$$

式 (4-28) 难于求解和分析, 所以做进一步简化:
1) 将矢量标量化分析。
2) 将矢量积化为标量积分析。
3) 忽略 $L_{12m} I_2$。
4) 由于 $\omega L_1 \gg R_1$, 忽略电阻 R_1。

这样, 式 (4-28) 有如下形式:

$$M \cong \frac{3}{2} p L_1 \frac{U_1^2}{\omega_s^2 L_1^2} = \frac{3}{2} p \frac{1}{L_1} \frac{1}{(2\Pi)^2} \frac{U_1^2}{f^2} \tag{4-30}$$

最后,

$$M = c \left(\frac{U_1}{f}\right)^2 \tag{4-31}$$

在第一个区域中, 控制如图 4-10 所示, 当 M 为常量时, 即可得到 Ψ_1 和 I_1 也为常数, 因此式 (4-30) 采取以下形式:

$$M = \text{const} \Rightarrow c \left(\frac{U_1}{f}\right)^2 = \text{const} \Rightarrow \Rightarrow \frac{U_1}{f} = \text{const} \tag{4-32}$$

在第二个区域中, 有一个条件, 即机械功率 $N = $ 常数, 式 (4-31) 的形式如下:

$$N = \text{const} \Rightarrow M\omega = \text{const} \Rightarrow M\omega_s (1 - s) = \text{const} \Rightarrow$$

$$M 2\pi f (1-s) = \text{const} \Rightarrow c \left(\frac{U_1}{f}\right)^2 2\pi f (1-s) = \text{const} \Rightarrow \tag{4-33}$$

$$c_1 (1-s) \frac{U_1^2}{f} = \text{const}$$

因为稳态时, $(1-s) = $ 常数, 那么

$$\frac{U_1^2}{f} = \text{const} \tag{4-34}$$

最后, 为了得到两个区域 (恒转矩区和恒功率区) 合适的机械特性曲线,

需要适当的控制方法,如图 4-11 所示。

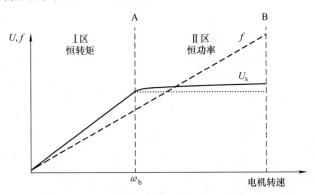

图 4-11　交流感应电机频率和电压控制策略

有时,由于受最高电压的限制,在恒功率区增加电压值可能很困难甚至不可能。

证明这一点很容易:

$$\frac{dU_1}{df} = \frac{1}{2}(f\text{const})^{-\frac{1}{2}} \tag{4-35}$$

还有

$$\lim_{f\to\infty} \frac{dU_1}{df} = 0 \tag{4-36}$$

式(4-35)和式(4-36)表明,第二个区域的电压函数可以简化为线性形式:

$$U = \text{const} = U_{\max} \tag{4-37}$$

式中,$U_{\max}$ 为可以从逆变器中得到的最高电压。

式(4-35)的简化使得第二区域的功率不完全恒定,在最高转速时功率会慢慢减小。

图 4-12 所示为具有以下参数的异步电机在各种给定条件下的一些特性参数中的稳态部分:

$L_s = 0.0204\text{H}$

$L_r = 0.0025\text{H}$

$L_\mu = 0.0069\text{H}$

$R_s = 0.015\Omega$

$R_r = 0.015\Omega$

$p = 2$

(6)交流感应电机的仿真研究实例

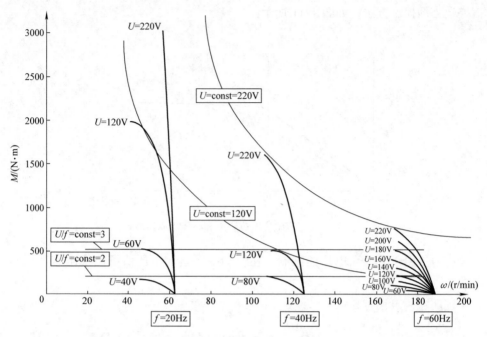

图4-12 异步电机采用恒 U/f（恒转矩）和恒电压 U（恒功率）控制策略时的机械特性

交流感应电机驱动模块如图4-13所示。

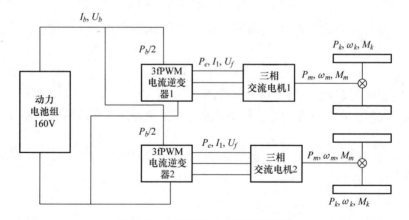

图4-13 交流感应电机驱动的框图

其中，

M_k，ω_k，P_k 为驱动车轮上的转矩、转速和功率；

M_m，ω_m，P_m 为电机轴转矩、转速和功率；

$M_m = M_k/k_g$，$\omega_s = \omega_k k_g$，k_g 为变速器速比；

$P_e = P_i$ 为交流电机的电功率；

$P_e = \mp P_m + \Delta P_{Cu1} + \Delta P_{Fe} + \Delta P_{Cu2} + \Delta P_d \mp \Delta P_m$；

$\Delta P_{Cu1} = 3R_s I_1$，为定子铜损；

ΔP_{Fe} 为铁损；

$\Delta P_{Cu2} = 3R_r I_2$，为转子铜损；

$P_d = 0.005 P_s$，为杂散损耗；

ΔP_m 为机械损失 $(M_{m0} + \lambda|\omega_m(t)|)\omega_m(t)$；

$U_f = \dfrac{2P_e}{3I_1 \cos\varphi}$，为交流电机的相电压；

I_1，I_2 为第 3 章式（3-6）确定的电流；

M_{m0} 为机械摩擦造成的转矩损耗；

λ 为损失系数，与电机转速有关。

$$P_b = \begin{cases} P_e \eta_i & \text{制动时} \\ \dfrac{P_e}{\eta_i} & \text{驱动时} \end{cases}$$

η_i 为逆变器效率。

按照第 5 章所介绍的电池模型，将电池的功率和 SOC 用作的输入，计算电池电流 I_b 和电池电压 U_b（见图 4-14～图 4-21）。

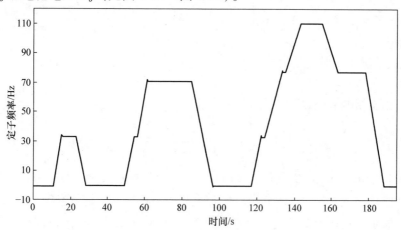

图 4-14 交流感应电机定子频率仿真结果（ECE 工况）

仿真研究中所使用的驱动系统参数值如下：

电池

额定容量：7.616kW·h

额定电流（1h）：47.6A
额定电压：160V
总质量：274kg
电池初始SOC：1
交流感应电机
额定功率（连续）：13kW
峰值功率（5min）：21kW
额定转矩：55N·m
峰值转矩（5min）：90N·m
额定转速：2200r/min
峰值转速：8000r/min
额定相电压：115V
额定相电流[①]：49.26A
额定定子频率：110Hz
定子相电阻：10.5mΩ
转子相电阻：0.07mΩ
$\cos\phi$ [②]：0.83
匝数比[②]：2.883
转子感抗[②]：2.237 [p.u.]
定子感抗[②]：2.194 [p.u.]
定转子互感[②]：2.133 [p.u.]
机械传动比
电机输出轴到驱动轮的总传动比[③]：4.76
注：
① 额定相电流用以下公式计算：

$$I_n = \frac{P_n}{3 U_n \cos\varphi \, \eta}$$

式中，P_n 为额定功率；U_n 为额定相电压；η 为电机机械效率，假设为0.9。

② 数据采取源于Brown Bovery交流电机，且假定额定转差率等于0.01。

③ 假定传动比取值满足电机转速为2200r/min时，车速达到50km/h。

在每次仿真时，磁通量 $\{\phi_r\}$ 的值需分别设定，以使电机的瞬时电压等于额定值110V。

特别是对于ECE行驶循环，$-\phi_r = 0.961$ [标幺值]。

第 4 章
混合动力系统用电机仿真的通用模型

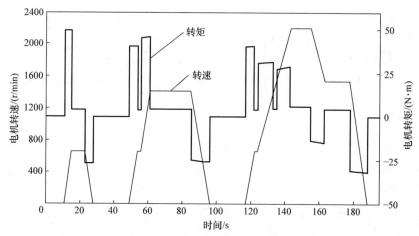

图 4-15　交流感应电机输出轴速度仿真结果（ECE 工况）

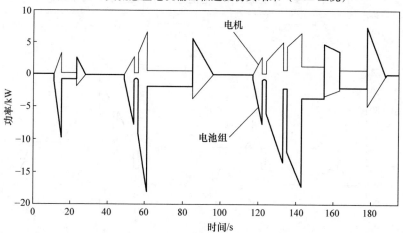

图 4-16　所分析的传动系统、蓄电池、交流感应电机功率的仿真结果（ECE 工况）

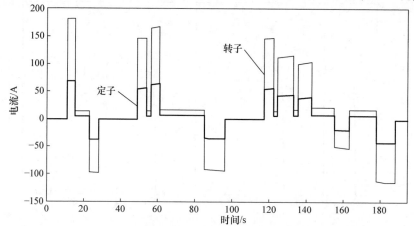

图 4-17　交流感应电机的定子电流和转子电流的仿真结果（ECE 工况）

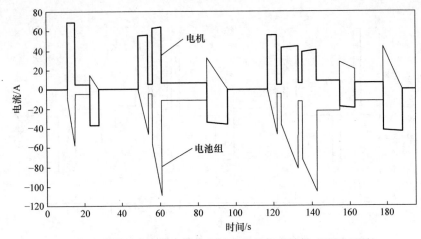

图 4-18 交流异步电机电流和电池电流的仿真结果（ECE 工况）

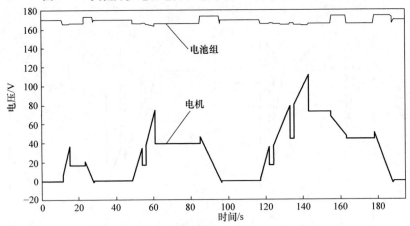

图 4-19 电池电流和电压的仿真结果（ECE 工况）

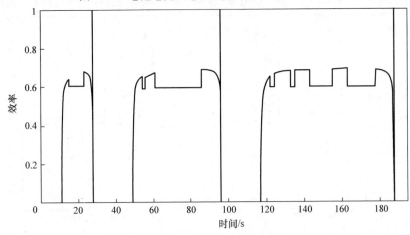

图 4-20 整个传动系统效率的仿真结果（ECE 工况）

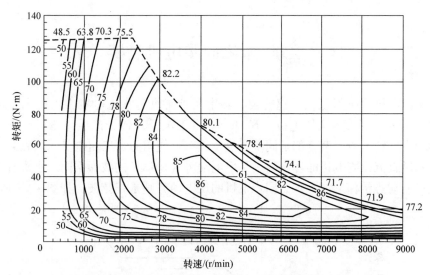

图 4-21 交流感应电机效率 MAP 图（根据电机数学模型及实验室台架试验辨识得到的，等倾线表示效率）

ECE 行驶循环下，

循环时间：195s

行驶距离：1.016km

加速最大功率：11.614kW

制动最大功率：10.652kW

总加速能量：208.813kJ

总制动能量：162.684kJ

总巡航行驶能量：82.725kJ

注：上述参数与驱动轮数目有关。

能量分析结果如下：

加速阶段：

电池放电量：340.11kJ

制动阶段：

电池放电量：0.55kJ

电池充电量：106.83kJ

匀速阶段：

电池放电量：140.12kJ

电池净输出能量：373.95kJ

最终电池荷电状态：0.987

交流电机最大功率：6.11kW

交流电机最高转速：2200r/min

4.3 永磁同步电机建模

永磁电机的应用正在迅速普及,其中两种常见的永磁电机为永磁同步电机(PMSM)和永磁直流无刷电机(BLDC)。由于定子和转子产生的磁场都是以相同的频率旋转,所以两者都是同步电机。汽车上使用的是三相电机。永磁同步电机与永磁直流无刷电机的理论区别是反电动势(EMF)的波形不同。永磁直流无刷电机电动势是梯形波,永磁同步电机的反电动势则是正弦波,如图4-22所示。

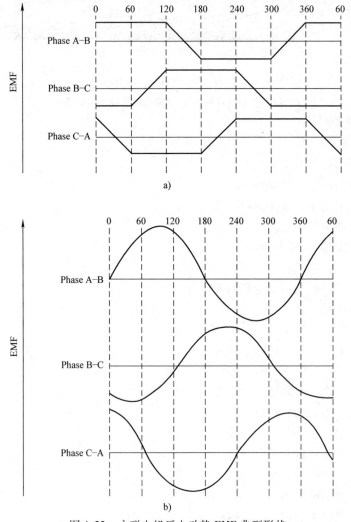

图 4-22 永磁电机反电动势 EMF 典型形状
a) 梯形 - 直流无刷电机(BLDCM) b) 正弦 - 永磁同步电机(PMSM)

图 4-23 所示为三种常用的永磁电机结构,其结构特征见表 4-1。

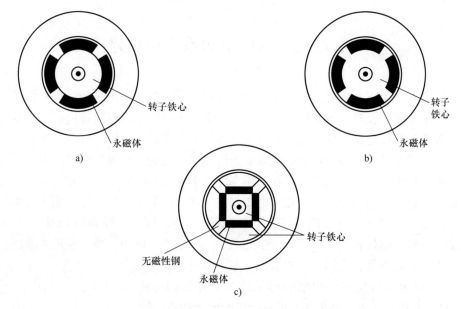

图 4-23 永磁同步电机 (PM) 和无刷直流电池的转子结构
a) 表贴型 (BLDC)　b) 半嵌型 (BLDC/PMSM)
c) 埋入型 (PMSM) (Padmaraja, 2003; Wu, n. d.)

表 4-1 永磁电机转子分类对比 (Padmaraja, 2003; Wu, n. d.)

类型	表贴型	半嵌型	埋入型
适用性	无刷直流电机	直流无刷电机/永磁同步电机	永磁同步电机
转子复杂程度	低	中	高
磁通分布	方波	方波或正弦曲线	正弦曲线
速度限制	1.2×额定转速	1.5×额定转速	(2~3)×额定转速

半嵌型磁铁和埋入型磁铁永磁电机的转子转速可以比表贴型磁铁的电机高很多。这是由磁极牢牢固定在转子体内,允许更大的离心力,从而获得更高的转速。这种机械结构与永磁电机的特性有直接关系。在使用半嵌型磁铁的情况下,兼具直流无刷和永磁同步电机的特性,也就是说它的反电动势曲线形状是"半正弦"的,或者说更接近于埋入型(永磁同步电机特有的)电机的正弦曲线。此时,在串联的两个(来自三个)定子线圈上采用特殊的绕组、激励、频率序列,产生了 BLDC/PMS 电机的反电动势,其形状可以称为"半正弦"-形状介于梯形和正弦之间。这一点还会进一步介绍。

正是由于上述原因,永磁电机的建模理论可以基于对同步电机的分析,对应于传统的旋转磁极式同步电机。

4.4 永磁同步电机驱动系统仿真建模方法

通过对采用电动机械和电化学能源转换器的多能源驱动系统的车辆进行功率仿真，来实现所要求的行驶循环。每个循环定义了时域上期望的速度和加速度波形。我们的目标是在车辆运动阻力特性、电化学能量源和机械能量源特性已知的情况下，确定满足循环条件的电能需求。这就要利用输入和输出变量调节永磁电机模型的程序，因为已经有计算程序用在配有多种能源供应的直流电机或同步电机驱动系统的车辆模型上。电流和电压来自电化学电池或利用飞轮驱动的发电机通过固态转换器（斩波器或逆变器）加到电机上，且在连续的时间步长内是确定的。此外，电机在制动模式下产生的功率可以输送给电源，并有明显的滞后。

根据上述条件，对同步电机做以下基本假设：
1）通过电压和逆变器固态开关的开关频率控制电机。
2）电机平均有效转矩等于电机产生的同步转矩。
3）电流导数和永久磁铁的"安匝数"导数等于零。
考虑以上假设，得到下列方程组：

$$\begin{cases} \dfrac{\mathrm{d}\psi_d}{\mathrm{d}t} - \omega\psi_q + Ri_{1d} = u_{1d} \\ \dfrac{\mathrm{d}\psi_q}{\mathrm{d}t} + \omega\psi_d + Ri_{1q} = u_{1q} \end{cases} \quad (4\text{-}38)$$

式中，$\psi_d = L_d i_{1d} + \psi_{fd}$；$\psi_q = L_q i_{1q}$；$\psi_{fd} = M_{df}\theta_f$，为 d 轴永久磁铁的恒磁通；i_d、i_q 为 d 轴和 q 轴电流；R 为定子电阻；ω 为转子角速度。

欧拉形式中的定子电压合成相量 $\overline{U}$ 如下：

$$\overline{U} = u_1 \mathrm{e}^{-j\omega_0 t}; u_1 = |\overline{U}| \quad (4\text{-}39)$$

对于静止 α、β 轴系，有

$$\overline{U} = u_{1\alpha} + ju_{1\beta} \quad (4\text{-}40)$$

根据图 4-24，有

$$\begin{cases} u_{1\alpha} = u_1 \cos\omega_0 t \\ u_{1\beta} = u_1 \sin\omega_0 t \end{cases} \quad (4\text{-}41)$$

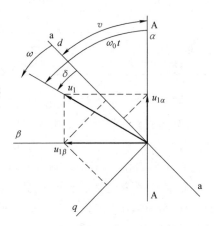

图 4-24 从 α、β 轴到 d、q 轴的电压变换示意图
A-A—定子绕组相轴　a-a—转子极轴

为了变换的需要，上述方程必须写成下列形式：

$$\begin{cases} u_{1d} = u_{1\alpha}\cos v + u_{1\beta}\sin v \\ u_{1q} = -u_{1\alpha}\sin v + u_{1\beta}\cos v \end{cases} \quad (4\text{-}42)$$

或者写成另一种形式：

$$\begin{Bmatrix} u_{1d} \\ u_{1q} \end{Bmatrix} = \begin{bmatrix} \cos v & \sin v \\ -\sin v & \cos v \end{bmatrix} \begin{bmatrix} u_{1\alpha} \\ u_{1\beta} \end{bmatrix} \quad (4\text{-}43)$$

考虑到式（4-40），式（4-41）有：

$$\begin{aligned} u_{1d} &= u_1(\sin\omega_0 t\sin v + \cos\omega_0 t\cos v) \\ u_{1q} &= u_1(\sin\omega_0 t\cos v - \cos\omega_0 t\sin v) \end{aligned} \quad (4\text{-}44)$$

最后，

$$\begin{aligned} u_{1d} &= u_1\cos(\omega_0 t - v) \\ u_{1q} &= u_1\sin(\omega_0 t - v) \end{aligned} \quad (4\text{-}45)$$

用转子角速度 ω 表示的转子转动角度 v：

$$v = \int_0^t \omega dt + v_0 \rightarrow (v_0 - 初始值)$$

由定子同步速度表示的电机负载角 δ，定义为：

$$\omega_0 t - v = \delta$$

转矩（M）和电功率（P）方程如下：

$$J\frac{d\omega}{dt} = M_e - M_l$$

$$M_e = \frac{3}{2}p[(L_d i_{1d} + M_{df}\theta_f)i_{1q} - L_q i_{1d} i_{1q}] \quad (4\text{-}46)$$

式中，p 为极对数；M_e 为电机电磁转矩；M_l 为负载转矩，并且有

$$P = \frac{3}{2}(u_{1d}i_{1d} + u_{1q}i_{1q}) \quad (4\text{-}47)$$

为了方便计算和分析，提出以下假设：

1）对于电磁转矩平均值，电流分量 i_q 是根据转矩方程确定的，它与机械转矩相对应，同时也与电流有效值相关联。

2）在 $\cos\phi =$ 常数（一个假设值）时，电流分量 i_d 的值由电压分量方程计算，其中：ϕ 为两向量夹角；u_1 为线电压（对于三相电，分量为 u_{1q} 和 u_{1d}），i_1 为相电流（星形连接，分量为 i_{1q} 和 i_{1d}）。在控制转换器运行过程中，采用 PWM 方法，能够保持 $\cos\phi$ 为常数。且达到最优的理想值 $\cos\phi = 1$。

(1) 永磁同步电机矢量磁场定向控制

具有恒定正弦磁通的永磁电机，以定子瞬时电流表示的方程，简化形式为

$$\begin{aligned} i_{1\alpha} &= -i_{1q}\sin v \\ i_{1\beta} &= i_{1q}\cos v \end{aligned} \quad (4\text{-}48)$$

即
$$i_{1q} = -i_{1\alpha}\sin v + i_{1\beta}\cos v \qquad (4\text{-}49)$$

然而，永磁电机的矢量控制可以用下面的方法来表示。

图 4-25 所示为 PMSM 在驱动模式下的矢量图。图 4-26 所示为 PMSM 在发电

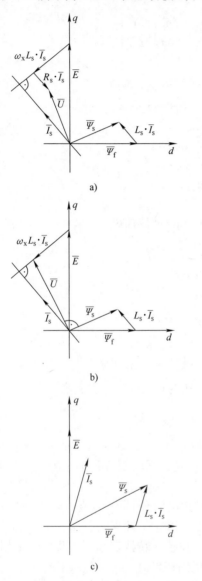

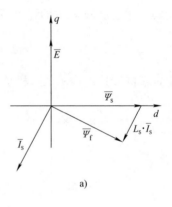

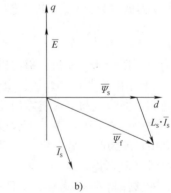

图 4-25　PMSM 驱动模式的矢量图

a) 驱动状态下 $\Psi_s < \Psi_f$ 的完整矢量图

b) 驱动状态下 $\Psi_s < \Psi_f$ 的简化矢量图

c) 驱动状态下 $\Psi_s > \Psi_f$ 的简化矢量图（Yamura, 1992）

图 4-26　PMSM 发电模式的矢量图

a) $\Psi_s < \Psi_f$　b) $\Psi_s > \Psi_f$

模式下的简图（绕组电阻忽略不计），对应于 Ψ_s 与 Ψ_f 的关系，Ψ_s 是与矢量 I_s（定子电流）有关的磁通量和 Ψ_f 是与 d 轴相关的磁通量，这意味着永磁体的磁通恒定。

图 4-27 表示了永磁同步电机在其 I_s 为恒定值状态下运行时的最大转矩。这意味着 M_e/Ψ_s 的值达到最大。正如之前提到的，在 $\cos\phi = 1$ 时的状态。同时，图 4-28 表示了永磁同步电机矢量转矩在 I_q 为恒定值时的控制图。其中，ω_x 为电机定子频率，L_s 为定子电感，I_s 为定子电流，E 为反电动势，Ψ_s 为定子磁链，Ψ_f 为 d 轴的永磁通，R_s 为电机定子绕组电阻，U 为电机的定子电压。

注：

$$M_o = \frac{3}{2}p\ (\overline{\Psi}_s \times \overline{I}_s)\ ;\ p\ 为极对数。$$

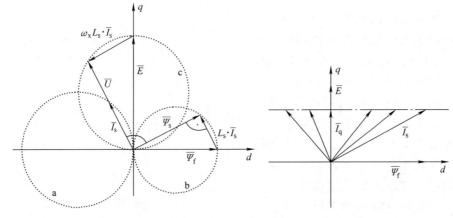

图 4-27　PMSM 驱动时的最大转矩 M_e 矢量图（I_s 一定，$\cos\phi = 1$）

图 4-28　永磁同步电机（PMSM）的输出转矩图（定子电流 I_s 值不同，但在 q 轴上投影的分量相同）

（2）永磁直流无刷电机（BLDC）

典型的永磁直流无刷电机结构如图 4-29 所示。该电机的等效电路如图 4-30 所示。

直流无刷电机（BLDC）的定子由多层薄钢片叠压而成，在定子内圆面上轴向开有一些槽，线圈布置在这些槽中。定子类似于感应电机的定子，但绕组有多种连接方式。直流无刷电机的三个定子线圈呈星形连接。槽内的一圈或多圈导线构成一个绕组。每一绕组都分布在定子的内圆面上，形成偶数的磁极。有两种波形的定子绕组电机：梯形绕组电机和正弦绕组电机。这个区别在于采用不同的线圈连接方式，从而获得不同波形的反电动势（EMF），呈梯形波形或正弦波形。正弦波形的电机输出转矩比梯形波形的更平滑。正弦波形电机用多线圈绕组来连

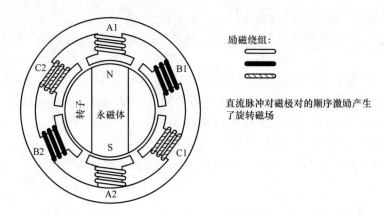

图 4-29 典型的永磁直流无刷电机结构（Szumanowski & Bramson，1992）

接分布在定子内圆面上的线圈，这样增加了定子绕组的铜使用量，增加了电机成本。转子由永磁体组成，极对数为 2~8 对。

直流无刷电机采用电子控制。要使电机旋转，定子绕组应按特定时序通电。因此，确定转子的几何位置非常重要。大多数直流无刷电机的定子都装有霍尔式传感器。当转子磁极经过附近的霍尔式传感器时，霍尔式传感器会产生一个信号，表示 N 或 S 刚刚经过。综合这些霍尔式传感器的信号，就可以确定定子绕组准确的通电时序，如图 4-31 所示。图 4-32 表示霍尔式传感器信号变化时各个线圈的通电时序。

$$\begin{bmatrix} u_a \\ u_b \\ u_c \end{bmatrix} = \begin{bmatrix} R & 0 & 0 \\ 0 & R & 0 \\ 0 & 0 & R \end{bmatrix} \begin{bmatrix} i_a \\ i_b \\ i_c \end{bmatrix} + \begin{bmatrix} L & M & M \\ M & L & M \\ M & M & L \end{bmatrix} \cdot p \begin{bmatrix} i_a \\ i_b \\ i_c \end{bmatrix} + \begin{bmatrix} e_a \\ e_b \\ e_c \end{bmatrix}$$

$i_a + i_b + i_c = 0$
$Mi_b + Mi_c = -Mi_a$
p 为极对数

图 4-30 直流无刷电机等效电路及其数学模型（Kenjo & Nagamori，1985；Padmaraja，2003；Unique Mobility Inc.，n.d.；Wu，n.d.）

（3）永磁无刷电机弱磁控制建模

电机采用脉宽调制法控制，获得适用于车辆使用的转矩转速特性，这是转矩、功率与电机输出轴转速之间的典型特性，轴转速对应车辆速度，如图 4-33 所示。

为了达到期望的车轮转矩，电机转矩取决于电机和车轮之间的减速比。A 点的转速（见图 4-34）可以称为"基速"。然而，永磁无刷电机的随转速变化的转矩曲线一般是平的，如图 4-34 所示（Bin，n.d.）。假设在 A 点的动力电池组（控制器）所提供的总电压与 B 点相同，那么在 A 点的功率放大器容量要求就得

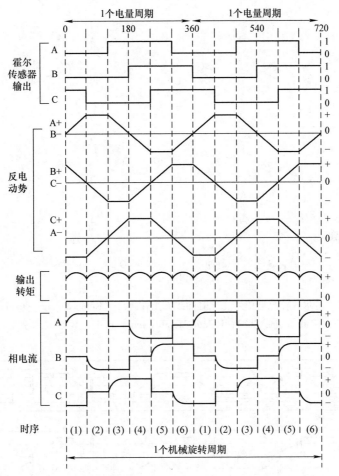

图 4-31 对应霍尔式传感器信号变化的直流无刷电机定子绕组特性
(Kenjo & Nagamori, 1985; Padmaraja, 2003; Unique Mobility Inc., n.d.; Wu, n.d.)

比 B 点大得多。在优化设计电动汽车驱动系统时,在基速以上的宽速度范围内最好采用高功率密度,如图 4-34 所示。

永磁电机弱磁有 3 种基本方法:

1) 电机定子矢量控制。

2) 电机转子上安装电流可控的附加绕组,产生磁场与转子上的永磁体的主磁场方向相反。

3) 以上两种方法的结合。

利用标幺值定义的参数。d、q 轴电压,基本方程如下:

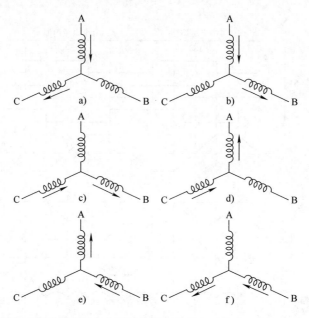

图 4-32 霍尔式传感器信号变化时的线圈工作顺序（Kenjo & Naga-mori, 1985; Padmaraja, 2003; Unique Mobility Inc., n.d.; Wu, n.d.）

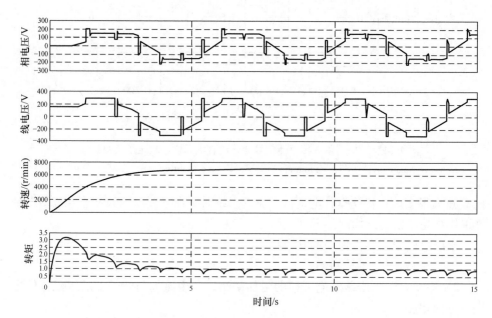

图 4-33 300V 直流无刷电机的时域特性曲线（Kenjo & Nagamori, 1985; Padmaraja, 2003; Unique Mobility Inc., n.d.; Wu, n.d.）

$$u_d = Ri_d - \omega\psi_q + \frac{d\psi_d}{dt}$$

$$u_q = Ri_q + \omega\psi_d + \frac{d\psi_q}{dt} \quad (4\text{-}50)$$

另外，

$$u_d = Ri_d - L_q i_q \omega + L_d \frac{di_d}{dt}$$

$$u_q = Ri_q + \omega(L_d i_d + \psi_f) + L_q \frac{di_q}{dt}$$

$$(4\text{-}51)$$

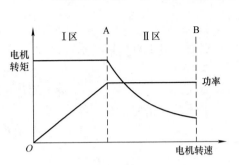

图 4-34　电机转矩控制（PWM）

式中，Ψ_f 为定子相磁链；L_d，L_q 分别为 d 轴和 q 轴的电感。

可以得到以下方程：

$$u_d = \left(R_1 - \frac{X_{ad}X_1}{R_m}\right)i_d^m - \left(X_q + \frac{X_{aq}R_1}{R_m}\right)i_q^m - \frac{X_1 E}{R_m}$$

$$u_q = \left(X_d + \frac{X_{ad}R_1}{R_m}\right)i_d^m + \left(R_1 - \frac{X_{aq}X_1}{R_m}\right)i_q^m + \frac{(R_1+R_m)E}{R_m} \quad (4\text{-}52)$$

如果考虑到附加量，则

$$R_1 = R_b + r_p + r_m$$
$$X_1 = X_p + X_m$$

式中，R_b 为动力电池组内阻；r_p 为功率放大器器件电阻；r_m 为电机定子绕组电阻；X_1 为功率放大器器件 X_p 和电机 X_m 定子感应漏阻抗；E 为电机定子绕组感应电动势（电磁力）；R_m 为电机定子铁心电阻；i_q^m，i_d^m 为 d 轴，q 轴上电流 i_d，i_q 的转化分量。

忽略铁损和泄漏，并令 $i_d = i_d^m$，$i_q = i_q^m$，则

$$u_d = R_1 i_d - X_q i_q$$
$$u_q = X_d i_d + R_1 i_q + E \quad (4\text{-}53)$$

在电流稳态时，即（di_q/dt）= 0 和（di_d/dt）= 0，变换式（4-51），可以获得同样形式的电压方程：

$$u_d = Ri_d - L_q i_q \omega$$
$$u_q = Ri_q + L_d i_d \omega + \psi_f \omega$$

以及转子角速度 ω = 常数（相应于电枢频率）和电机转矩 M = 常数。

$$u_d = Ri_d - X_q i_q$$
$$u_q = Ri_q + X_d i_d + E \quad (4\text{-}54)$$

再忽略式（4-53）和式（4-54）中的铜损，可以写成：

$$u_d = -X_q i_q$$

$$u_q = X_d i_d + E \tag{4-55}$$

然而，对于每个标幺系统：

$$u_d^2 = X_q^2 i_q^2$$
$$u_q^2 = X_d^2 i_d^2 + 2X_d i_d E + E^2 \tag{4-56}$$

上述两式相加，有

$$1 = X_q^2 i_q^2 + X_d^2 i_d^2 + 2X_d i_d E + E^2 \tag{4-57}$$

以及

$$\frac{1}{X_d^2} = \frac{X_q^2}{X_d^2} i_q^2 + \left(i_d^2 + \frac{2 i_d E}{X_d} + \frac{E^2}{X_d^2} \right)$$

$$\frac{1}{X_d^2} = \frac{X_q^2}{X_d^2} i_q^2 + \left(i_d + \frac{E}{X_d} \right)^2$$

最后，得

$$1 = \frac{\left(i_d + \dfrac{E}{X_d} \right)^2}{\dfrac{1}{X_d^2}} + \frac{i_q^2}{\dfrac{1}{X_q^2}} \tag{4-58}$$

式（4-58）是电机弱磁分析的基本关系式。

再次考虑功率放大器和附加参数，功率关系为：

$$P = \frac{3}{2}(u_d i_d + u_q i_q) = \frac{3}{2}[(X_d - X_q) i_d^m + E] i_q^m$$
$$+ R_1 (i_d^2 + i_q^2) + \frac{1}{R_m}[(E + X_{ad} i_d^m)^2 + (X_{aq} i_q^m)^2] \tag{4-59}$$

忽略了铜损和铁损，得

$$P = \frac{3}{2}[(-X_q i_q^m) i_d^m + (X_d i_d^m + E) i_q^m]$$
$$= \frac{3}{2}(X_d i_d^m i_q^m - X_q i_q^m i_d^m + E i_q^m)$$
$$= \frac{3}{2}[(X_d - X_q) i_d^m + E] i_q^m \tag{4-60}$$

机械转矩计算如下：

$$M = \frac{P}{\omega}$$

式中，ω 为转子旋转速度，并且

$$M = \frac{1}{\omega}\left(\frac{3}{2}[(L_d \omega - L_q \omega) i_d^m + \psi_f \omega] i_q^m \right)$$

$$M = \frac{3}{2}[(L_d - L_q) i_d^m + \psi_f] i_q^m \tag{4-61}$$

上述方程是确定磁场弱磁控制范围的基础,其方法有定子矢量控制,通过附加(线圈)磁场来使转子磁场弱磁,以及这两种方法的结合。

式(4-58)和式(4-61)的图解如图 4-35 所示。

在基速以上,位于速度特性曲线上有一对应的椭圆包含工作点(i_d^m, i_q^m)。图 4-35 中的虚线是电机转矩特性曲线,见式(4-60)。转矩曲线与椭圆的交点表示,决定了对应转速下所需的电流 i_d^m 和 i_q^m。如果以标幺系统表示式(4-62),则具有如下形式:

$$1 = \frac{\left(i_d + \frac{\omega\psi_f}{\omega L_d}\right)^2}{\left(\frac{1}{\omega L_d}\right)^2} + \frac{(i_q)^2}{\left(\frac{1}{\omega L_q}\right)^2} \qquad (4-62)$$

假定 $\psi_f \approx L_d$,忽略沿着 i_d 轴向的位移,式(4-60)还可表示为:

$$1 \approx \frac{(i_d)^2}{\left(\frac{1}{\omega L_d}\right)^2} + \frac{(i_q)^2}{\left(\frac{1}{\omega L_q}\right)^2} \qquad (4-63)$$

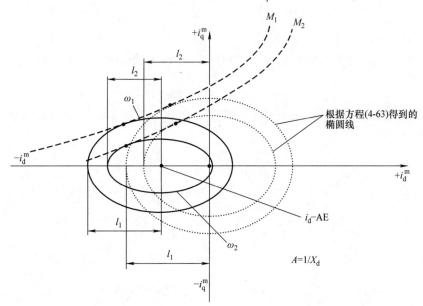

图 4-35 定子磁场弱磁时,式(4-58)、式(4-61)和式(4-63)的图解
当 $\omega_2 > \omega_1$;$\omega_1 M_1 = \text{const}$;$\omega_2 M_2 = \text{const} \rightarrow M_2 < M_1$

根据上述方程,电机的最高转速可大幅扩大,不会显著增大电流或增加铜损。理论上,电机最高转速是:

$$\begin{cases} n_m = \dfrac{\sqrt{\sqrt{(R_1^2+2R_m)^2 - 4cR_1^2 R_m} - (R_1^2+2R_1 R_m)}}{L_1} \\ c = 1 - R_1 \end{cases} \quad (4\text{-}64)$$

(根据 UM 技术文件 Huang, Cambier, Geddes, 1992)

转子磁场弱磁可以在电机转子上绕上线圈,产生与永磁体的主磁场方向相反的磁场(见图 4-36)。

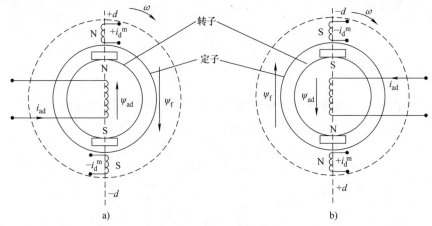

图 4-36 一对极理想电机用增加线圈进行转子弱磁控制原理图(d 轴位置)
a) $+d-d$ b) $-d+d$
ψ_{ad}—附加的转子磁链 i_{ad}—附加的转子线圈电流

当气隙磁场减弱时,椭圆线中心向原点 O 靠拢(见图 4-37),实现电机转子磁场弱磁控制。

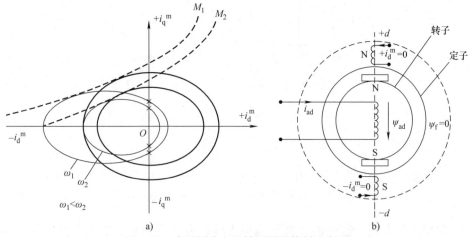

图 4-37 永磁同步电机转子弱磁控制示意图
a) 电机转子弱磁椭圆线 b) 用附加电机定子线圈磁场弱磁机理图解

只要合成相位超前（由逆变器控制）可以保证 $i_d^m = 0$，电机转矩值可根据图 4-37 上椭圆线和 i_q^m 轴的交点确定。在另一种情况下（见图 4-36），当正的 i_d^m 产生磁通量，取决于转子的位置和电机速度，也类似于如图 4-37 所表示的趋势减小。

图 4-38 所示为美国 Unique Mobility 公司获得的一些有意义的控制结果。

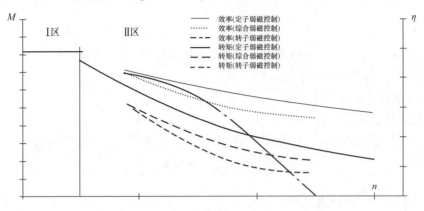

图 4-38　永磁同步电机 PWM 控制模式时弱磁控制转矩和
效率特性曲线（Bin, n. d., Huang et al., 1992）

(4) 永磁同步电机的仿真实例

为便于计算机分析，对式（4-39）进行了变换。考虑以下假设：

1）电流分量 I_q 是由平均电磁转矩方程确定的，既对于应机械转矩，又与有效电流值有关。

2）电流值的分量 I_d 在 $\cos\phi$ = 常数的条件下，由电压分量方程计算的。根据假定值，其中：ϕ 为 U_s 和 I_s 两向量之间的夹角；U_s 为线电压（三相，由 U_q 和 U_d 组成），I_s 为相电流（星形连接，由 I_q 和 I_d 组成）。

在逆变器工作期间，采用 PWM 控制能够保持 $\cos\phi$ 值恒定。当 $\cos\phi = 1$ 时达到最优值。

3）负载角 δ 为 q 轴上的感应电动势 EMF（EMF = $\omega \times k$）和矢量 U_s 之间的夹角，其值等于 $\pi/2$。这种情况下，永磁同步电机将处于最佳工作状态。

为了进行初步分析，选取了一款性能优良的永磁电机，其参数如下：

永磁电机型号 SR180/2.8L：

① 额定功率：25kW（3750r/min）

② 额定转速：4000r/min

③ 电动势系数 K：0.0561V/(r/min)

④ 线圈内阻 R_s：0.054Ω

⑤ 线圈电感 L：0.072mH

为了便于计算，还有一些其他的假设：
1) 极对数 $p=1$。
2) 直轴上的电感等于交轴的电感，即 $L_d = L_q = L = 0.072\text{mH}$。
3) 机械损耗（指转矩） $M = \alpha_2 \omega + \alpha_1$。
4) 铁损由角速度决定，根据：

$\Delta P_{Fe} = \alpha_3 \omega$

式中，
① 假定 α_3 的值按照额定功率时的功率损耗计算，$\alpha_3 = 0.03 P_N$。
② 逆变器的平均效率为 0.9。
③ 机械传动比为 7.29。

还要用到以下计算公式：
- 用于确定电流 I_q 近似值的转矩方程（第一步计算时，忽略铜损）

$$J\frac{d\omega}{dt} \pm \left(M_o + \Delta M + \frac{\Delta P_{Fe}}{\omega}\right) = \frac{3}{2}pkI_q$$

式中，M_o 为车辆阻力矩。

$$\begin{cases} +1 \text{ 电机模式} \\ -1 \text{ 发电机模式（再生制动）} \end{cases}$$

- 电压方程

$U_d = R_s I_d - \omega p L I_q$

$U_q = R_s I_q + \omega p L I_d + \omega p k$

- 电机电流

$I_s = \sqrt{I_d^2 + I_q^2}$

- 电机电压

$U_s = \sqrt{U_d^2 + U_q^2}$

- $\cos\varphi$

$\cos\varphi = \dfrac{U_d I_d + U_q I_q}{U_s I_s}$

- 功率方程

$P = \dfrac{3}{2}(U_d I_d + U_q I_q)$

$\cos\varphi = 1$ 时，$P = \dfrac{3}{2}U_s I_s$

- 驱动系统的主要参数：
  ○ 电池
    ■ 额定电压：260V

- 额定容量：26.36A·h
- 1小时率放电电流：26.36A
- 电机数目：1
- 电机额定功率：25kW
- 电机额定转速：3750r/min
- 电机额定电流：106A
- 电机系数：0.536V/s
- 电机到车轮的机械传动比：7.294

• 仿真结果

○ 电池放电量：
- 加速行驶期间：-267.337kJ
- 等速行驶期间：-130.207kJ
- 制动期间：-0.084kJ

○ 电池充电量：
- 制动期间：133.899kJ
- 总放电量：-397.628kJ
- 总充电量：133.899kJ
- 净放电量：-263.729kJ
- 电机轴最大功率：12.229kW
- 电机最高转速：3368.864r/min
- 电池容量因数的最终值：0.990116

永磁同步电机的仿真结果如图4-39~图4-46所示。

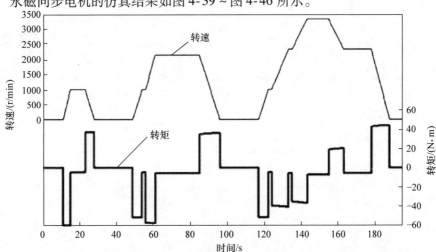

图4-39 永磁同步电机输出轴转速的仿真结果（ECE工况）

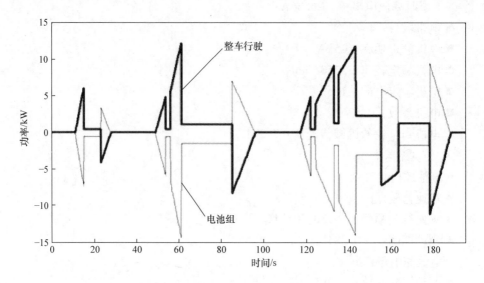

图4-40　永磁同步电机输出功率的仿真结果（ECE工况）

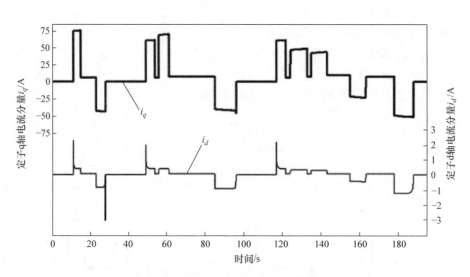

图4-41　永磁同步电机定子q轴和d轴电流分量的仿真结果（ECE工况）

第 4 章
混合动力系统用电机仿真的通用模型

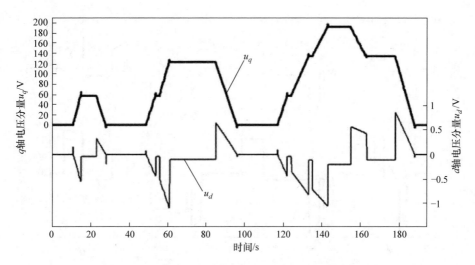

图 4-42 永磁同步电机定子 q 轴和 d 轴电压分量的仿真结果（ECE 工况）

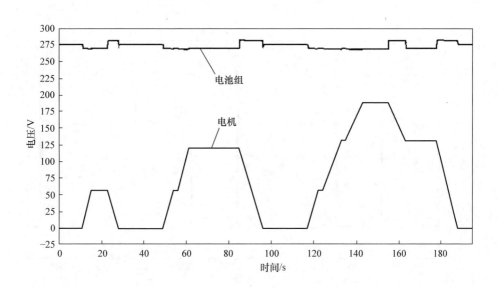

图 4-43 永磁同步电机定子电压和电池电压的仿真结果（ECE 工况）

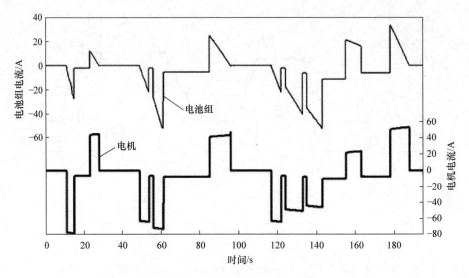

图 4-44 电池和电机电流的仿真结果（ECE 工况）

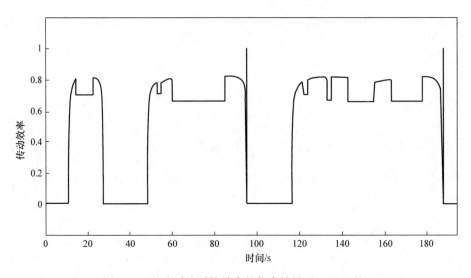

图 4-45 整个动力系统效率的仿真结果（ECE 工况）

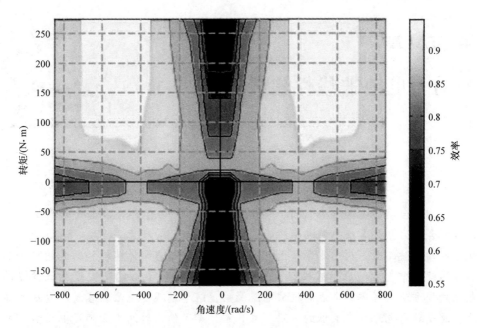

图4-46 数学模型求解及台架试验辨识得到的永磁同步电机机械效率MAP图(四象限运行)

第5章
动力电池非线性建模

作为混合动力电动汽车（HEV）的动力源，电池有着非常重要的意义。在设计混合动力系统和纯电驱动系统时，电池的调节及管理至关重要。通过分析车辆不同的行驶工况，对电池参数进行优化调整是动态非线性建模和仿真的唯一工具，因此本章忽略了基于线性假设（例如 Thevenin 模型）以及实验测试数据的电池建模方法。考虑到电池的过载电流影响，应尽量减少电池的容量、电压和质量，这是获得电池成本最低的方法。第5章介绍了使用时间函数确定电动势和电池内阻的方法，并将其描述为荷电状态（SOC）的函数。该模型以电池在实验室测得的不同恒定电流下的充放电特性为基础，详细描述了电池的荷电状态的估计算法。考虑温度影响的电池荷电状态，"在线"估计算法易于在实际中应用。对镍氢和锂离子电池进行了全面分析。事实上，如果能得到所需的测试数据，该方法也可用于目前不同类型的电池。

5.1 概 述

当然，电池建模是混合动力电动汽车和纯电动汽车动力系统中非常值得关注的问题。诸如不同恒流充放电对应的电压之类的基本数据，通过实验室台架测试容易获得。由生产商提供的这些电池静态特性，严格反映了电池类型及其充放电过程中基本的、实际的数据。因此，这些数据经过适当的转换后，可以用作电池建模的基础。车辆循环工况下的动态非线性电池建模是本章的研究对象。该过程的最重要结果是，基于对电池电压、电流和温度的实时测量值，实现荷电状态瞬时值的在线显示。

电池建模是混合动力电动汽车和纯电动汽车建模时的主要关注部分。准确的电池建模非常重要和必要，原因有以下3点：

1) 没有精确的电池模型，没法对动力系统架构的动态特性进行仿真研究。
2) 精确的电池模型是设计电池监控和管理系统的基础，特别是对于荷电状

第 5 章
动力电池非线性建模

态计算。

3）精确的电池荷电状态是动力系统主控制器接收正确的反馈信号的基础，这样才能确保系统实时高效运行。

对于镍氢电池和锂离子电池，尤其是应用在混合动力电动汽车上时，研究人员需要开发既好用又精确的电池模型。主要问题在于混合动力电动汽车动力电池具有高度非线性的特点，这一挑战与其在实际条件下难以准确获得电动势和内阻等电池特征参数有关。因此，大多数人忽略了需要确定电动势和电池内阻的方法，以及在动态条件下它们对 SOC 值的实际影响。有人使用简化模型，但简化模型对混合动力电动汽车的动态仿真，特别是对于车辆运行优化毫无用处。有些模型具有足够的复杂性和准确性，但在实践中很难作为 BMS 设计方法的基础。混合动力电动汽车应用环境要求电池管理系统不直接控制电池的电流和电压，因为它属于车辆控制器和逆变器的控制范围。这意味着该研究必须依赖于诸如瞬时电池电压、电流和外部温度的测量。

本章介绍的建模方法是将镍氢和锂离子电池的电动势和内阻作为 SOC 的函数。评估的原始模型是基于实验室测试的不同充/放电倍率下的充/放电特性，在混合动力电动汽车使用推荐的动力电池工作范围内，该模型准确度超过 98%（2% 的误差来自实际值和计算特征值之间的差异）。在本研究中，SOC 定义为输出或输入的库仑容量（A·h）与电池标称容量之比。

现代非外接插电式混合动力系统中，大多数情况下使用功率型镍氢电池（图5-1）。对于纯电动汽车和插电式混合动力电动汽车，则应用锂离子电池。原因是锂离子电池比镍氢电池的能量密度高（表5-1），但锂离子电池的成本要比

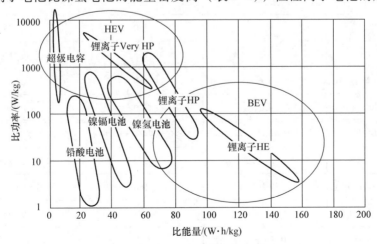

图 5-1 不同电池的能量密度和功率密度的比较
HP—功率型电池 HE—能量型电池

镍氢电池高。降低锂离子电池的成本就得不仅要依靠传统材料 Mn 或 Co，而且要依靠 LiFePh 和 LiTiPh 等"三元"技术的新型锂离子电池结构（表5-2）。在后两种情况下，基本电压比传统锂离子电池低，这意味着能量密度降低约15%，但制造成本显著降低。此外，其在热态条件下运行比传统锂离子电池更安全，因为锂离子电池需要特殊的温度管理系统和结构复杂且昂贵的电压均衡装置（见第6章）。

表 5-1　不同类型的电池功率密度

电池类型	能量密度/(W·h/kg)	功率密度/(W/kg)	循环寿命/次
铅酸电池	25~35	75~130	200~400
先进的铅酸电池	35~42	240~421	500~600
镍氢电池	50~80	150~250	600~1500
镍镉电池	35~57	50~200	1000~2000
锂离子电池	100~150	300	400~1200
锂离子聚合物电池	100~155	100~315	400~600

表 5-2　不同的锂离子电池结构（现有的和新设计的）的数据

正极材料	平均电压/V	质量比容量/(mA·h/g)	质量比能量/(kW·h/kg)
$LiCoO_2$	3.7	140	0.518
$LiMn_2O_4$	4.0	100	0.400
$LiNiO_2$	3.5	180	0.630
$LiFePO_4$	3.3	150	0.495
$LiFePO_4F$	3.6	115	0.414
$LiCo_{1/3}Ni_{1/3}Mn_{1/3}O_2$	3.6	160	0.576
$Li(Li_aNi_xMn_yCo_z)O_2$	4.2	220	0.920
负极材料	平均电压/V	电容量密度/(mA·h/g)	能量密度/(kW·h/kg)
石墨（LiC_6）	0.1~0.2	372	0.0372~0.0744
钛酸盐（$Li_4Ti_5O_{12}$）	约为 1	160	0.16~0.32
Si（$Li_{4.4}Si$）	0.5~1.0	4212	2.106~4.212
Ge（$Li_{4.4}Ge$）	0.7~1.2	1624	1.137~1.949

图 5-2 中的钛酸锂 nLiT 是一种超高功率解决方案，成功应用于快速充电。

LiMn
- 比能量 122～140W·h/kg
- 能量密度 222W·h/L
- 电池单体重量 2.9kg
- 电池单体电压 3.8V

nLiT
- 比能量 86W·h/kg
- 能量密度 166W·h/L
- 电池单体重量 1.6kg
- 电池单体电压 2.3V

LiFePO$_4$
- 比能量 90～110W·h/kg
- 能量密度 220W·h/L (790 kJ/L)
- 比功率 >300W/kg
- 时间耐久性 >10 年
- 使用循环耐久性 2 000 次
- 电池单体电压 3.3V

图 5-2 当前先进的锂电池数据对比

5.2 在 HEV 和 BEV 动力系统中常用电池的主要特点

（1）镍氢电池

自 1992 年以来，镍氢电池就已投放市场。这种电池特性类似于金属氢化物（MH）电池技术。其额定电压为 1.2V，比能量为 65W·h/kg，能量密度为 150W·h/L，比功率为 200W/kg。负极的活性物质为以金属氢化物形式存在的氢，正极为氢氧化镍。当电池充放电时，金属氢化物能够经历可逆方式并完成氢的吸附、析出。氢氧化钾水溶液是电解质的主要成分，整个电化学反应方程为：

$$MH + NiOOH \leftrightarrow M + Ni(OH)_2$$

电池放电时，负极上的金属氢化物被氧化形成金属合金，而正极上的碱式氧化镍（NiOOH）被还原成氢氧化镍。充电时，发生逆反应。

Ni－MH 电池的关键元件为储氢合金，能稳定工作相当数量的循环次数。用于 Ni－MH 电池的这种合金主要有两种类型，它们是以金属镧、镍为基础的稀土合金 AB$_5$ 及钛和锆组成的合金 AB$_2$。通常 AB$_2$ 合金比 AB$_5$ 合金具有更高的容量，但 AB$_5$ 合金因具有更好的荷电保持能力和稳定性而成为应用趋势。

由于镍氢电池技术仍在不断发展，从目前技术水平看其优点有：在镍基电池中，其比能量和能量密度（65W·h/kg 和 150W·h/L）最高、环境友好（不含镉）、平坦的放电特性（与 Ni－Cd 电池相似）和快速的充电能力（与 Ni－Cd 电池相似）。但目前应用存在的问题是初始成本高、记忆效应和发热问题。

(2) 锂离子电池

自1991年首次发布锂离子电池以来,锂离子电池技术得到了空前发展,被认为是未来极具发展潜力的可充电电池。虽然仍然处于发展阶段,但其在电动汽车和混合动力电动汽车上的应用已得到广泛的认可。

锂离子（Li-Ion）电池使用碳化锂（Li_xC）夹层材料取代金属锂作负极,锂过渡金属氧化物（$Li_{1-x}M_yO_z$）夹层材料作正极,液态有机溶液或固体聚合物作为电解液。在充放电过程中,锂离子在电极正极和负极之间通过电解液往返流动,总的电化学反应式为

$$Li_xC + Li_{1-x}M_yO_z \leftrightarrow C + LiM_yO_z$$

放电时,锂离子由负极释放通过电解液移动并在正极嵌入。充电时,反应过程相反。正极可能用到的材料包括 $Li_{1-x}CoO_2$、$Li_{1-x}NiO_2$、$Li_{1-x}Mn_2O_4$ 以及其他材料（见表5-2）,它们具有在空气中稳定、高电压和锂嵌入反应可逆的优点。

$Li_{1-x}C/Li_{1-x}NiO_2$,也可简写为 $C/Li_{1-x}NiO_2$ 的镍基锂离子电池,其单体额定电压4V,比能量120W·h/kg、能量密度200W·h/L、比功率260W/kg。钴基锂离子电池具有高的比能量和能量密度,但其成本高且具有相当大的自放电率。锰基锂离子电池成本最低,比能量和能量密度处于钴基锂离子电池和镍基锂离子电池之间。锰基锂离子电池以其较低的成本、锰储量丰富且环境友好而有望成为锂离子电池发展的主要类型。锂离子电池的优点为单体电压高（4V）、比能量高（90~130W·h/kg）、能量密度高（140~200 W·h/L）、最安全的设计（无金属锂）和寿命长（约1000次循环）等,但也存在自放电率相对较高的缺点（10%/月）。

5.3 电池建模的理论基础

(1) 电功和吉布斯自由能

能量具有多种形式：机械能（势能和动能）、热能、辐射能（光子）、化学能、核能（聚变）和电能等。由于电能与电化学相关,这里重点介绍电能。

吉布斯自由能 ΔG 是最大电功的负值,即

$$\Delta G = -L_{max} \tag{5-1}$$

电功是移动电荷到更高的电动势 E 所消耗的电能,即

$$L_{max} = nFE \tag{5-2}$$

式中,n 为转移电子摩尔数（等同于电化学过程）；F 为法拉第常数；E 为电动势。

(2) 能斯特（Nernst）一般方程

Nernst 一般方程与原电池这样的电化学系统的吉布斯自由能 ΔG 和 E 相关。

对于如下反应：
$$aA + bB = cC + dD \tag{5-3}$$

且有
$$Q = \frac{[C]^c[D]^d}{[A]^a[B]^b} \tag{5-4}$$

由于有
$$\Delta G = \Delta G^0 + RT\ln Q \tag{5-5}$$

和
$$\Delta G = -nF\Delta E \tag{5-6}$$

式中，ΔG^0 为额定条件下的单体热力学势能的变化。所以：
$$nF\Delta E = -nF\Delta E^0 + RT\ln Q \tag{5-7}$$

式中，ΔE^0 是额定条件下的电动势；R，T，Q 和 F 分别是气体常数（8.314 J·mol^{-1}·K^{-1}）、温度（K）、反应熵和法拉第常数（96485C）。

因此可得方程：
$$\Delta E = \Delta E^0 - \frac{RT}{nF}\ln\frac{[C]^c[D]^d}{[A]^a[B]^b} \tag{5-8}$$

式（5-8）就是众所周知的 Nernst 方程，该方程提供了在任何浓度下计算任何原电池的单体电动势的可能性。可以看出，电动势取决于内阻、电池单体容量和温度变化。

(3) 热力学第三定律

热力学第三定律给出了自由能变化、焓变化和熵变化三者之间的关系：
$$\Delta G = \Delta H - T\Delta S \tag{5-9}$$

系统中源于反应的初始能量变化为 ΔG，而且是唯一发生的量；ΔH 为焓变化；能量流除以 T 即为熵，$\Delta G/T$ 等于反应过程中整个熵的变化：
$$\Delta S = \Delta G/T \tag{5-10}$$

式中，ΔG 为动力电池单体的热力学势能变化；T 为温度；ΔS 为熵变化。

(4) 普克特（Peukert）公式

Peukert 在 20 世纪初提出用负载的函数来描述动力电池容量的变化，Peukert 公式也视作电池容量的衰减方程：
$$K_w = i_a^{n(\tau)} t \tag{5-11}$$

式中，K_w 为动力电池的放电容量；i_a 为瞬时电流；t 为动力电池放电持续时间；n 为 Peukert 常量，因动力电池的类型不同而不同；τ 为瞬时温度。

5.4 基本的电池动态模型

动态电池参数识别方法之一就是基于图 5-3 所示的 Thevenin 通用模型，此时假设电池的等效电路是线性的。这种情况下，可以使用拉普拉斯变换。

通过确定电路阻抗 $Z(s)$ 可以获得电池的端电压：

$$Z(s) = \frac{U_a(s)}{I_a(s)} = R_1 + \frac{R_2}{R_2 C + 1}$$

$$U_a = U_{oc} - U_1 - U_2 \tag{5-12}$$

$$U_a = U_{oc} - I_a Z(s)$$

式中，U_{oc} 为开路电压；R_1 为与电极、隔膜、电解质有关的电阻；R_2 为极化电阻；C 为极化电容；s 为复变量；I_a 为电池的负载电流。

$$U_a = U_{oc} - R_1 i_a(t) - R_2 (1 - e^{-t/T_a}) i_a(t) \tag{5-13}$$

式（5-13）基于以下必要假设：

$$i_a(t) = I_{a1}(t)$$

$$T_a = R_2 C$$

$$\frac{dE}{dt} = 0$$

$$\frac{dU_2}{dt} \neq 0$$

式中，I_{a1} 为电池在脉冲负载时的最大电流；E 为在稳态条件下定义的电池电动势（EMF）；t 为时间。

注意：时间常数 T_a 通过实验确定。

只有假设当电池的累积能量没有改变时，才可能应用线性方程。在非常短的时间内，当电池的电流峰值跳变（脉冲条件）时，例如在调整控制器的参数时，可以采用由式（5-13）辨识的电池端电压。

然而，实际上，电池的平均负载电流（见图 5-5、图 5-7）在大约 1s 内交替变化。在这段时间内，电池电动势（电池能量）不变的物理假设是错误的。

无论如何，电化学蓄电池是极度非线性的，在 BEV 和 HEV 行驶条件下进行电池能量分析，采用基于普通的电池实验室测试是另一种更好的方法。为此，提出了非线性动力学方法。

如图 5-4 所示为电池等效电路，这是推导电化学电池能量模型的基础。

(1) 荷电状态

电池的可用容量不仅取决于温度，还受负载电流和电流持续时间的影响。剩余容量 Q_u 是温度、电流和时间的函数，对于 $i_a = f(t)$ 时，可以用单调、非降函数来描述，该函数如下：

$$Q_u(i_a, t, \tau) = Q_\tau(\tau) - K_\omega [i_a(t), t] \tag{5-14}$$

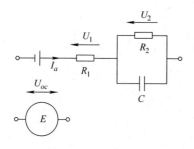
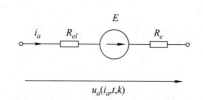

图 5-3 电池的等效电路
（根据 Thevenin 方法对端电压分别进行分级加载）

图 5-4 电化学电池等效电路模型
E—电池的电动势；R_e，R_{el}—电极、电解液的电阻；$u(i_a,t,k)$—电池的瞬时端电压；
t—时间；k—电池 SOC 值；i_a—瞬时电流

或

$$Q_u(i_a,t,\tau) = Q_\tau(\tau,i_a) - \int_0^t i_a(t)\,\mathrm{d}t \tag{5-15}$$

式中，$K_\omega[i_a(t),t]$ 为确定已释放电量的非线性函数；$\int_0^t i_a(t)\,\mathrm{d}t$ 为时间从 0 到 t 时间段内动力电池的放电量；$Q_\tau(\tau)$ 为当 $i_a = 0$ 时仅取决于温度的动力电池容量；$Q_\tau(\tau,i_a)$ 为动力电池可用容量，它是温度和负载电流的函数。

实际中，通常针对任意电流和任意假设的恒定温度 τ 来确定剩余容量 Q_u。这样，能够获得固定温度变化范围时的 $Q_u = f(i_a,t)$ 曲线族。

Peukert 公式是非常著名的表示电池容量衰减的方程。

很容易注意到，在式（5-11）中，当 $n=1$ 时，电池容量的变化与负载电流之间的是线性关系。在同样的放电电流 i_a 时，n 值越大电池的容量衰减就越快。通常，采用不同形式的 Peukert 方程，比如，当 $\tau = \tau_n = \mathrm{const}$ 时：

$$Q(i_a) = Q_{\tau n}\left(\frac{i_a}{I_n}\right)^{-\beta} \tag{5-16}$$

式中，I_n 为动力电池额定电流；β 为根据 Peukert 方程确定的常量；$Q_{\tau n}$ 为动力电池的额定容量。

对确定的时间段 $0 \leq t \leq t_m$，当电流 i_a 为常数时，已放电容量可由式（5-14）或式（5-11）计算得到。以下方程可用于数值计算，此时函数 $i_a = f(t)$ 近似为一阶梯函数，则：

$$\int_0^{t_m} i_a(t)\,\mathrm{d}t = \sum_{t_i=0}^{t_m} i_{ai}t_i \tag{5-17}$$

当 $\tau = \mathrm{const}$ 时

$$Q_u(i_a,t) = Q_\tau - \sum_{t_i=0}^{t_m} i_{ai}^n t_i \tag{5-18}$$

如果考虑温度影响，则：

$$Q_u(i_a,t,\tau) = c_\tau(\tau)Q_{\tau n}\left(\frac{i_a(t)}{I_n}\right)^{-\beta} - \int_0^t i_a(t)\mathrm{d}t \tag{5-19}$$

式中，系数 $c_\tau(\tau)$ 可定义为额定容量的温度指数。

$$c_\tau(\tau) = \frac{Q_\tau}{Q_{\tau n}} = \frac{1}{1+\alpha|(\tau_n-\tau)|} \tag{5-20}$$

式中，α 为温度容量指数（可假设 $\alpha \approx 0.01/\mathrm{K}$）。

在式（5-16）左侧分子分母同乘以电池在负载电流 i_a 下的平均端电压，则

$$\frac{Q(i_a)\overline{U}}{Q_{\tau n}\overline{U}} = \left(\frac{i_a(t)}{I_n}\right)^{-\beta(\tau)} \tag{5-21}$$

式（5-21）左侧是电流 $i_a \neq I_n$ 时动力电池的输出电功率同动力电池在额定电流下放电输出电功率的比值。此比值定义了动力电池放电功率的可用指数：

$$\eta_A(i_a,\tau) = \left(\frac{i_a(t)}{I_n}\right)^{-\beta(\tau)} \tag{5-22}$$

当 $i_a < I_n$ 时，指数值大于 1。

在进一步求解式（5-19）的过程中，可以通过式（5-22）对其进行变换：

$$Q_u(i,t,\tau) = c_\tau(\tau)\eta_A(i_a,\tau)Q_{\tau n} - \int_0^t i_a(t)\mathrm{d}t \tag{5-23}$$

所以动力电池的真实 SOC 可由下式表达：

$$k = \frac{Q_u}{Q_{\tau n}} = \frac{c_\tau(\tau)\eta_A(i_a,\tau)Q_{\tau n} - \int_0^t i_a(t)\mathrm{d}t}{Q_{\tau n}} \tag{5-24}$$

式中，$k=1$ 对应于充满额定电量的动力电池，对于 $0 \leq k \leq 1$，则，

$$k = c_\tau(\tau)\eta_A(i_a,\tau) - \frac{1}{Q_{\tau n}}\int_0^t i_a(t)\mathrm{d}t \tag{5-25}$$

利用式（5-23）和式（5-25）可计算求解任意 τ, i_a, t 时的放电容量、荷电状态等。额定容量是方程的参数，对于给定类型的电池，它是常数。SOC 的值 k 也可以用百分比的形式表示。

（2）动力电池内阻

内阻以解析式表示为

$$R_\omega(i_a,\tau,Q) = R_{el}(\tau,Q) + R_e(Q) + bE(i_a,\tau,Q)I_a^{-1} \tag{5-26}$$

式中，$bE(i_a,\tau,Q)I_a^{-1}$ 表示极化内阻。

系数 b 用于表示动力电池电流为 i_a 时，单体端子极化电动势对于额定容量下电动势 E 的相对变化。电解液电阻 R_{el} 和电极电阻 R_e 反比于动力电池的瞬时容量，式（5-26）可改写为动力电池 SOC 的函数：

$$R_\omega(i_a,\tau,Q) = \frac{l_1}{Q_u(i_a,t,\tau)} + \frac{l_2}{Q_u(i_a,t,\tau)} + \frac{bE(i_a,\tau,Q)}{i_a(t)} \quad (5\text{-}27)$$

$$R_\omega(i_a,t,\tau) = lk^{-1} + b\frac{E(k,\tau)}{i_a(t)} \quad (5\text{-}28)$$

式中，$l = (l_1 + l_2)Q_{\tau n}^{-1}$，假设动力电池容量的瞬时改变比其额定容量小得多，则 l 是分段常量，系数 l 在静态条件下由实验确定。$E(k)$ 是电动势瞬态值，由动力电池的 SOC 确定。

根据式（5-28），系数 b 定义如下：

$$b(k) = \frac{E(k) - E_{\min}}{E_{\max}} \quad (5\text{-}29)$$

式中，$E_{\max}$ 是局部电动势的最大值（见图 5-8）；$E_{\min}$ 是局部电动势的最小值。

(3) 动力电池端电压

根据假定的等效电路图（见图 5-4），动力电池的端电压特性可由下式确定：

$$u(i_a,t,k) = E(i_a,\tau,k) - i_a(t)R_\omega(i_a,t,\tau,k) \quad (5\text{-}30)$$

式中，$E(i_a,\tau,k)$ 为瞬时电动势；$R_\omega(i_a,t,\tau,k)$ 为瞬时内阻。

动力电池的 SOC 值 k，在式（5-31）中是独立变量，在动力电池以连续电流放电时，作为预先条件定义为时间的单调、非降函数。实际上，应用于电动车辆时，电化学电池的负载电流作为时间函数也是分段单调函数。

(4) 电动车辆中动力电池的负载电流特性

电动车辆行驶时，动力电池的放电情况大多受其负载即驱动电机的控制方法影响。当使用交流电机驱动时，电机的供电频率是变化的，但由于电机控制器和滤波电路的存在，动力电池组的工作电流是连续的。在电机与发电机状态转换时产生的阶跃负载作用下，交流异步电机、动力电池组的典型电流波形如图 5-5 所示（Piller, Perrin, Jossen, 2001）。由图 5-5 可以看出，在 100ms 时间间隔范围内，动力电池组的工作电流为连续函数，完全可以用于功率计算。

对同步电机和直流无刷永磁电机也有相同的结论（Moseley & Cooper, 1998）。

但是，对直流永磁电机驱动系统情况则有所不同。直流电机控制器具有两种控制电路，区别在于有无输入滤波器。动力电池负载波形会因为控制方法不同而不同，后者是脉冲负载波形，而前者是连续负载波形，对应于脉冲负载波形周期 T 内的一个均值（见图 5-5 ~ 图 5-7）。动力电池负载电流波形直接取决于控制函数，而此控制函数定义为半导体开关导通时间 t_{BATT} 与控制脉冲周期 T 的比值。脉冲负载导致动力电池电路瞬时电流的衰减，并与脉冲周期相关。然而，从能量观点来看，因为脉冲频率很高，可以忽略此现象。因此，仍然可以假定 $i_a = f(t)$ 是一单调函数。

为了便于计算功率,整个脉冲周期内的电池电流由其平均值(见图 5-7)代替,而平均值可能受到流经电池的能量流的影响。能量数值是已知的,可以从车辆的行驶工况,即从车辆驱动功率的时间分布函数推导计算得到。与电流类似,能量也是一个分段单调函数。

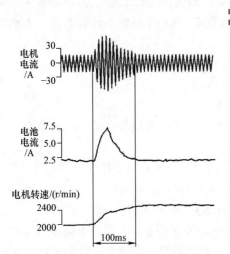

图 5-5 交流电机和动力电池的阶跃负载响应

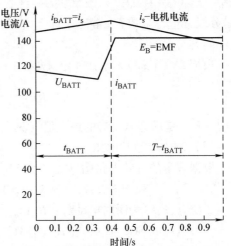

图 5-6 在脉冲负载条件下直流永磁电机和动力电池的响应曲线

(5)用分段单调函数描述有负载电流时的动力电池 SOC 函数

为了定义动力电池的已放电容量,假设在放电过程中的任何时刻其值都是可以确定的,电流 $i_a(t)$ 连续且其值不降。另外,还必须假定在任何时刻 $t_i = 0$ 动力电池的初始容量可以用式(5-25)描述。

根据式(5-27),动力电池 SOC 等于 k。经过时间段 $t_i \neq 0$,动力电池放电,电流 $i_a = f(t)$ 是分段单调函数,则动力电池的放电容量等于:

$$\Delta Q = \int_{t_i}^{t_{i+1}} i_a(t) \mathrm{d}t \qquad (5\text{-}31)$$

此时,动力电池的剩余容量可以从下式导出:

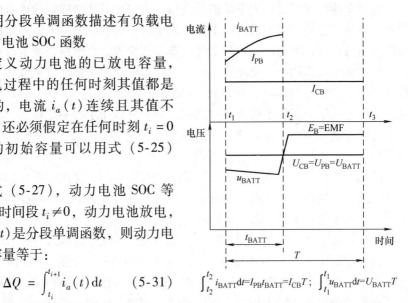

$\int_{t_2}^{t_2} i_{BATT} \mathrm{d}t = I_{PB} t_{BATT} = I_{CB} T$; $\int_{t_1}^{t_1} u_{BATT} \mathrm{d}t = U_{BATT} T$

图 5-7 脉冲负载时动力电池电压和电流波形

$$Q'_u(i_a,t,\tau) = c_\tau(\tau)\eta_A(i_a,t,\tau)Q_{\tau n} - \int_0^t i_a(t)\mathrm{d}t$$
$$- \int_{t_i}^{t_{i+m}} \eta_A(i_a,t,\tau)i_a(t)\mathrm{d}t \tag{5-32}$$

式中，$m = 1,\ 2,\ 3,\ \cdots$。

当负载电流用分段单调函数描述时，SOC 计算如下：

$$k' = \frac{Q'_u(i_a,t,\tau)}{Q_{\tau n}} = k - Q_{\tau n}^{-1}\int_{t_i}^{t_{i+m}}\eta_A(i_a,t,\tau)i_a(t)\mathrm{d}t \tag{5-33}$$

脉冲负载作用下电流衰减时，忽略电池容量的增加，因为其对动力电池的电化学特性没有影响。实际上，由于制动中电池吸收部分再生制动能量，剩余容量略大于计算结果。如果忽略再生制动，计算结果要比从技术观点出发排除这些简化假设得出的真实结果略差，所以实际情况下动力电池 SOC 仍采用下式（5-33）计算。

动力电池内阻计算如下：

$$R'_\omega(i_a,t,\tau,k') = b\frac{E(k')}{i_a(t)} + l\Big(k - Q_{\tau n}^{-1}\int_{t_i}^{t_{i+m}}\eta_A(i_a,t,\tau)i_a(t)\mathrm{d}t\Big)^{-1} \tag{5-34}$$

放电电流为分段单调函数时，动力电池的端电压可表示为：

$$u(i_a,t,k') = E(i_a,t,\tau,k') - i_a(t)R'_\omega(i_a,t,\tau,k') \tag{5-35}$$

（6）电池充电

在电动车辆应用中，电化学动力电池的充电过程发生在整车制动减速期间的驱动电机发电（再生制动发电）或行驶过程中主能源（内燃机 – 发电机组）的电流输出给电池充电。通常，动力电池的充电电流也是时间的分段单调非增或非减函数。再生制动期间为抵消电机转速的降低引起的再生功率下降，采用脉冲控制来调整驱动电机磁通。

以分段单调函数电流为动力电池充电时，动力电池 SOC 计算方法如下：

$$k'' = k' + Q_{\tau n}^{-1}\int_{t_i}^{t_{i+m}} i_a(t)\mathrm{d}t \tag{5-36}$$

式中，k' 为充电起始时刻的动力电池 SOC 值。

充电过程中，动力电池的内阻表达式为

$$R''_\omega(i_a,t,\tau,k'') = b\frac{E(k'')}{i_a(t)} + l\Big(k' + Q_{\tau n}^{-1}\int_{t_i}^{t_{i+m}} i_a(t)\mathrm{d}t\Big)^{-1} \tag{5-37}$$

在式（5-36）和式（5-37）中，充电电流的方向与放电方向电流相反，这意味着有 $i_a < 0$ 这一假设条件。

当动力电池的充电端电压达到充电电压门限值时，应当限制充电电流，否则铅酸电池和镍氢电池会发生电解液析气现象，锂离子电池则会出现永久性破坏甚至引起安全问题。

充电时动力电池的端电压表示如下：

$$u(i_a,t,k'') = E(i_a,t,\tau,k'') + i_a(t)R''_\omega(i_a,t,\tau,k'') \tag{5-38}$$

(7) 电化学电池的能量效率

电化学电池的能量效率定义如下：

$$\eta_E = \frac{\int_0^{t_d} u_d(i_a,t,k')i_{ad}(t)\,\mathrm{d}t}{\int_0^{t_c} u_c(i_a,t,k'')i_{ac}(t)\,\mathrm{d}t} \tag{5-39}$$

式中，下标 d 表示放电时的时间、电流和电压；下标 c 表示充电时的时间、电流和电压。

大多数电池负载情况下，式 (5-39) 也可以改写为

$$\eta_E = \frac{\int_0^{t_d}[E(i_a,t,\tau,k') - i_{ad}(t)R'_\omega(i_a,t,\tau,k')]i_{ad}(t)\,\mathrm{d}t}{\int_0^{t_c}[E(i_a,t,\tau,k'') + i_{ac}(t)R''_\omega(i_a,t,\tau,k'')]i_{ac}(t)\,\mathrm{d}t} \tag{5-40}$$

电动势 E 反映了动力电池中储存的能量水平。充电过程中，外界输入能量，动力电池内部电化学反应，正负极之间电动势之差增大。显然，在充电过程中存在能量损失，具体计算可通过测量动力电池内阻上的电压降得到。充电过程，动力电池的总输入能量计算如下：

$$E_c = \sum_{i=1}^m u_i(i_a,t,\tau,k'')i_{ai}(t)t_i = \sum_{i=1}^m [E(i_a,t,\tau,k'') + i_{ac}(t)R''_\omega(i_a,t,\tau,k'')]i_{ac}(t)t_i$$
$$i = 1,2,3,\cdots,m \tag{5-41}$$

动力电池储存的能量与电动势成正比。式 (5-40) 给出了充电过程中提供给动力电池的能量和真正储存在电池中的能量的数量关系。充电效率因数 η_{Ac} 定义如下：

$$\eta_{Ac}(i_a,t,\tau,k'') = \sum_{i=1}^m \frac{E(i_a,t,\tau,k'')}{E(i_a,t,\tau,k'') + i_{ai}(t)R''_\omega(i_a,t,\tau,k'')} \tag{5-42}$$

使用式 (5-42) 可以方便地计算充电效率因数 η_{Ac} 的瞬时值。

放电过程中的电化学反应与充电过程相反。但在计算放电能量时，要根据 Peukert 方程考虑动力电池的容量衰减。这样，放电效率 η_{Ad} 定义如下：

$$\eta_{Ad}(i_a,t,\tau,k') = \left[\sum_{i=1}^m \frac{E(i_a,t,\tau,k')}{E(i_a,t,\tau,k') - i_{ai}(t)R'_\omega(i_a,t,\tau,k')}\right]^{-1} \tag{5-43}$$

式 (5-43) 与式 (5-40) 的作用相似。根据式 (5-20)，还可以通过动力电池的能量可利用系数 β 来确定电池的放电效率。在这种情况下，对任一瞬时负载电流、温度，β 的计算方法如下：

$$\beta(\tau) = \frac{m\ln Q_{\tau n} - \sum_{1}^{m}\ln Q_{\tau}(i_a)}{\sum_{1}^{m}\ln\left(\frac{i_a}{I_n}\right)} \tag{5-44}$$

(8) 通过试验数据确定电动势的方法

上述模型求解均取决于时间,具有动态特性,能够使用平均时间去分析计算大量使用动力电池的电驱动系统甚至整个驱动系的物理量。

然而,车辆行驶功率变化与动力电池的瞬态负载电流、电压、内阻的变化密切相关,尤其是与荷电状态密切相关。

对于给定类型的电池,利用上述模型得到在各个荷电状态下的计算关系式如下:

1)内阻:

$$R_\omega(t,k) = b(k)\frac{E(k)}{i_a(t)} + \frac{l(k)}{k(t)}; k(t) \in (0,1) \tag{5-45}$$

2)电动势:

$$E(t) = E(k) \tag{5-46}$$

为完全求解上述方程组,首先需确定如下函数:

$$\begin{cases} b(t) = b(k) \\ l(t) = l(k) \end{cases} \tag{5-47}$$

不可能直接或通过实验的方法获得上述所有量值,也不可能在实车行驶时记录它们的真实值(通过测量监控)。只可能通过求解上述电池模型,模型输入为动力电池的电流和电压。确定动态荷电状态的实时值(k)对混合动力车辆设计和维护十分必要。

(9) 动力电池内阻和电动势的确定

根据对 GAIA 公司的镍氢电池和 SAFT 公司的锂离子电池的试验测试,可以得到不同恒定负载电流下动力电池端电压与 SOC 或库仑容量（A·h）的函数关系,所获得的实验数据可以用在建模中。若要确定内阻 R_ω,可以假设 R_ω 不只是负载电流的函数。这可能导致额外的误差,但在一定程度上可以忽略。R_ω 可通过计算以下方程的算术平均值获得:

$$R_\omega = (U_n - U_{n+1})/(I_{n+1} - I_n) \tag{5-48}$$

式中,$U_n > U_{n+1}$,$I_{n+1} > I_n$。

下一步,我们可以根据下列方程得到 EMF:

$$\begin{aligned} &\text{放电时}: U_a = E - i_a R_\omega \\ &\text{充电时}: U_a = E + i_a R_\omega \end{aligned} \tag{5-49}$$

然后,用下节介绍的迭代法求解系数 $b(k)$。

确定系数 $b(k)$ 和 $l(k)$ 的方法如下：

实际的电动势 E 的近似曲线是一条直线（见图5-8），根据

$$\begin{cases} E(k) = E_{\min} + \Delta U(k) \\ \Delta U = E_{\max} - E_{\min} \end{cases} \qquad (5\text{-}50)$$

以及

$$b(k) = \frac{E(k) - E_{\min}}{E_{\max}} \qquad (5\text{-}51)$$

该值在 $E(k) \in (E_{\min}, E_{\max})$；$k \in (0,1)$ 的整个区间内是确定的。

实际上，式（5-51）采用式（5-53）表示的形式，而图形解释如图5-8所示。

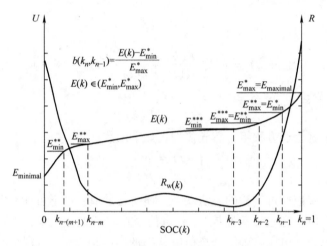

图 5-8 电池电动势与 SOC 的曲线图

同 $E(k)$ 近似值有线性关系的系数 $l(k)$ 的取值范围为常量或变化很小的量，因此，对于整个变化区间，$E(k) \in (E_{\min}, E_{\max})$；$k \in (0,1)$，可假设 $l(k) = l =$ const。其有效性已通过电动汽车续驶里程和其他实验室研究得到验证。

5.5 动力电池非线性建模

本章介绍了随时间变化的电动势（EMF）和电池内阻的确定方法，这些函数被描述为 SOC 的函数。该模型基于不同恒流下的电池放电和充电特性，通过实验室测试获得。还考虑了根据电池的建模结果，确定电池 SOC 的另一种方法。根据实验室测试数据，分析了温度对电池性能的影响，得到了计算 SOC 的理论基础。详细描述了电池 SOC 估计的算法。考虑温度影响的电池 SOC "在线" 估

第5章
动力电池非线性建模

计算法,工程中微处理器可以很容易处理。对 Ni – MH 电池和 Li – ion 电池进行分析时,如果可以得到所需的测试数据,该方法也可用于当前的其他类型电池。

混合动力电动汽车是解决世界范围内汽车引发的环境和能源问题的重要途径。目前,混合动力电动汽车的各种技术的研发正在实施。混合动力电动汽车中,动力电池作为动力源的作用是非常重要的。动态非线性建模和仿真是根据分析的行驶工况优化调整电池参数的唯一方法。考虑到电池的过载电流,电池的容量、电压和质量应该越小越好。根据对电池的性能、鲁棒性和运行时间的要求下,这是获得其最低成本的方法。

设计混合动力系统时,电池调整及其管理过程是至关重要的。研发了一种可用于各种类型的电化学蓄电池的通用模型。该模型建立在电池能量储存过程中基本电气影响的物理和数学模型。该模型针对 EMF 和内阻进行参数计算。很容易找到 SOC 与这两个参数之间的直接关系。如果定义了电池的电动势 EMF,并且与 SOC $[k\in(0,1)]$ 的函数关系已知,则可以简单地描述电池的充放电状态。

该模型是非线性的,因为在电池工作期间,方程的相关参数是时间的函数或 SOC 的函数,因为 $SOC = f(t)$。本章提出的建模方法必须依靠实验室静态数据(例如,针对不同恒流或内阻时的电压与电池 SOC 数据)。该数据必须通过充放电测试获得。所考虑的通用模型很容易用于不同类型的电池数据,并使用近似和迭代方法以动态方式表示。

当电池作为混合动力电动汽车的辅助动力源时,对电池提出了特殊的要求。为了优化其使用寿命,电池必须最大限度减少过度充/放电时间。电池必须能够几乎瞬间提供或吸收大电流,同时在大约 50% SOC 的基线工作(Ovshinski, Dhar, Venkatesan, Fetchenko, Gifford, & Corrigan, 1992; Pang, Farrell, Du, & Barth, 2001; Piller 等, 2001; Plett, 2003a; 2003b; Rodrigues, Munichandraiah, & Shukla, 2000; Salkind, Atwater, Singh, Nelatury, Damodar, Fennie, & Reisner, 2001; Sato, & Kawamura, 2002; Shen, Chan, Lo, & Chau; 2002)。因此,掌握电池内部损耗(效率)尤其重要,因为它会强烈影响电池的荷电状态(SOC)。

有许多研究致力于确定电池的 SOC(Piller 等, 2001; Plett, 2003a; Szumanowski, 2010; Tojura, & Sekimori);然而,这些解决方案在实际应用方面存在一些局限性(Szumanowski, 2006)。有些实际应用的解决方案基于加载时的端电压(Sonnenschein, Varta, Ovonic, Horizon, & Trajan, nd; Stempel, Ovshinsky, Gifford, & Corrigan, 1998; Szumanowski & Brusaglino, 1999; Szumanowski, 2000)或简单计算进出电池的电荷量(Szumanowski, Dębicki, Hajduga, Piórkowski, & Chang, 2003; Szumanowski, Chang, Piórkowski, Jankowska, & Kopczyk, 2005),这是考虑了电流的时间积分。两种解决方案都没有考虑电池的强

非线性特点。通过求解本节提出的数学模型，考虑电池的非线性特性，可以在实际行驶工况下以适当的精度"在线"确定 SOC 的瞬时值。

这是优化电池参数、正确设计电池管理系统（BMS），特别是 SOC 估计的基础（Szumanowski，2010）。已经考虑了在 HEV 中使用的功率型（HP）电池，即 Ni-MH 电池和 Li-ion 电池。

最后，根据所提出的原始电池建模方法，对特别设计的装用 BMS 的混合动力实验系统，列出了电池电压、电流和 SOC 随时间变化的曲线图。

（1）基于第 3 节方程进行电池数学建模

建立电化学电池能量模型的基础是电池的物理模型，如图 5-4 所示。

电动势（EMF）是 k 的函数，是从熟知的电池电压方程推导出来的，该方程涉及电压和内阻的瞬时值，原因在于电池的内阻 R_ω 和它的电动势 EMF 的值都是未知的。通过线性化和迭代方法获得解，解释如下：

为得到 k 的每个值，可以用如下公式：

$$\begin{cases} b(k) = \dfrac{E(k) - E_{\min}^*}{E_{\max}^*} \\ R_\omega(k_n) = \dfrac{E(k_n) - E_{\min}^*}{E_{\max}^*} \dfrac{E(k_n)}{I_{a(n)}} + \dfrac{l(k_n)}{k_n} \\ R_\omega(k_{n-1}) = \dfrac{E(k_{n-1}) - E_{\min}^{**}}{E_{\max}^{**}} \dfrac{E(k_{n-1})}{I_{a(n-1)}} + \dfrac{l(k_{n-1})}{k_{n-1}} \\ l(k_n) \approx l(k_{n-1}) \end{cases} \quad (5\text{-}52)$$

式中，$I_{a(n)}$ 为实验特性所确定的充放电电流（见图 5-9、图 5-10）。

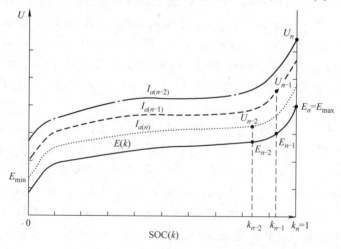

图 5-9　不同电流 $I_{a(n)}$，$I_{a(n-1)}$，$I_{a(n-2)}$ 恒流放电时，典型电池的电压与电池荷电状态 SOC 曲线

在该图中，用断开的直线表示电动势 E 的曲线，倾角取决于内阻 R_ω 测量值的相对变化。对于每个线段，电动势的局部最大值和最小值可以相应地确定为 E_{max}^* 和 E_{min}^*。* 表示分析区间，$\Delta k = k_n - k_{n-1}$，$n = 1,2,3,\cdots$，其中 n 是在 $k \in (0,1)$ 的直线段数目。

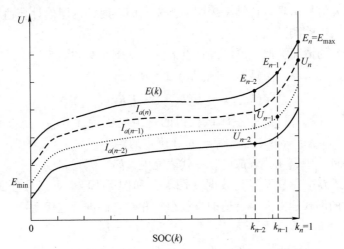

图 5-10　不同电流 $I_{a(n)}$，$I_{a(n-1)}$，$I_{a(n-2)}$ 恒流放电时，典型实验的电压与电池荷电状态 SOC 的关系曲线

如果增加（或减少）Δk 到足够小，则可以得到以下方程：

$$E_{min}^* \approx E_{max}^*$$

$$l(k_n) = l(k_{n-1}) = \text{const}$$

$$b(k_n) = \frac{E(k_n) - E_{min}^*}{E_{max}^*}$$

对于上限 $k \in (k_{n-1}, k_n)$，$E(k_n) = E_{max}^*$，因此，$b(k_n) = \dfrac{E_{max}^* - E_{min}^*}{E_{max}^*}$　(5-53)

对于下限 $k \in (k_{n-1}, k_n)$，$E(k_{n-1}) = E_{min}^*$，则有，$b(k_{n-1}) = \dfrac{E_{min}^* - E_{min}^*}{E_{max}^*} = 0$

式中，$E(k_n) = E_{max}^*$，这由前一个分析区间 $k \in (k_n, k_{n+1})$ 确定。在此范围内，$E(k_n) = E_{min}^*$，随后，对每一个 k 分析区间，存在两个未知量 E_{min}^*，$l(k_n) = l(k_{n-1}) = \text{const}$。

若 $\Delta k \to 0$，$E_{max}^* \to E_{min}^* \to E(k)$，$b(k)$，$l(k)$ 的计算方法同上。

因为对于分析区间的计算值，同时又为离散确定的下一分析区间 $k \in (k_{n-2}, k_{n-1})$，$(E(k_{n-1}) = E_{max}^*)$ 的输出值，即所谓的迭代求解方法。

用上述方法求解得到的 $k \in \sum_{n=1}^{m}(k_{n-1},k_n) \Rightarrow k \in (0,1)$（式中 $k_n = k_{n-1} + k$ 是点集）范围内的 $E(k_n)$，$b(k_n)$，$l(k_n)$ 值。对这组值还需要进一步的近似处理，以方便建立合适的数学模型，因此对上述方法也称为"迭代近似"求解法。

对不同 k 值的仿真分析结果表明，当 $k = 0.01$ 时，内阻的计算值可以足够准确地反映出其试验测试值。

与图 5-8 的情况类似，可以得到以下方程（图 5-9 和图 5-10）：

$$\begin{cases} u(k_n) = E(k_n) \pm I_a R_\omega(k_n) \\ u(k_{n-1}) = E(k_{n-1}) \pm I_a R_\omega(k_{n-1}) \end{cases} \tag{5-54}$$

$u(k_n)$ 和 $u(k_{n-1})$ 实验室测试获得的一组电压特性。$I_{a(n)}$ 是已知的，因为 $u(k_n)$ 是针对 $I_{a(n)} = \text{const}$；$I_{a(n-1)} = \text{const}$ 确定的。

式（5-54）中，+代表放电，-代表充电，$k \in (0,1)$。

使用上述方法，基于实验数据（图 5-9 和图 5-10），可以按照式（5-53）、式（5-54）的形式建立一个合适的方程组，并对它们进行迭代运算。

如果 $\begin{cases} k_n = k_1, \ E_n = E_1 = E_{\max}, \ I_{a(n)} = I_1, \ U_n = U_1 \\ k_{n-1} = k_2, \ E_{n-1} = E_2, \ I_{a(n-1)} = I_2, \ U_{n-1} = U_2 \\ k_{n-2} = k_3, \ E_{n-2} = E_3, \ I_{a(n-2)} = I_3, \ U_{n-2} = U_3 \end{cases}$

于是，

第一步：$\begin{cases} U_1 = E_1 \pm I_1 R_{\omega 1} \\ U_2 = E_2 \pm I_2 R_{\omega 2} \\ R_{\omega 1} = \dfrac{E_1 - E_2}{E_1} \dfrac{E_1}{I_1} + \dfrac{l_1}{k_1} \\ R_{\omega 2} = \dfrac{E_1 - E_2}{E_1} \dfrac{E_2}{I_2} + \dfrac{l_1}{k_2} \end{cases}$ (5-55)

第二步：$\begin{cases} U_2 = E_2 \pm I_2 R_{\omega 2} \\ U_3 = E_3 \pm I_3 R_{\omega 3} \\ R_{\omega 2} = \dfrac{E_2 - E_3}{E_2} \dfrac{E_2}{I_2} + \dfrac{l_2}{k_2} \\ R_{\omega 3} = \dfrac{E_3 - E_3}{E_2} \dfrac{E_3}{I_3} + \dfrac{l_2}{k_3} \end{cases}$

依此类推。

显然，电池的电动势与电池荷电状态因数的关系函数 $E(k)$ 是我们需要的函数。为了得到它，必须使用实验室测试（图 5-11、图 5-12）得到已知的函数 $u_a(k)$，它是以镍氢电池试验数据为例（未来将采用锂离子电池数据）。这一计算由作者和 Y. Chang 博士完成。

最后，R_ω 和 EMF 的方程采用以下多项式形式表示：

$$\begin{cases} R_\omega(k) = A_r k^6 + B_r k^5 + C_r k^4 + D_r k^3 + E_r k^2 + F_r k + G_r \\ E(k) = A_e k^6 + B_e k^5 + C_e k^4 + D_e k^3 + E_e k^2 + F_e k + G_e \\ b(k) = A_b k^6 + B_b k^5 + C_b k^4 + D_b k^3 + E_b k^2 + F_b k + G_b \\ l(k) = A_l k^7 + B_l k^6 + C_l k^5 + D_l k^4 + E_l k^3 + F_l k^2 + G_l k + H_l \end{cases} \quad (5\text{-}56)$$

恒流放电对应于电池的额定容量（A·h）。额定电流的定义对应于标称容量。例如：1h 额定电流等于 $1C$，这是 HP（功率型）电池的典型工作电流。0.5h 额定电流等于 $0.5C$，这对于 HE（能量型）电池是典型工作电流。

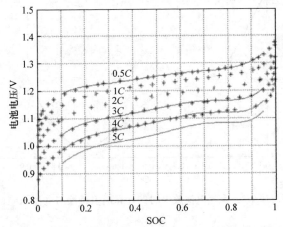

图 5-11　14A·h 镍氢电池的放电数据与电池 SOC 的关系

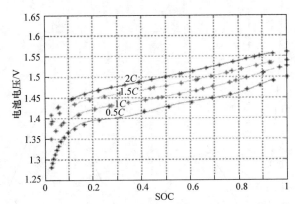

图 5-12　14A·h 镍氢电池的充电数据与电池 SOC 值的关系

(2) 电池建模结果

用于推导镍氢电池数学模型的基本依据，就是所介绍的迭代 - 近似方法和基于实验获得的电池充放电特性近似结果。实验数据的近似处理，能够在足够小的

范围 $k=0.001$ 内确定电池内阻。电池工作 SOC 在 $0.1\sim0.95$ 范围内的建模结果（图 5-13~图 5-15）显示出与实验数据（图 5-16 和图 5-17）有较小的偏差（小于 1%）。实验和建模中使用的镍氢电池是用于混合动力电动汽车的功率型电池。电池的额定电压为 1.2V，额定容量为 $14A\cdot h$。

在近似处理之后，根据计算结果，可以得到被测的 $14A\cdot h$ 镍氢电池（Ni–MH）电池的近似方程式（5-56）。式（5-56）中的参数见表 5-3。

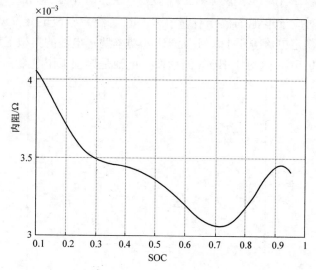

图 5-13　$14A\cdot h$ 镍氢电池放电时的计算内阻特性与电池 SOC 的关系

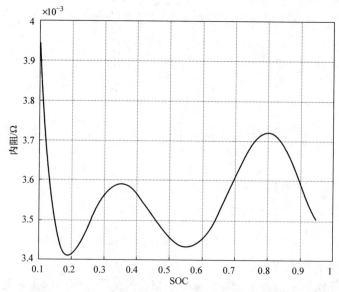

图 5-14　$14A\cdot h$ 镍氢电池充电时的计算内阻特性与电池 SOC 的关系

为确定 SAFT 公司锂离子电池模块的数学模型，采用的基本原理仍是先前描述的迭代近似方法和通过实验获得的电池放电特性的近似结果。近似实验数据使得能够在足够小的范围 $k = 0.001$ 内确定电池内阻。在工作范围内，对电池荷电状态 SOC 在 $0.01 \sim 0.95$ 之间进行分析，通过使用实验数据的迭代近似方法具有小的误差（小于2%）。VL30P-12S 模块额定容量为 $30A \cdot h$，专为混合动力电动汽车的应用而设计。

在近似处理之后，根据计算结果（图 5-18~图 5-23），可以获得针对 $30A \cdot h$ 锂离子模组的近似方程式（5-56）。式（5-56）的参数见表 5-4。

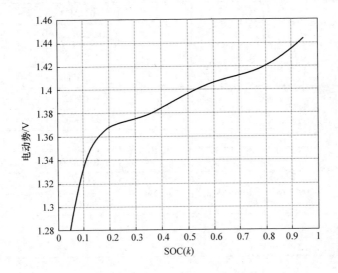

图 5-15　$14A \cdot h$ 镍氢电池的计算电动势 EMF 与 SOC 关系图

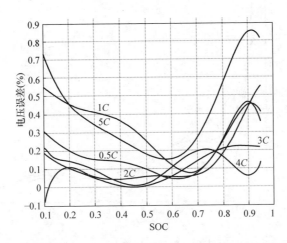

图 5-16　不同放电电流下实验数据和计算电压的误差与电池 SOC 的关系

表 5-3　14A·h 镍氢电池对应式 (5-56) 中的参数

式 (5-56) 中的系数	放电时内阻 R_ω	充电时内阻 R_ω	电池电动势 E	系数 b 放电时 充电时	系数 l 放电时 充电时
A	0.65917	0.42073	13.504	-0.015363	0.65917
				0.015341	0.42073
B	-2.0397	-1.4434	-36.406	0.10447	-2.0528
				-0.10661	-1.4376
C	2.4684	1.9362	36.881	-0.18433	2.4978
				0.22702	1.9195
D	-1.4711	-1.2841	-17.198	0.13578	-1.495
				-0.21788	-1.2661
E	0.44578	0.43809	3.5264	-0.045129	0.45416
				0.10346	0.42896
F	-0.065274	-0.071757	-0.10793	0.0059814	-0.066422
				-0.023367	-0.06961
G	0.0099109	0.0078518	1.234	-9.416e-005	0.0099289
				0.0020389	0.0076585
H					-1.2154×10^{-15}
					1.9984×10^{-8}

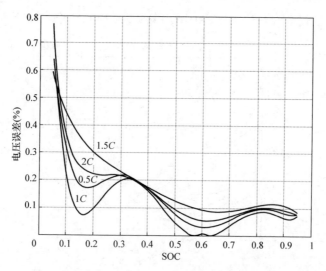

图 5-17　不同充电电流下实验数据和计算电压的误差与电池 SOC 的关系图

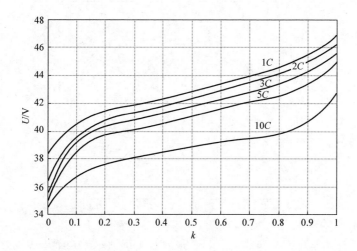

图 5-18 SAFT 30A·h 锂离子电池模块的放电电压特性与电池 SOC 的关系

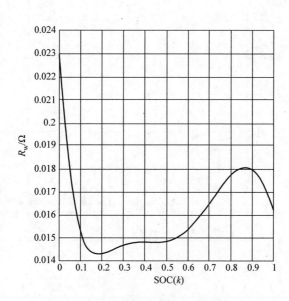

图 5-19 SAFT 30A·h 锂离子模块内阻的计算值与电池 SOC 的关系

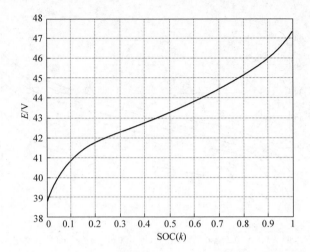

图 5-20　SAFT 30A·h 锂离子模块的电动势 EMF 计算值与电池 SOC 的关系

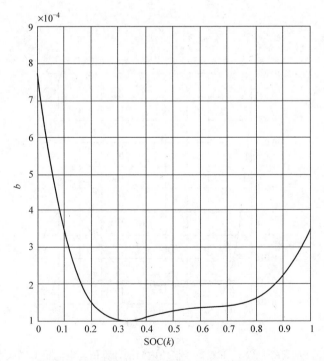

图 5-21　SAFT 30A·h 锂离子电池模组的系数 b 计算值与电池 SOC 的关系

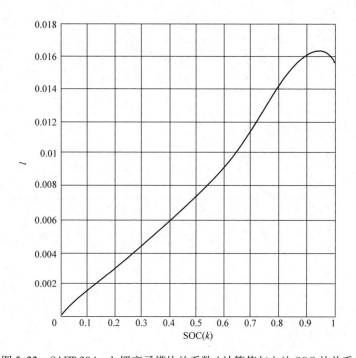

图 5-22 SAFT 30A·h 锂离子模块的系数 l 计算值与电池 SOC 的关系

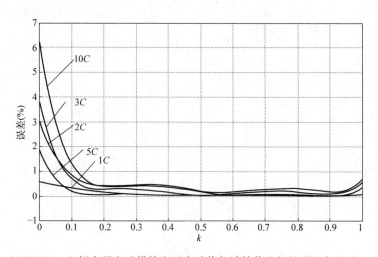

图 5-23 SAFT 30A·h 锂离子电池模块电压实验值与计算值之间的误差与电池 SOC 的关系

表5-4　30A·h 锂离子电池模块对应式（5-56）中的参数

式（5-56）中的系数	内阻 R_ω/Ω	电动势 E/V	系数 b	系数 l
A	0.71806	-28.091	0.0032193	0.71806
B	-2.6569	157.05	-0.016116	-2.6545
C	3.7472	-296.92	0.036184	3.736
D	-2.5575	2634	-0.040738	-2.5406
E	0.8889	-119.29	0.023539	0.87755
F	-0.14693	30.476	-0.0065159	-0.14352
G	0.023413	38.757	0.00078501	0.022978
H				-1.7916×10^{15}

第 6 章

动力电池作为储能单元的基本设计要求

储能单元可以理解成动力电池。事实上,在大多数情况下都是如此。然而,电容器则是可以考虑的另一种类型的电化学能量储存单元。当然电池是最重要的能量储存单元,其关注的重点在于电池的热特性,荷电状态(SOC)的显示与监控,因为这些都是设计电池管理系统(BMS)的基础。本章讨论动力电池非线性建模的原始算法,主要包括电池温度影响因素。本章所提出的电池 SOC 系数是依据 SOC 最高精度来确定的,SOC 对于整个混合动力系统的控制是非常重要的。电池荷电状态信号是动力系统运行模式下在线控制的基本反馈量,运行模式包括纯电动、发动机驱动或大多数情况下的混合动力驱动等运行模式。混合动力系统使用的电化学电容器常称之为超级电容器,在混合动力电动汽车动力系统中使用超级电容器替代电池的优势并不大。本章讨论电池和电容器并联这种典型结构,其目的在于增加电池寿命和减小工作电流,还将介绍两种储能装置的电压均衡方法。对于超级电容器来说,电压均衡是必不可少的。

6.1 概 述

大多数情况下,混合动力电动汽车只使用电池作为储能单元。在非外接插电式混合动力电动汽车(HEV)的动力系统中,用的是功率型(HP)电池。在插电式混合动力电动汽车(PHEV)中,所使用的电池更接近能量型电池(HE),类似于纯电动汽车用的电池。两者的主要区别在于容量(A·h),而容量与最大的充电电流、放电电流有关。就功率型电池而言,其容量较小,但充放电电流均比能量型电池大。但两种电池在使用时,都需要电池管理系统,设计方法是相同的。设计过程的主要目标是温度对电池能量累积的影响以及 SOC 的显示和监测。在电池建模以及设计电池管理系统时,上述影响也必须加以考虑。

混合动力电动汽车动力系统中似乎还不能用超级电容器完全替代电池。然而,可以考虑电池和电容器并联这种典型结构。在设计储能系统时,要考虑的另一个问题是单体电池电压均衡。锂离子电池的结构特点在于高质量，意味着每个单体电池都具有相同的参数，这样，就可以避免使用昂贵又复杂的电池电压均衡装置。尽管如此，这种系统也将进行讨论。

6.2 电池管理系统设计要求

（1）温度对电池性能的影响分析

对于不同的充放电电流值，电池电动势和内阻的确定对电池电压与SOC（k）关系带来的影响非常大。实际行驶时，电池的放电或充电取决于影响功率分配的动力系统构型。在大多数情况下，在车辆再生制动时电池充电，这种工况持续时间较短，但峰值电流很大。在这样短的时间内，放电或充电电流过高，就会导致电池温升过快。

本研究的主要目的在于找到计算温度对电池SOC影响的理论基础。与其他方法相比，所提出的方法更准确、更复杂，但应用的难度不大。首先，作出如下假设：

被测动力电池在额定条件下充满电，即额定电流、额定温度下的额定容量，（$i_b=1C$，$\tau_b=20℃$，此时容量设定为额定参数）。

被测动力电池电动势 EMF 定义为额定条件下，额定 SOC 变化范围 $k\in[1,0]$。假设 $k=0.15$ 时的 EMF 值为最小。当 $k=0$ 时的 EMF 定义为"最小极限值"，但实际使用中不存在该极限值。同样，对于与定义 k_τ（SOC）的额定温度不同时，建议也用同样的假设。电动势 EMF 的起点值（不是额定温度时）可能高也可能低，如图 6-1 所示，意味着 SOC 的变化区间或变窄或变宽。如图 6-2 所示，镍氢电池在高于额定温度时放电，其放电容量小于额定值，也就是说，某一温度下，动力电池的容量也是变化的，$k_\tau\in[1,0]$。但是，对于充满电的情况，SOC 值 k_τ 指示的容量值并不代表在额定温度下相同的放电容量，而是意味着此温度下的最大放电容量。因此，实际上此温度下 k_τ 只可能是 $k(t)>k_\tau(t)$，或 $k(t)<k_\tau$，此处 $k(t)$ 只与额定状态相关。

由图 6-2 很容易地注意到，在额定条件下，电动势 EMF（就这种类型电池而言）的值比在低于 20℃（额定温度）时的 EMF 小，这说明低于 20℃ 时对应的 EMF 取最大值时的可用动力电池容量大于额定 EMF 值对应的容量。在额定条件下，SOC 可以用 $k\in[0,1]$ 进行定义。若在非额定条件下 EMF 达到最大值，则可用容量（A·h）也会较大。容易地注意到 $Q_\tau=Q_{max}$，并定义 Q_{nom} 如下：

$$\frac{Q_\tau=Q_{max}}{Q_{nom}}>1$$

第 6 章
动力电池作为储能单元的基本设计要求

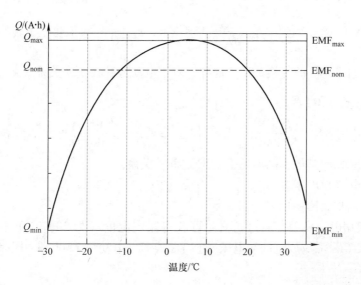

图 6-1　镍氢电池放电容量和电动势起点与温度的关系

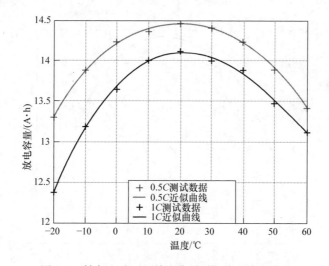

图 6-2　镍氢电池可用放电容量随温度的变化曲线

若 $Q_\tau < Q_{nom} \rightarrow \dfrac{Q_\tau}{Q_{nom}} < 1$，相应地，$EMF_\tau < EMF_{nom} \rightarrow \dfrac{EMF_\tau}{EMF_{max}} < 1$

对应于

$$\frac{EMF_\tau = EMF_{max}}{EMF_{nom}} > 1$$

另外，对 Q_{nom} 有 $k \in [0,1]$，而温度为 τ 时，考虑到存在 $Q_\tau > Q_{nom}$ 的关系，则 SOC 取值区间 $[1,0]$ 对应容量区间 $[0, Q_{max}]$。把额定温度条件下 SOC 取

137

值 k 转换为 k_τ 需要用到关系式 $\dfrac{Q_\tau}{Q_{\text{nom}}}$。理论上，$k_{\text{nom}}\dfrac{Q_\tau}{Q_{\text{nom}}}$ 乘积建立了转换不同温度与额定温度间 SOC 的变换关系。同样，对于电动势存在变换关系式 $k_{\text{nom}}\dfrac{\text{EMF}_\tau}{\text{EMF}_{\text{nom}}}$，其中，$k_{\text{nom}} \in [1,0]$。

使用变换系数 $k_{\text{nom}}\dfrac{\text{EMF}_\tau}{\text{EMF}_{\text{nom}}}$ 或 $ks_\tau \left(k_{\text{nom}}=k, s_\tau=\dfrac{\text{EMF}_\tau}{\text{EMF}_{\text{nom}}}\right)$ 可建立起在额定温度下的电池 SOC 和其他不同温度下 SOC 之间的关系。

（2）电池 SOC 算法

计算算法如下：

1）根据电池模型，通过仿真，可获得额定温度（如 20℃）下不同的电流 $i_b \in [0.5C, 6C]$ 恒流放电的端电压 $u_b(k)$ 曲线簇。电动势 EMF 和内阻是电池 SOC 的函数。

2）根据图 6-3，对于 $\tau \in [-30℃, +35℃]$ 范围内，定义 $s_\tau = \dfrac{\text{EMF}_\tau}{\text{EMF}_{\text{nom}}}$。

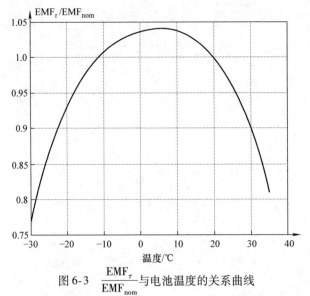

图 6-3 $\dfrac{\text{EMF}_\tau}{\text{EMF}_{\text{nom}}}$ 与电池温度的关系曲线

3）根据图 6-4，对于 SOC 值 $k=0.9, \cdots, 0.2$，可得到：

$$k=0.9 \Rightarrow \begin{bmatrix} u_{11} & i_{11} & E_1 \\ u_{12} & i_{12} & E_1 \\ \cdots & & \\ u_{1n} & i_{1n} & E_1 \end{bmatrix} \cdots k=0.2 \Rightarrow \begin{bmatrix} u_{81} & i_{81} & E_8 \\ u_{82} & i_{82} & E_8 \\ \cdots & & \\ u_{8n} & i_{8n} & E_8 \end{bmatrix}$$

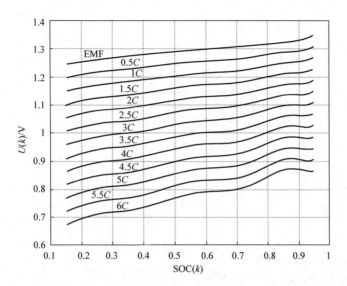

图6-4 额定温度下，不同电流恒流放电时单体电池EMF和计算的放电电压曲线

4) 考虑到混合动力车辆使用的动力电池SOC变化范围的实际限制，在额定温度下 k 的取值限制为 $[0.9, 0.2]$。

考虑到实际温度的变化，动力电池SOC与额定温度下的SOC转换关系定义为

$$s_\tau k = k_\tau$$

例如，在温度为 $+5$℃ 时，$\dfrac{\text{EMF}_\tau}{\text{EMF}_{\text{nom}}} = 1.06$，所以 $k_{+5℃} = 1.06k$，表示此时在此温度下，可用容量是额定容量的 1.06 倍。在温度为 $+30$℃ 时，$\dfrac{\text{EMF}_\tau}{\text{EMF}_{\text{nom}}} = 0.89$，所以 $k_{+30℃} = 0.89k$，表示此时在此温度下，可用容量是额定容量的 0.89 倍。

动力电池的充电过程也可采用类似的方法和步骤处理（见图6-5）。

上述算法可用于确定电池管理系统的SOC，特别是用于混合动力电动汽车和纯电动汽车驱动系统。根据上述步骤1) ~ 4)，SOC识别算法描述如图6-6所示。

在混合动力电动汽车中，电池SOC变化很快（因为使用了功率型电池），但不如纯电动汽车使用的能量型电池放电那么深。这意味着电池SOC可能无需频繁刷新。当然，没有必要随时显示电池的SOC。当然，微处理器必须记录电池前一时刻的SOC。

为了控制整个动力系统，前提是必须高精度确定电池的SOC。与"指示－显示"要求相反，电池的反馈信号必须能够在线获得。

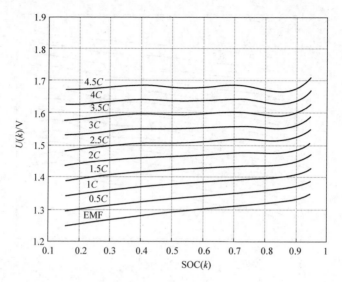

图 6-5 额定温度下，不同电流恒流充电得到的单体电池 EMF 和计算的充电电压曲线

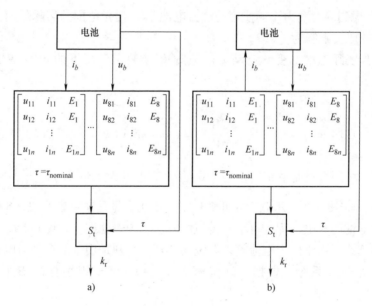

图 6-6 充放电时电池 SOC 算法
a）放电 b）充电

  这里所提出的电池电动势（是 SOC 值 k 的函数）的原始计算方法是构建电池管理系统（BMS）的基础。这个过程很容易用于混合动力电动汽车和纯电动汽车的控制中。以 BMS 的反馈信号为输入，所以高精度的 BMS 对动力系统的控制

(主控制器)非常重要。

下面的方程是决定动态条件下 SOC (k) 精确值的基础：

$$u(t) = E(k) \pm R(k)i(t) \qquad (6-1)$$

$$k = k_{\text{nom}} s_\tau$$

式中，+ 代表放电；- 代表充电；$E(k)$ 和 $R(k)$ 是从实际电池模块的计算式(5-56)得到。

基于式(6-1)，通过"在线"检测动态电池电压和电流变化，来直接获得 SOC 值。通过使用两个"在线"过程，即：查表法（划分多项式函数划分为线性区间）或"二分法"数值迭代计算，求解第 5 章中的式(5-56)有关 SOC 值的高阶多项式。在某些情况下，电池的 SOC 值的精度（也可以用百分比表示）可能低一些（约 5%），这在混合动力系统、纯电动系统中是可接受的，这样，用 $E(k)$ 和 $R(k)$ 的近似值来降低多项式的幂次。实时计算的精度要求采样时间间隔约为 100μs。

另一种方法是"二分法"迭代计算。

图 6-7 ~ 图 6-9 表示了电池电压、电流和 SOC 的变化曲线。由于电池的 SOC 比其电压和电流变化慢得多，使用"移动平均"过程计算和显示 SOC。

根据镍氢电池的误差检验结果，所提出的方法和实际的模型是非常准确的。该建模方法也适用不同类型的电池。该模型用于车辆仿真也很方便，因为电池模型是通过数学方程精确近似的。该模型为设计电池管理系统和计算 SOC 提供了方法。根据实验室测试数据，分析了温度对电池性能的影响，就具备了 SOC 计算的理论基础。电池 SOC 的算法能"在线"考虑到温度的影响，通过微处理器及其正确的编程可以容易地用在实践中。

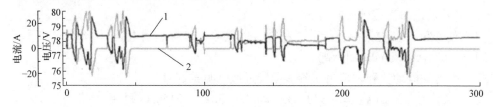

图 6-7 混合驱动中电池负载测试（电池的电流和电压随时间变化曲线）
1—电池电流 2—电池电压

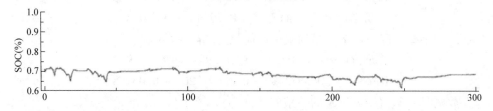

图 6-8 在实际工况时电池的 SOC 值 k 的测试（相应于图 6-7 中所示的电池电流负载）

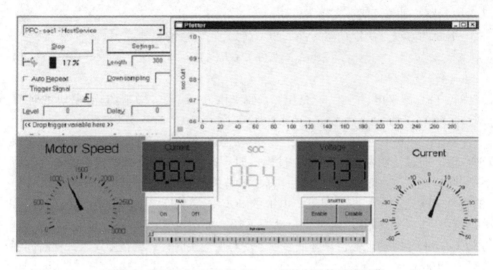

图 6-9 测试电池 SOC 时 d'Space 的控制监控系统屏幕

(3) 镍氢电池的荷电状态监测

实验室试验所用镍氢电池的主要参数如下:

1) 单体数量: 60。
2) 额定容量: 27A·h。
3) 额定电压: DC 72V。
4) 工作电压范围: 60.0~88.8V。
5) 最大放电电流: 135A。
6) 充电时温度范围: -10~35℃。
7) 放电时温度范围: -20~55℃。

整个 SOC 监控系统包括电压和电流传感器、信号通信电路、d'Space 和计算机 (MATLAB/Simulink 模型)。

电池的电动势和内阻由 6 阶多项式近似 (见第 5 章)。

$$E(k) = -370.83x^6 + 1480.32x^5 - 2150.04x^4 + 1476.20x^3 - 511.48x^2 + 92.33x + 68.21$$

$$R(k) = -4.5107x^6 + 13.6086x^5 - 15.7488x^4 + 8.7774x^3 - 2.4155x^2 + 0.2974x + 0.05036 \tag{6-2}$$

然而,在某些情况下,上述多项式可以简化为二阶多项式:

$$E(k) = -8.00736x^2 + 21.5994x + 71.0442$$

$$R(k) = 0.0038334x^2 - 0.00041826x + 0.06138 \tag{6-3}$$

放电时, E、U、I 和 R 的关系如下:

$$E(k) = U - IR(k) \tag{6-4}$$

电压 U 和电流 I 是在线测量的。因此，SOC（k）可以从这个方程求得。

根据实验数据，充放电的电动势（EMF）和内阻是不同的。由于电池内阻的影响相对较小，所以电池 SOC 的范围要恰当调整。假设充放电的内阻近似遵循相同的函数（详见第 5 章的公式；最大误差约为 19%，从技术角度看，这是可以接受的）。在实际条件中，SOC 值 k 在 0.2～0.9。

基于式（6-3）、式（6-4），选择折中曲线来描述电池电动势 EMF，如图 6-10 所示。

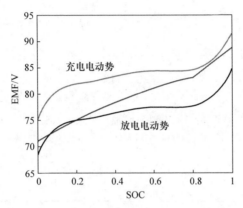

图 6-10　镍氢电池的电动势 EMF – SOC 曲线

为了提高在线计算效率，用二分法求解式（6-3）。该方法可用于求解变量 x 的方程 $f(x)=0$，其中 f 是连续函数。

二分法需要两个初始点 a 和 b，使得 $f(a)$ 和 $f(b)$ 的符号相反。由中值定理可知，连续函数 f 在区间（a, b）区间中至少有一个根，称为根值区间。计算区间的中点 $c=(a+b)/2$，该方法把上述区间一分为二。除非 c 本身是一个根，这种情况可能性极小，但也有可能，否则有两种可能：$f(a)$ 和 $f(c)$ 的符号相反，或者 $f(c)$ 和 $f(b)$ 符号相反，对应的就有一个新的根值区间。选择这个根值区间作为子区间，并用之前相同的二分法步骤处理。这样，每一步可能包含函数 f 零点的区间宽度减小了 50%。继续计算，直到找到一个足够小的根值区间达到我们的要求。

很明显，如果 $f(a)f(c)<0$，则令 $b=c$，如果 $f(b)f(c)<0$，则令 $a=c$。在这两种情况下，新的 $f(a)$ 和 $f(b)$ 具有相反的符号，因此该方法适用于较小的区间。这种方法在实际应用中必须防止中点就是解，但这种情况应该非常罕见。

图 6-11 和图 6-12 所示为在监控测试期间，用 SOC 表示的电池荷电状态以及电池电压和电流的变化情况。三条曲线显示出电池电流、电压和 SOC 之间的关系。通过与理论值对比，结果表明电池 SOC 的处理方法妥当，具有非常高的精度。

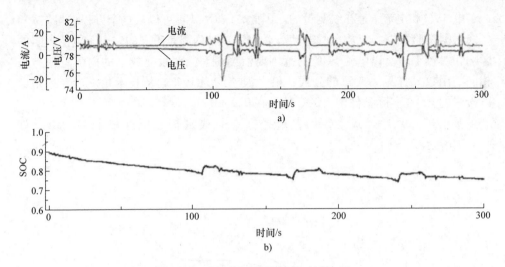

图 6-11 电池 SOC 监测结果（试验 1）
a）电池电流和电压实时变化　b）电池 SOC 实时变化

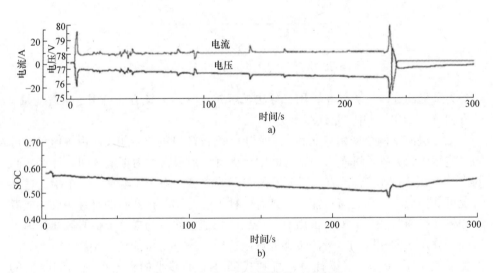

图 6-12 电池 SOC 监测结果（试验 2）
a）电池电流和电压实时变化　b）电池 SOC 实时变化

6.3 混合动力系统中的电池和超级电容器

（1）电化学电容器

混合动力电动汽车上使用的电化学电容器通常称为超级电容器，其作用相当于功率型动力电池。在车辆加速或爬坡期间的峰值功率可来自于超级电容器,再生制动过程中车辆的动能容易储存在超级电容器里。本节将讨论这一过程。

图6-13所示为双电层电容器的结构。可充放电的双电层建立在固体电极(电子导体)和液体电解液(离子导体)之间的接触表面。

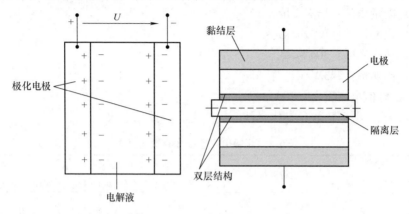

图6-13 双电层电容器的基本结构

电容器的容量定义公式如下:

$$\begin{matrix} C = \dfrac{\varepsilon A}{d} \\ E = \dfrac{1}{2}CU^2 \end{matrix} \quad (6\text{-}5)$$

式中,A是极板表面积;d是极板间距;ε是介电常数。

目前,电极主要是由碳-金属纤维复合材料制成,表面是掺杂导电聚合物薄膜碳布或金属片上涂有混合金属氧化物。电解质采用水相有机液体或固体聚合物。

高性能绝缘材料允许设计的极板间距更小和极板表面积更大,这是其电容大幅度增加的原因。超级电容的特点在于高功率密度和低能量密度。由于结构特点,极板间的距离极小,从而重量大大减轻,但电容器自放电严重是一个很大的问题。鉴于此,超级电容器主要应用在城市工况中才有可能发生的快速充放电循环。此时,储存在电容器中的能量变化范围如下:

$$\begin{cases} \Delta E_{放} = \dfrac{1}{2}C(V_{\max}^2 - V_{\min}^2) \\ \Delta E_{充} = \dfrac{1}{2}C|V_{\min}^2 - V_{\max}^2| \end{cases} \quad (6\text{-}6)$$

目前,典型超级电容器的特征参数如下:

1)额定电压:2.5V。

2）容量密度：20.0F/mL。
3）容量：10kF/L。
4）比 ESR：20.0ΩF。
5）ESR：1.25mΩ。
6）能量密度：14W·h/L。
7）比能量：11W·h/kg。
8）功率密度：304W/L。
9）比功率：243W/kg。
10）峰值电流密度：2000A/L。

表 6-1 列出了几款具有代表性的超级电容器技术参数。

表 6-1 超级电容器技术参数一览表

生产厂家	电极/电解液材料	比能量/(W·h/kg)	能量密度/(W·h/L)	比功率/(W/kg)	电压/V
松下	碳/有机物①	2.2	2.9	400	3
Pinnacle 研究所	混合金属氧化物/水基电解液②	0.8	3	500	28
Maxwell	碳/有机物②	6	9	2500	24
	碳/有机物②	7	9	2000	3
	碳/有机物①	4.5	5	1000	24
LLNL	气凝胶碳/水基电解液①	<2	1.5	2000	5
LANL	聚合物/水基电解液②	<2	—	>500	0.75

① 包装重量。
② 重量指的是单体重量，包括电极、活性材料、隔离层和电解液。

特别值得说明的是，Maxwell 实验室的 24V 超级电容器，采用了由具有导电添加剂的有机溶液制成的双电极，有效面积为 20cm^2。

Maxwell 实验室采用的 8 单体 24V 超级电容器模组设计目的在于获得 5W·h/kg 的比能量和 1kW/kg 的比功率。但实际测试结果低于目标值，为 4.5W·h/kg 和 500W/kg。采用有机电解液的 24V 超级电容器在室温 25℃ 时的阻抗为 0.4~0.6ΩF 比 ESR，且在 +60℃ 范围内变化不大。若温度降至 -20℃ 时，阻抗将上升到约 1.5~2.0ΩF 比 ESR。超级电容器阻抗的变化范围与恒功率充/放电的功率值有关，比 ESR 的具体计算如下：①对组成 24V 超级电容器的一个单体，其 ESR 为 0.7mΩ，容量为 2600F；②对 24V 系统，其能量密度为 5W·h/L。考虑到为 8 个单体电容器的串联结构，其容量为 325F；③在额定状况下的可用能量为 26W·h，也就是说，系统总体积为 5.2L，故容量为 62.5F/L；④在 25℃ 时，比 ESR 为 0.43ΩF。

图 6-14 所示为温度低于 -20℃ 时可用能量的显著变化。

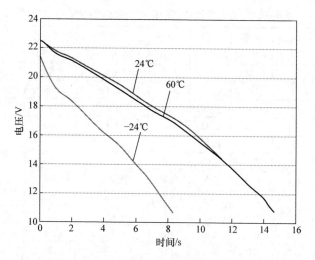

图 6-14　不同温度下超级电容器恒功率放电特性曲线

图 6-15 所示为超级电容器的自放电测试结果。可见，当温度低于 0℃ 时，由于超级电容内阻的增加，自放电过程缓慢。

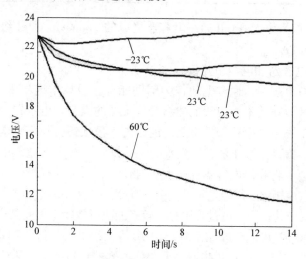

图 6-15　超级电容器自放电特性测试结果

表 6-2 为超级电容器和电池间的性能比较。

超级电容器的优点是重量轻、比功率高。即使这样的功率密度，所储存的能量在很大程度上依然取决于超级电容的电压。混合动力电动客车使用超级电容器作为储存单元时，超级电容器单体串联电压可达 400~600V，但这会导致内阻增大。这一缺点导致混合动力电动客车使用超级电容器出现一个问题，就是难以实现纯电动行驶。

表6-2 超级电容器和高功率动力电池的性能参数比较

超级电容器	电压/V	电量/(A·h)	重量/kg	内阻/mΩ	比能量/(W·h/kg)	95%效率/(W/kg)	比功率峰值/(W/kg)
SKT47F	3	0.038	0.005	5.2	10（未包装）	9.735	>80000
Ness 2600F	3	2.2	0.65	0.25	5.1	1558	13850
松下1200F	3	1.0	0.34	1.0	4.2	744	6618
松下800F	3	0.67	0.32	2.0	3.1	392	3505
Maxwell 2700F	3	2.25	0.70	0.5	4.8	723	6428
Montena 1800F	3	1.5	0.40	1.0	5.6	632	5625
动力电池	电压/V	电量/(A·h)	重量/kg	内阻/mΩ	比能量/(W·h/kg)	95%效率/(W/kg)	比功率峰值/(W/kg)
松下圆形 Ni–MH	7.2	6.5	1.1	18	42	124	655
松下方形 Ni–MH	7.2	6.5	0.92	10	50	218	1152
Ovonic Ni–MH	12	20	5.2	11	46	120	628
Hawker 铅酸	12	13	4.9	15	29	93	490
Optima 铅酸	6	15	3.2	4.4	28	121	635
Bolder Tech 铅酸	2.1	1.05	0.083	5.7	25	442	2330
Shin Kode 锂电池	4	4.4	0.3	3.2	55	792	4166

图6-16所示为由Maxwell超级电容器集成的Thunderpack超级电容系统结构及其系统技术参数。

（2）超级电容器和电池组建模

在混合动力系统中，通常电池作为辅助能源，但技术进步带来了新的机遇。新材料技术和其他新技术，使我们能够开发出新的大容量电容器，称为超级电容器。电容取决于极板的面积和极板之间的距离。极板的孔隙率和电解质的极化可以将电池的电容提高到数千法拉。在混合动力驱动系统中，超级电容器有取代电化学电池的机会。将超级电容器和电池组合使用，可以获得最佳效果。

与电化学电池相比，超级电容器是有一些优点的。超级电容器具有的内阻低和静电储能方式，使其在充放电过程中具有较高的能量效率，因此其充放电引起的迟滞环很窄。功率密度可超过3kW/kg（Bartley, 2005; Burke, 2002; Miller, McCleer, & Everett, 2005），这意味着一个单体电容器可以承受数百安的电流。一种特殊的电解质（乙腈）可使超级电容器对温度变化不敏感，超级电容器可以在很宽的温度范围（-40℃~+70℃）内工作，效率几乎不变（Miller et al, 2005）。

与电池相比，超级电容器参数随温度变化很小。超级电容器也有一些缺点。主要问题是能量密度低、价格高。超级电容器的比能量是电化学电池的1/10左右。如果在混合动力系统上将超级电容和电化学电池组合使用，它们可以互补。这种解决方案减少了电池的负载电流，使其工作寿命更长，但在技术上很复杂，成本也很高。电池/超级电容器组合仅推荐用于非常特殊的场合。

第6章 动力电池作为储能单元的基本设计要求

a)

额定电压	360①
峰值电压	403V②
额定电流	400A
容量	18.05F
额定最大储能量	0.325kW·h /0.407kW·h
漏电流	5mA标称
工作温度	−35～65℃
重量	220lb③
尺寸($W \times L \times H$)	24in×40in×12in④
标准模组	144
可选的消防系统	热激活的卤素电子系统

① 单体电压为2.5V。
② 单体电压为2.8V。
③ 1lb=0.454kg。
④ 1in=0.025m。

b)

型号	BCAP0010
容量	2600F
串联内阻	0.7mΩ
标称电压	2.5V
峰值电压	2.8V
额定/最大电流	400/600A
循环寿命	>5 10^5次

c)

图6-16 Thunderpack超级电容器及其系统技术参数
a)外观 b)模块参数 c)单体数据

同时，钛酸锂超高功率电池可以取代电容器。

混合动力
电驱动系统工程与技术：建模、控制与仿真

1) 超级电容器建模。

现在有多种超级电容器模型，有的非常简单，有的非常复杂（Miller, McCleer, Everett, & Strangas, 2005；Piorkowski, 2004；Schupbach, Balda, Zolot, & Kramer, 2003；Szumanowski, Piorkowski, & Chang, 2007）。最有用的模型就是基于等效电路。根据模型的复杂性，等效电路的元件数量有所不同。考虑超级电容器的非线性特性，还用了一些附加器件。通常，电容和内阻取决于温度、电压、老化情况，以及工作时的频率。可以搭建由多个元件组成的非常复杂模型（见图 6-17），然后确定各元件的所有参数、特性和影响因素，但是这种研究方法不仅成本高而且耗时。

在某些情况下，可以忽略对分析过程影响很小的一些因素。在混合动力驱动系统中进行功率分流和能量流分析时，时间常数是秒级的，除了主电容 C 和内部电阻——称为 ESR（等效串联电阻）之外，几乎所有元件都可以去掉。参数 C 和 ESR 是温度、电压和老化程度的函数。

分别对两个模型进行详细讨论之后，为了模拟 HEV 中使用的储存单元，考虑到超级电容器与电池并联，可以简化超级电容器模型为

$$u = u_C - i_C \text{ESR} - L\frac{\mathrm{d}i_C}{\mathrm{d}t} \tag{6-7}$$

式中，u_C 为超级电容器电压；i_C 为超级电容器电流；L 为电感；ESR 为等效串联电阻。

在上述模型中，C 是温度、电压和老化程度的函数，等效串联电阻（ESR）是温度和老化程度的函数。实验室实例测试结果如图 6-18 和图 6-19 所示。根据测试结果，可以确定 C 和 ESR（是电压和温度的函数）。

对于动力系统仿真而言，图 6-17 中的超级电容器模型足够准确。实验数据的平均误差可小于 2%。

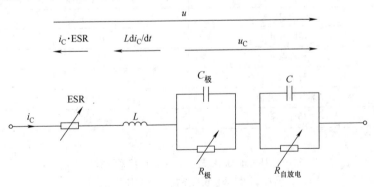

图 6-17 超级电容器的复杂等效电路

第 6 章
动力电池作为储能单元的基本设计要求

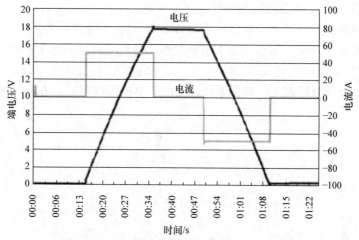

图 6-18　20℃时超级电容器的实验室测试结果

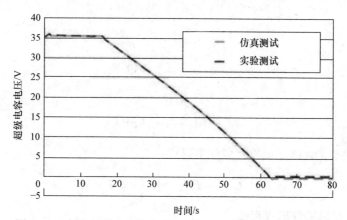

图 6-19　实验室测试和仿真时的超级电容器电压变化曲线对比

2）电池和超级电容器组合建模。

纯电动起动是混合动力汽车的一种典型的运行模式，但此时超级电容器不能单独完成工作。解决方案是（如果我们不想使用巨大的超级电容器）使用超级电容器和电池的组合。如果电池和超级电容器并联（见图 6-20），两个储能装置可以高效协同运行。因此，该储能装置在混合动力驱动系统具有以下特点：

① 大电流、大功率和大能量。

② 高效率。

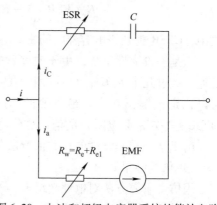

图 6-20　电池和超级电容器系统的等效电路

151

③ 电压变化小和温度敏感性低。

电池建模的方法（确定电池的电动势 EMF 及其内部电阻与电池 SOC 的函数关系）已在第 5 章中介绍过。基于实验室测试得到的电池不同充放电倍率下的特性建立模型。

上述特性是电池超级电容器系统运行的结果，可以用以下方程描述：

$$i = i_a + i_C \tag{6-8}$$

$$\begin{cases} u = E - i_a R_w \\ u = u_C - i_C \text{ESR} \end{cases} \tag{6-9}$$

因此

$$u = E - R_w(i - i_C) = E - R_w i + R_w i_C \tag{6-10}$$

有

$$u - R_w i_C = E - R_w i \tag{6-11}$$

而

$$\begin{cases} i_C = C \dfrac{u_C}{t} \\ u_C = u + i_C \text{ESR} \end{cases} \tag{6-12}$$

因此

$$i_C = C\left(\dfrac{u}{t} + \dfrac{i_C}{t}\text{ESR}\right) \tag{6-13}$$

因此，式 (6-13) 可以写成如下形式：

$$u - R_w C \dfrac{u}{t} + CR_w \text{ESR} \dfrac{i_C}{t} = E - R_w i \tag{6-14}$$

这个等式的微分形式写作

$$R_w C\text{ESR} \dfrac{di_c}{dt} - R_w C \dfrac{du}{dt} + u = E - iR_w \tag{6-15}$$

式中，$C\text{ESR}$ 为超级电容器时间常数。

它是一阶惯性系统，由于时间常数 $R_w C$ 的影响，负载电流会导致电压降的延迟。经过几个 $R_w C$ 时间后，电池的影响会增大，而电池超级电容器系统仍然可以稳定地输出功率。最重要的问题是确定适当的时间常数 $R_w C$ 和 $R_w C\text{ESR}$（ESR 是等效串联电阻）的值，这些值应与功率变化持续时间相关。

由于系统是非线性的，数值方法是求解复杂方程的最简单方法。

3) 仿真结果。

用仿真研究方法对电池超级电容器系统的运行进行分析。有些不重要的参数可以适当忽略，在实验室测试的基础上确定主要参数（表 6-3）。通过 MATLAB/Simulink 进行仿真，其中有所需要的方程、工作特性和参数（Blanchard, Gaignerot, Hemeyer, & Rigobert, 2002)。该系统是乘用车的串联混合动力系统，其中的辅助电源为超级电容器，在 ECE + EUDC 工况下运行，并完成了测试。

仿真结果与单独使用电池和单独电容器作为辅助电源的混合动力系统进行比较，仿真结果如图 6-21 所示。

分析的串联混合动力系统的主要动力源为永磁发电机（串联混合动力系统）和内燃机。在仿真中，主能量源输出为两个功率级别的恒功率，分别用于 ECE 车辆行驶工况（最高车速为 50km/h）和 EUDC 扩展车辆行驶工况（最高车速 120km/h）。

如图 6-21 所示，电池超级电容器系统可以使电压变化最小。在单独使用电池时，电压的压降较大也较快；而单独使用超级电容时，小的能量输出就会引起电容非常快地放电，唯一的解决方案是使用更大的电容器。

表 6-3 仿真使用的车辆及储能单元的主要参数

参　　数	数　　据
汽车整备质量/kg	1400
滚动阻力系数	0.012
空气阻力系数	0.335
迎风面积/m^2	2
车轮动态半径/m	0.304
整个机械传动系统速比 车轮转速/牵引电机转速	3.0
附件恒负载消耗/W	350

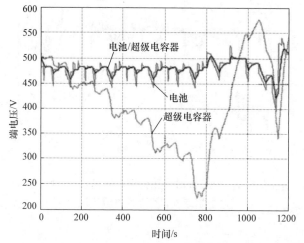

图 6-21　分析的车辆工况行驶时，电池、超级电容器和两者组合的端电压比较

如图 6-22 和图 6-23 所示，电池超级电容器组合能够使电流变化小而且变化有限。基于此，功率流的效率更高（电阻损耗更小）。电池单独工作的情况下，电流略高于电池超级电容器组合的总电流。对于超级电容器，电压变化大也会引起电流变化。为了限制电压和电流变化，必须使用更大的电容器。另一种解决方案是增加一个小电池，并与超级电容器相连形成电池超级电容器组合。

上述建模和仿真表明，电池超级电容器组合的主要优点是通过适当调节两个单元的惯性系数得到的，这意味着两个 RC 时间常数是均衡的。电池超级电容器组合的主要优点如下：

① 减小工作电流。
② 电压降平滑且平稳。
③ 具有高能量密度和高功率密度。
④ 低温时也有良好的性能。

当然，电池超级电容组合也有一些缺点：

① 成本较高。
② 增加了重量和体积。
③ 需增加监控和电压均衡系统。

电池超级电容器组合对整个电流限制的影响曲线如图 6-22 和图 6-23 所示，这是电流的变化历程。在电流变化范围小的情况下，电池超级电容器组合性能比较好，在电流变化范围较大时，电池和电容器解耦系统占主导地位。

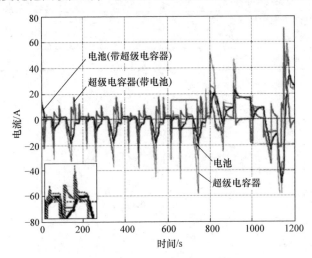

图 6-22　分析的车辆工况行驶时（正值表示充电），电池、超级电容器和电池超级电容组合的电流比较

第 6 章
动力电池作为储能单元的基本设计要求

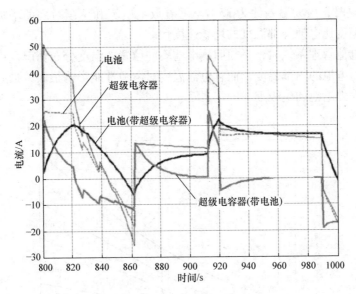

图 6-23 车辆工况行驶时（正值表示充电），电池、超级电容器和电池超级电容组合的电流比较（200s 时间窗的放大图）

6.4 温度对电池和超级电容器电压均衡的影响

温度会影响电池的性能。在外部热状态一定的条件下，温度变化的影响呈现为一个可变的瞬态电池电流。当分析整个电池包中的一个单体电池时，其电流变化不仅取决于外部负载，还取决于电池内阻。当电池串联连接时，每个电池的负载电流是一样的。如果某个电池单体内阻与其他的不同，则相同的电流在该电池上引起不同的端电压和温度，这可能是电池爆炸的深层次原因。这种影响在锂离子电池中尤其危险，超过所有超级电容器。可批量生产的质量一致的电池就不必使用电压均衡装置，均衡装置在实际应用中复杂而且成本高。在本章的最后一部分，对这一问题进行了概述。

对锂离子电池的管理系统，必须监控温度并将它调节到最佳的工作区。为了掌握动力电池在不同的放电电流下温度是如何变化的，以及动力电池的不同位置温差，在实验室需进行这方面的测试。在试验中，同时用三个温度传感器分别测量电池所在的房间环境温度、电极和单体外部一点的温度。测试过程中室温保持在 23 ~ 24℃。图 6-24 和图 6-25 所示为按不同的放电电流和时间，电池的外部和电极温度变化趋势（Van Mierlo, Maggetto, & Van den Bossche, 2003）。

从图 6-24 和图 6-25 可以看出，动力电池外部温度与电极温度存在着温差。

在14A放电时,最大温差约为35℃。随着放电电流和持续时间的增加,动力电池的电极温度比电池外部温度的增长速度快。

设计电池管理系统时,必须明确电池不同位置的温度分布情况。由于电极温度接近动力电池的内部温度,而且电池温度对电池性能影响很大,最好把温度传感器置于动力电池的电极上。

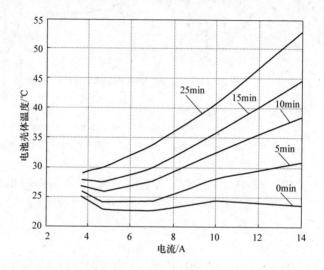

图6-24 不同放电电流和时间下,动力电池外部温度变化(Chang, 2005)

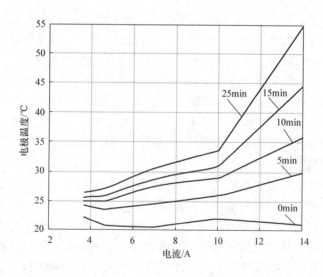

图6-25 不同放电电流和时间下,动力电池电极温度变化(Chang, 2005)

6.5 电压均衡

电池的热管理非常重要，这在本章的前几节中已经得到了证实。如果电池包的一个单体电池或一个模块比另一个放电多，其内阻就会增大。那么，在相同电流的情况下，这些电池端子上的电压降会增大，就像其他串联的电池中那样。这意味着，电池端子的无效功率正在增加并且散失的热量也正在增加。这种影响导致不平衡状态的电池进入临界状态。

现代的电池制造技术已经相当成熟，能够在整个生产过程获得一致性很好的电池。因此，电池的集成可以包括并联和串联的连接方式，这对大容量电池尤为重要。

总之，对于中低容量的电池，如在混合动力系统中应用的功率型电池，建议考虑电池均衡机制。

动力电池之间循环均衡充电的机理在于，一个功率装置从选定的一个单体取出电荷并储存起来，然后再将储存的电荷转移到另一个单体。图 6-26 所示的"电容均衡电路"就是一种典型的均衡充电法。需要强调的是，在超级电容器的电压均衡中，可以使用相同的系统。此时，按照图 6-26 中的方案，超级电容器必须更换电池的单体。

控制电路适时闭合开关，单体 B_1 给电容 C 充电。一旦电容 C 充电完成后，断开开关。然后，开关闭合，接通电容 C 与单体 B_2 并对 B_2 充电。根据电池单体 B_1 和 B_2 之间的电压差，电容就会对 B_2 进行充电。

以同样的方式，电容 C 分别与单体 B_3，B_4，…，B_n，B_1…接通。电量最多的单体给电容 C 充电，最低的单体从电容 C 接收电量。这样，实现了由高电压电池单体向低电压电池单体的电荷转移。这种均衡充电方法，唯一需要的电控装置是一组固定开关频率的开关，适时断开和闭合电路。

动力电池组 SOC 在 40%~80% 的范围内的端电压变化比较平坦。电池向混合动力电动汽车用动力系统供电，其 SOC 处于中间范围，此时，动力电池组单体间的电压差最小，因此就没必要使用均衡充电了。

循环均衡充电技术应用于纯电动汽车动力系统和电量消耗型的混合动力电动汽车动力系统十分有必要。因为这些车辆上的动力电池组可以完全充满电，充满电的电池单体在与未充满电的电池单体（接近放电结束时的电压）之间有较大的电压差。

循环均衡充电方法使用大阻值的电阻与选定的电池单体并联，以从最高电池单体中移除电荷，直至与电压最低的电池单体电量匹配为止（见图 6-27）。这个电路是最简单、最实惠的单体均衡方法。如果电阻值匹配合理,则电流就会较小,电阻尺寸和开关器件的参数也会很小。按要求控制电阻的开关闭合,可以连续进行电压均衡。

通过采用自适应和自学习的控制算法,可以降低电压均衡过程中的能量消耗,提高系统效率。该电压均衡方法适用于电量维持型混合动力驱动系统。电量维持型混合动力驱动系统的典型应用工况为:再生制动、动力电池组充电和动力电池放电用于电机驱动。这就对动力电池组的充放电提出了更高的要求。动力电池组始终应避免处于充满电的状态,以保证有足够的空间接受充电。这样看来,避免对动力电池组充电的电压均衡方法并不可取。

由于电量维持型混合动力驱动系统的设计特点在于其动力电池组容量远小于电量消耗型混合动力驱动系统或纯电动汽车动力系统,具有小开关电流峰值特点的电压均衡方法显得更有吸引力。但对消耗在电容和开关上的能量,与引起的系统复杂和成本增加相比,还需要进一步的权衡。能量耗散型成本低廉、结构简单、效果明显,但其控制算法的开发还需要进一步完善。

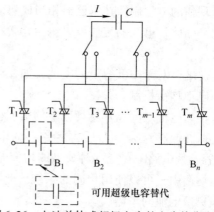

图 6-26 电池单体或超级电容的电容均衡电路

作者实验室开发的电压均衡系统采用电容充电电路(见图 6-26)。

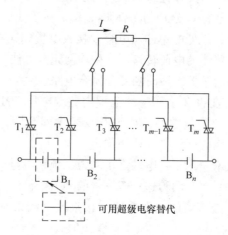

图 6-27 电池单体或超级电容的电量消耗型电压均衡电路

第 7 章

混合动力电动汽车建模与仿真基础

本章介绍车辆、动力系统建模和仿真方面的基础和技术。混合动力一般可分为串联和并联混合动力系统构型。对于这两种传动系统，发动机及其动态建模起着非常重要的作用。建模时应考虑两个方面：一方面是能量分配，另一方面是发动机的控制。这里提出了发动机的动态建模方法，但是采用确定的发动机 MAP 图进行仿真也是可以接受的。在实际的串联混合动力系统中，必须考虑发动机不同的运行控制策略。其中，最重要的是"恒转矩"与"恒转速"控制方法。另一个重要问题就是与发动机同轴的永磁发电机的建模，因为发动机—发电机组是一种强非线性结构。对于普通的并联混合动力系统，有两种类型是通过动态建模进行仿真验证。其中，第一种是装有自动变速器的混合动力系统。通常情况下，该变速器可以采用手自一体变速器（AMT）或双离合变速器。第二种是采用分轴混合动力系统，也是最简单的解决方案。最后，介绍了城市公交车应用的分轴混合动力系统（HSSD）。

7.1 概　　述

串联和并联属于常见的混合动力系统构型。本章重点分析这些最典型的驱动形式，重点是发动机在动力系统结构中的作用和对能源经济性的影响。

7.2 主能源发动机的动态建模

发动机建模通常是一项困难的工作。混合动力系统设计的最好办法是使用发动机工作特性图，该特性图可以通过专门的台架试验得到。典型的发动机工作特性图（简化的）如图 7-1 所示。

很明显，在混合动力系统设计中，发动机应工作在最低油耗区。混合动力系

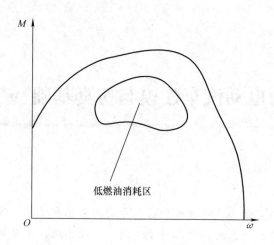

图 7-1 发动机静态特性图（输出轴转矩与角速度的关系）

统设计的合理过程应该包括基于其特性图的发动机仿真，仿真结果可以用发动机在特性图上的工作点分布表示。但是，只用工作点描述是不够完整的，因为这只能表明发动机在特定区域工作点的位置，而工作点出现的频率是未知的。但用发动机的动态建模与仿真，可以反映这些情况。

在车辆行驶过程中，需要确定发动机的瞬时功率、转矩和转速的变化。当然，发动机输出轴功率 N_{ICE} 可由转矩 M_{ICE} 和角速度 ω_{ICE} 计算得到：

$$N_{ICE} = f(M_{ICE}, \omega_{ICE})$$

这个计算过程会用到前几章的数学模型。在分析混合动力系统构型的基础上，需要对这些模型进行合理的设计。另外，根据模块化的编程思想（例如使用 MATLAB/Simulink 程序），还应考虑混合动力系统的控制功能。这意味着可以只通过对整个混合动力系统的仿真，就可以设计发动机工作点的分布特性。

在市区运行期间，发动机的小型化意味着可以减小混合动力系统中发动机的功率。应该对汽油机和柴油机两种类型的发动机都进行分析。汽油机的单位排放量（尤其是 CO_2）高于同级别的柴油机，但汽油机不会排放炭烟。当然，小功率的汽油机可以限制"在线"排放量。另一个区别在于转动惯量的大小。汽油机比同级别柴油机的转动惯量小，输出轴对转矩的动态变化也更敏感。

由于发动机具有强非线性，因此发动机建模非常复杂。模拟由少量机电零部件构成的驱动系统时，用高阶多项式逼近或一组样条函数拟合实际上没有实用价值。

例如，有学者基于发动机实验数据提出的通用动态建模方法。发动机动态模拟的基础是实验数据，已经表示为静态的发动机转矩 - 输出轴角速度特性曲线，如图 7-2 所示。

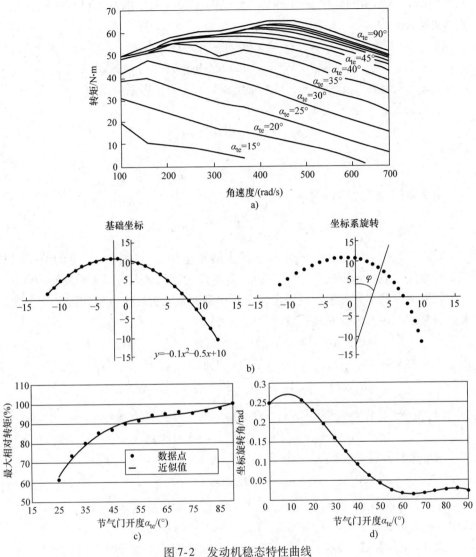

图7-2 发动机稳态特性曲线

a) 发动机转矩特性图 b) 发动机最大转矩曲线
c) 不同节气门开度下的最大相对转矩 d) 不同节气门开度下的坐标旋转角

值得注意的是,不同节气门开度(α_{te})下的转矩曲线是不均匀的,而且变化方式也不同。因此,很难以合适的方法近似这些曲线。经过分析,采用二次多项式来拟合上述曲线是正确的。不能直接使用这个函数,因为发动机热力学工况非常不稳定。然而,由于计算量的原因,增加多项式次数是难以令人满意的。在混合动力系统仿真时,发动机数学建模方法如下所述:

以坐标系 ω_{te}-M_{te}(ω_{te}为发动机转速,M_{te}为发动机转矩)为基准旋转角度

ϕ_{te}。然后，得到新的坐标 $\omega'_{te} - M'_{te}$（分别为坐标变换后的发动机转速和转矩）。坐标变换公式为

$$\begin{cases} x = x'\cos\phi - y'\sin\phi \\ y = x'\sin\phi - y'\cos\phi \end{cases} \tag{7-1}$$

式中，x，y 为基准坐标系；x'，y' 为新坐标系；ϕ 为坐标系变换角。

下面的公式确定了上述变换的结果：

$$\phi_{te} \to f(M_{\max}(\alpha_{te}), \alpha_{te}) \tag{7-2}$$

或

$$\phi_{te} \to f(M_{\max}(\alpha_{te}), \omega) \tag{7-3}$$

由上面的公式可以得到

$$\phi_{te}(\alpha_{te}) = f\left(\frac{M_{\max}(\alpha_{te})}{M_{\max}(\alpha_{temax})}\right), \alpha_{temax} = 90° \tag{7-4}$$

在式（7-4）中，角 ϕ_{te} 表示局部最大转矩值函数（表示在一定的节气门开度下所对应的最大转矩值，见图 7-2），是与发动机的最大转矩值相关的函数。

如果使用基本方程组，则由坐标变换得到的发动机转矩可以通过二次多项式来近似表示。在新坐标系中，发动机转矩表示为

$$M'_{te}(\omega'_{te}) = a(\alpha_{te})\omega'^{2}_{te} + b(\alpha_{te})\omega'_{te} + c(\alpha_{te}) \tag{7-5}$$

式中，系数 $a(\alpha_{te})$，$b(\alpha_{te})$，$c(\alpha_{te})$ 是通过近似方法得到的，由下式表示：

$$\begin{cases} a(\alpha_{te}) = a_m\alpha^m_{te} + a_{m-1}\alpha^{m-1}_{te} + \cdots + a_1\alpha_{te} + a_0 \\ b(\alpha_{te}) = b_n\alpha^n_{te} + b_{n-1}\alpha^{n-1}_{te} + \cdots + b_1\alpha_{te} + b_0 \\ c(\alpha_{te}) = c_k\alpha^k_{te} + c_{k-1}\alpha^{k-1}_{te} + \cdots + c_1\alpha_{te} + c_0 \end{cases} \tag{7-6}$$

基准坐标旋转 ϕ_{te} 之后，变换后的方程如下：

$$\begin{aligned} \omega'_{te}(\phi_{te}) &= \omega_{te}\cos\phi_{te} - M_{te}\sin\phi_{te} \\ \phi(\alpha_{te}) &= a_\alpha\alpha^m_{te} + b_\alpha\alpha^{m-1}_{te} + c_\alpha\alpha^{m-2}_{te} + \cdots + d_\alpha\alpha_{te} + e_\alpha \end{aligned} \tag{7-7}$$

式中，a_α，b_α，c_α，d_α，e_α 是确定 $M_{temax}(\alpha_{te})$ 的系数。

式（7-6）和式（7-7）中的所有系数由发动机具体型号确定。

经过 $\omega_{te} - M_{te}$ 到 $\omega'_{te} - M'_{te}$ 的坐标变换后，需要通过以下方法计算得到发动机实际转矩曲线簇：

代数形式的转矩公式如下：

$$M_{te} = -\omega'_{te}\sin\phi_{te} + M'_{te}\cos\phi_{te} \tag{7-8}$$

式中，ω'_{te} 为新坐标系中的发动机转速；M'_{te} 为新坐标系中的发动机转矩；ϕ_{te} 为由发动机的最大转矩从 M_{temax} 和发动机节气门开度 α_{te} 两者之间关系所确定，在燃油喷射发动机上，α_{te} 对应于燃油喷射角。

发动机数学模型可以用下式描述：

$$\begin{cases} M_{te} = -c_\omega \omega'_{te} \sin\phi_{te} + M'_{te} \cos\phi_{te} \\ J\dfrac{\mathrm{d}\omega_{te}}{\mathrm{d}t} = M_{te} - M(t) \end{cases} \tag{7-9}$$

式中，$M(t)$为换算到发动机曲轴上的负载转矩；$c_\omega = 1(\mathrm{N \cdot ms})$，通过计算得到的比例常数。

近似的转矩特性曲线如图 7-2 所示，通过上述方法得到的发动机数学模型转矩特性曲线如图 7-3 所示。数学模型结果与实验数据的最大误差小于 15%。

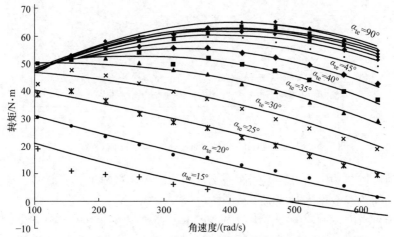

图 7-3　发动机近似的转矩特性—输出轴转矩与其角速度关系曲线

上述方法特别适于复杂的动力系统，有利于提高混合动力系统仿真计算的速度。

建模后，通过实验室台架试验和计算机模拟，可以获得真实发动机的 MAP 图。该 MAP 图也可用于混合动力系统的仿真研究。

图 7-4、图 7-5 是两种不同排量的柴油机 MAP 图。

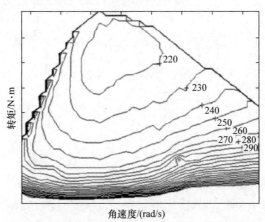

图 7-4　1.18L 柴油机 MAP 图 [油耗曲线单位为 g/(kW·h)]

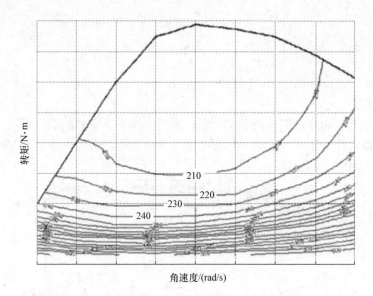

图 7-5　8L 柴油机 MAP 图［油耗曲线单位为 g/(kW·h)］

发动机控制基于输出转矩，而输出转矩取决于燃料喷射量。此时，通常用发动机曲轴的角速度作为对外部负载的响应。

发动机速度控制器的设计中应考虑以下发动机模型，如图 7-6 所示。

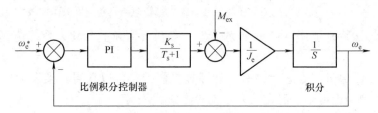

图 7-6　装有角速度调节器的发动机控制简图

$$\begin{cases} \dfrac{\mathrm{d}X_\mathrm{e}}{\mathrm{d}t} = K_\mathrm{ie}\omega_\mathrm{e} + K_\mathrm{ie}\omega_\mathrm{e}^* \\ J_\mathrm{ein} = X_\mathrm{e} - K_\mathrm{pe}\omega_\mathrm{e} + K_\mathrm{pe}\omega_\mathrm{e}^* \\ \dfrac{\mathrm{d}M_\mathrm{e}}{\mathrm{d}t} = \dfrac{K_\mathrm{e}}{T_\mathrm{e}}J_\mathrm{e} - \dfrac{1}{T_\mathrm{e}}M_\mathrm{e} \\ \dfrac{\mathrm{d}\omega_\mathrm{e}}{\mathrm{d}t} = \dfrac{1}{J_\mathrm{e}}(M_\mathrm{e} + M_\mathrm{ex}) \end{cases} \quad (7\text{-}10)$$

式中，X_e 为积分模块输出信号；J_ein 为燃油喷射单元控制信号；K_ie 为角速度调节器积分增益；K_pe 为角速度调节器比例增益；ω_e 为发动机输出角速度；ω_e^* 为发

动机输入角速度；M_e 为发动机输出转矩；M_{ex} 为发动机的外部负载转矩；J_e 为发动机等效惯性矩；K_e 为惯性模块增益；T_e 为发动机的等效时间常数。

7.3 串联式混合动力系统

第 2 章介绍过串联式混合动力系统的整车功率分配过程。理论上，发动机功率输出可以是恒定的、连续的或不连续的。在实际应用中，必须考虑发动机运行的不同控制方案，"恒转矩"和"恒转速"是两种最重要的发动机控制策略。

图 7-7 所示为发动机 – 发电机组和动力电池组两者结合点的瞬时功率流，发动机 – 发电机组瞬时发电电压的控制是串联式混合动力系统控制的关键，这个电压应随时与动力电池组电压保持一致。

图中：

i_g，u_g 为发电机的电流和电压；

i_b，u_b 为动力电池的电流和电压；

i_M，为驱动电机的输入电流；n_V 为与驱动轮功率成比例的电机输出功率。

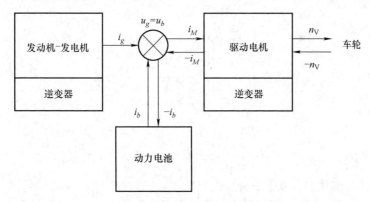

图 7-7　在串联混合动力系统中，连接点处的瞬时功率 – 能量

在任一时刻，混合动力系统结合点的功率平衡关系描述如下：
车辆加速时：

$$i_g - i_b = i_M \quad \text{当 } n_g > n_V \text{ 时}$$
$$i_g + i_b = i_M \quad \text{当 } n_g < n_V \text{ 时}$$

其中，n_V，n_g 分别为车辆和发电机的瞬时功率。
车辆再生制动时：

$$i_g - i_b = -i_M \rightarrow 对于 -n_V$$

车辆制动停车，如果

$$i_g - i_b = 0, \text{如果} i_M = 0 \rightarrow n_V = 0$$

发电机的瞬时发电功率：

$$n_g = i_g u_g$$

发电机的功率可以用如下公式表示：

$$n_g = i_g u_g = (e_g - i_g R_g) i_g$$
$$e_g = f(\psi, \omega_g) \approx c\psi\omega \quad (7\text{-}11)$$

最后

$$n_g = c\psi\omega_g i_g - i_g^2 R_g \rightarrow \omega_g = \frac{n_g + i_g^2 R_g}{c i_g \psi} \quad (7\text{-}12)$$

式中，e_g 为发电机的瞬时电动势；c 为比例因子；ψ 为磁通量；ω_g 为发电机转速；R_g 为发电机的内阻。

发电机的转速 ω_g 和发动机转速相等（通过轴直接连接）。发电机的瞬时电磁转矩（$m_g = c_1 i_g \psi$）与发动机输出转矩（m_{ICE}）成正比，并且有 $m_g = m_{ICE} \eta$（$\eta < 1$）。因此，发动机的瞬时转矩、功率和转速可以表示如下：

$$m_{ICE} = f(i_g) = c_2 i_g \psi$$

$$\omega_{ICE} = \omega_g = \frac{n_g + i_g^2 R_g}{c i_g \psi}$$

$$m_{ICE} \omega_{ICE} = n_{ICE}$$

如果

$$\psi = \text{常数}$$
$$c_2 \psi = c_3, c\psi = c_4$$

且

$$n_{ICE} = c_3 i_g \left(\frac{n_g + i_g^2 R_g}{c_4 i_g} \right) \rightarrow n_{ICE} = \frac{c_3}{c_4}(n_g + i_g^2 R_g) \quad (7\text{-}13)$$

发动机工作状态有以下三种可能：

1）当 n_{ICE} = 常数，控制系统应随时保证的条件是：$n_g = i_g^2 R_g$。

2）当 $\omega_g = \omega_{ICE}$ = 常数，控制系统应随时保证的条件是：$\frac{n_g}{c_4 i_g} + \frac{i_g^2 R_g}{c_4 i_g}$ = 常数。

3）当 m_{ICE} = 常数，控制系统应随时保证的条件是：$c_3 i_g$ = 常数 $\rightarrow i_g$ = 常数。

当采用永磁发电机时，ψ = 常数的假设是可以实现的。永磁发电机的效率最高，因此大力推荐采用这种发电机。同样，通过分析也能够得出所用感应电机的瞬时值。

如果采用永磁发电机，同时满足 ω_g = 常数，那么在任何条件下都能使 e_g = 常数，如果使用其他发动机 - 永磁发电机的控制策略，那么 e_g 为变量。

对于上述三种控制策略，发动机工作点如图 7-8 所示。

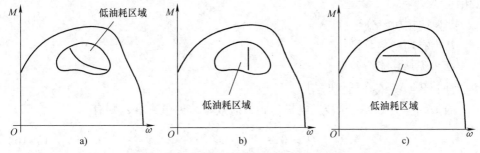

图 7-8 不同控制策略时发动机的工作点
a) 恒功率 b) 恒转速 c) 恒转矩

目前,上述的理论分析还不能在实际中严格实现。首先,发动机-发电机组具有非线性;其次,这个问题还与控制精度有关。这意味着在实时控制中,发动机工作点不是严格确定的,这种影响将在所附的仿真结果中表现出来。

图 7-9 为嵌入式磁体结构(见第 4 章)的永磁同步发电机的矢量图。

对应定子绕组(d 轴),永磁同步发电机电动势矢量可以描述如下:

$$e_{gq} = u_g + jx_g i_q \tag{7-14}$$

对式(7-14)进行变换,可以得到如图 7-10 所示的功率三角关系。

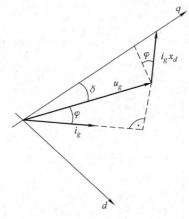
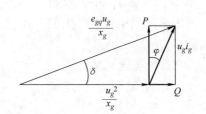

图 7-9 永磁同步发电机矢量图
(δ 为负载角,φ 为功率因数角)

图 7-10 永磁同步发电机端子的功率三角形

进而推导得出:

$$\begin{aligned} S &= u_g i_g \\ P &= u_g i_g \cos\phi = \frac{e_{gq} u_g}{x_g}\sin\delta \\ Q &= u_g i_g \sin\phi = \frac{e_{gq} u_g}{x_g}\cos\delta - \frac{u_g^2}{x_g} \end{aligned} \tag{7-15}$$

式中，
S 为视在功率分量；
P 为有功功率分量；
Q 为无功功率分量。

注：$P = N_g$ 或在任何时刻 n_g。

若 $\cos\phi = 1$（永磁同步发电机达到最大效率，见第4章）则有

$$Q = 0 \Rightarrow \frac{e_{gq} u_g}{x_g}\cos\delta = \frac{u_g^2}{x_g} \quad (7\text{-}16)$$

并且

$$e_{gq}\cos\delta = u_g$$

这是永磁同步发电机在条件 $\cos\phi = 1$ 下的基本控制方程。同时，根据矢量图可以得到下面的方程式（见图7-9）：

$$x_g i_g \cos\phi = e_{gq}\sin\delta$$

对于 $\cos\phi = 1$，可以得到下式：

$$x_g i_g = e_{gq}\sin\delta$$
$$e_{gq} = p\omega_g \psi$$

式中，ψ 为永磁体的恒磁通量；p 为磁极对数。

如果 $x_g = p\omega_g L_g$，则

$$i_g = \frac{\psi}{L_g}\sin\delta \quad (7\text{-}17)$$

图 7-11 所示为 $\cos\phi = 1$ 时，永磁同步发电机的矢量图，图中 ψ_s 是由定子产生的磁通量。

注意：由于永磁体固定在转子上，因此磁通量 ψ 是旋转的。

基于永磁同步发电机模型和 $\cos\phi = 1$ 的假设，可得下式：

$$\begin{cases} i_d = i_g\sin\delta \\ i_q = i_g\cos\delta \end{cases} \quad (7\text{-}18)$$

$$M_g = \frac{3}{2}p i_q \psi \quad (7\text{-}19)$$

经过变换后，可以得到下

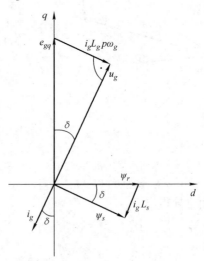

图7-11 永磁同步发电机矢量图（当 $\cos\phi = 1$ 时，恒磁通和电压在 d、q 轴投影）

列方程：

$$\begin{cases} u_d = e_{gq}\cos\delta\sin\delta = p\psi\omega_g\cos\delta\sin\delta \\ u_q = e_{gq}\cos^2\delta = p\psi\omega_g\cos^2\delta \end{cases} \quad (7\text{-}20)$$

$$\begin{cases} i_d = \dfrac{\psi}{L_g}\sin^2\delta \\ i_q = \dfrac{\psi}{L_g}\sin\delta\cos\delta \end{cases} \quad (7\text{-}21)$$

$$M_g = \dfrac{3}{2}\dfrac{p\psi}{L_g}\sin\delta\cos\delta \quad (7\text{-}22)$$

式（7-20）~式（7-22）是永磁同步发电机满足 $\cos\phi = 1$ 条件的稳态控制基础。

对于 $\cos\phi = 1$，永磁同步发电机的电压如下：

$$u_g = p\omega_g\psi\cos\delta \quad (7\text{-}23)$$

对于串联混合动力驱动系统的功率流，在任何时刻，u_g 应该等于电池的电压 u_b。所以，$\cos\delta$ 的变化为获得稳定的 ω_g 提供了可能。这种控制必须用于"恒功率"或"恒转速"发动机工况。

当采用"恒转矩"控制时，ω_g 为变量，p 和 ψ 是常量；则 $\omega_g\cos\delta$ 的乘积决定 u_g 和 u_b 的变化。

对于 $\cos\phi = 1$，发电机的转矩 $M_g = \dfrac{3}{2}\dfrac{p\psi}{L_g}\sin\delta\cos\delta$，如图 7-12 所示。

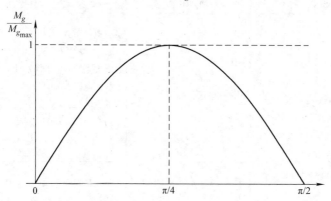

图 7-12　永磁发电机负载角、功率因数角与输出转矩的关系（以标幺值表示）

基于上述分析，当采用"恒转矩"控制时，可以更容易获得 $\cos\phi = 1$。一方面，ω_g 必然随着发动机转速控制而改变。另一方面，当发动机采用"恒转速"控制时，更容易实现发动机的控制，此时 ω_g 为常数。

混合动力
电驱动系统工程与技术：建模、控制与仿真

在对实际驱动部件进行仿真测试后得出相应结果。另外，还有必要知道在瞬态下 ω_g 和 δ 的变化情况。永磁同步发电机控制系统（主要以 PWM 方式工作的逆变器）的设计目标是为了得到载荷在最大转矩 $\left(\delta = \dfrac{\pi}{4}\right)$ 附近狭小区域的负载角变化。相应地，也就限制了 ω_g 的变化。

控制精度取决于以下条件：

1）用于限制 ω_g "在线"变化的发动机控制器的控制效果。
2）转矩和转速的正确反馈控制。
3）逆变器运行在 PWM 模式下的脉宽调制效果。

在实际应用中，上述条件都是可能实现的。

下面给出了 15t 城市公交车动力系统的仿真实例。仿真测试的条件是典型的城市循环工况，最高车速为 50km/h。该串联混合动力城市公交车参数见表 7-1。因为仿真目标是油耗最小，经过多次试验后动力电池组的参数有所调整。将电池电量调整为 43.2kW·h（电压 300V 和容量 144A·h）。基于此，设计出了非外接插电式串联混合动力汽车。区分"重度混合"和"轻度混合"之间的界限很难，两者通过发动机和电池提供的功率大小来区分。在边界处，"零混合"的极限情况意味着是纯发动机驱动；"全混合"意味着纯电驱动。"零混合时"电耗为零，全混合时油耗为零。

表 7-1 串联混合动力城市公交车的参数

整车参数	动力电池	驱动电机
整车质量：15000kg 迎风面积：6.92m² 空气阻力系数：0.55 滚动阻力系数：0.01 车轮滚动半径：0.51m	Ni-MH 标称容量：144A·h 标称电压：300V	电机极对数：24 磁通：0.05775Wb 线圈电感：0.000076H 线圈电阻：0.04Ω 最大转矩：275N·m 最高转速：8500r/min
	发动机	发电机
	柴油机 1180mL JTD	电机极对数：24 磁通：0.10311Wb 线圈电感：0.000248H 线圈电阻：0.04Ω

因此，"重度混合"动力电动汽车的油耗比"轻度混合"动力电动汽车要低。在"重度混合"动力电动汽车驱动工况中，其在柴油机 MAP 图上的工况点

将向低转速方向移动，与"轻度混合"动力电动汽车的工况点移动方向相反。

研究结果表明，当动力电池组能量不变时，电压改变比容量改变对油耗的影响要低。

电压增加意味着电池组内阻的增大和工作电流的降低。但是，动力电池的最大电流与$1C$放电电流的关系是最重要的影响因素。

考虑了镍氢电池参数的两种设计方案：500V/80A·h 和 300V/144A·h。对上述参数，500V 与 300V 的电压比约为 1.6，144A·h 和 80A·h 的容量比约为 1.8。容量的增加要大于电压的降低。对比 500V 与 300V 两个电压等级的电池包，电池内阻变化的影响更大。此外，电池内阻与其容量成反比。最后，在 300V/144A·h 电池包的情况下，考虑到电池内阻的非线性特性，尽管充放电电流增大（相同的驱动轮功率需求时），电池的电动势降低要慢些。在驱动工况下，动力电池电动势（EMF_b）要比发电机电动势（EMF_g）高。由于这两个电源电压瞬时值相等，因此动力电池组比发动机 - 发电机组提供更多的功率（由于 $EMF_b/EMF_g>1$）。这是燃料消耗和电能消耗降低的原因。因为在驱动循环开始和结束时电池 SOC（k）值保持相等，油耗减少就显得很重要了。

图 7-13 ~ 图 7-19 显示了重度混合动力系统的发动机在三种不同控制策略的选择特性："恒转速""恒转矩""变转速（沿着一条斜线调整转速）"。

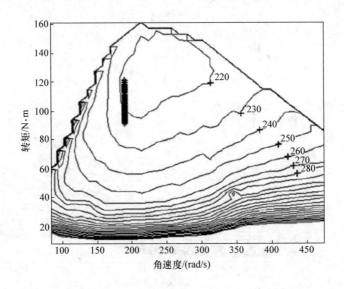

图 7-13 选定的行驶工况下"恒转速"控制下柴油机工况点分布

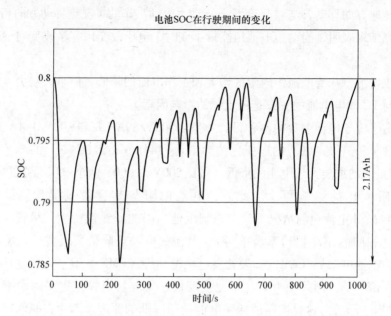

图7-14 选定的行驶工况下发动机"恒转速"控制下动力电池SOC变化

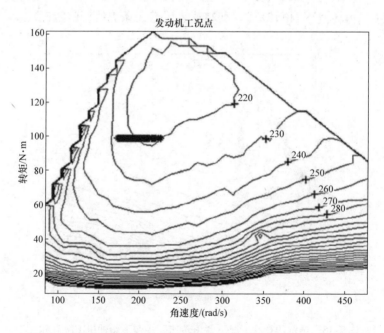

图7-15 选定的行驶工况下"恒转矩"控制下柴油机工况点分布

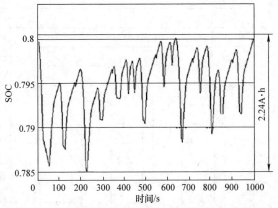

图 7-16　选定的行驶工况下发动机"恒转矩"控制下动力电池 SOC 变化

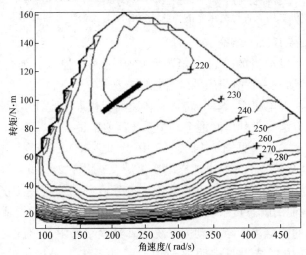

图 7-17　选定的行驶工况下"变转速"控制下柴油机工况点分布

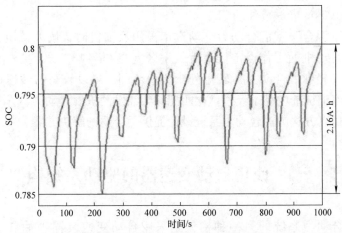

图 7-18　选定的行驶工况下发动机"变转速"控制下动力电池 SOC 变化

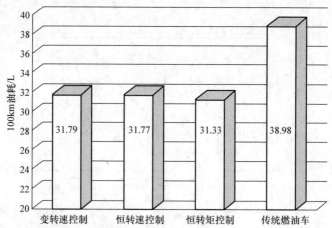

图 7-19 柴油发动机采用三种控制策略的串联式混合动力公交车燃油消耗量与传统汽车的比较

根据仿真结果有以下结论：

1）假设基于发动机的"恒转矩"和"恒转速"控制，结合发电机速度限制，可以获得发动机-发电机组的综合控制方法。

2）发动机-发电机组功率、转矩、转速的变化最小验证了理论分析的结论。

3）该仿真方法是设计串联混合动力系统所必需的。

4）值得注意的是（见图7-14、图7-16、图7-18），对于一辆15t的城市公交车来说，在一个行驶工况内电池充电变化量仅略大于 $2A·h$。这种变化量表示电池 SOC 的最大值和最小值之间的差值，与分析采用的行驶工况（见第2章）有关。当然，电池的瞬态负载功率及其电流要求电池容量大但要适中。

5）在给出的"轻度"混合动力系统仿真试验结果中，测试的柴油发动机显然是不经济的，仿真结果只表明混合动力驱动系统不是最优的（最小燃油消耗）。而"重度"串联混合动力电动汽车的情况要好得多，与传统柴油机公交车相比，平均100km能够节油约7L。

当"重度混合"型混合动力电动汽车采用汽油机时，按大转矩、低转速的原则可以把发动机的工作点定位最大效率区（见图7-13、图7-15和图7-17）。小型柴油机（轻度混合动力）转矩处于类似范围，可以较高的转速运行在最高效区，因此汽油机油耗高于经过优化匹配的柴油发动机混合动力汽车。本章所提出的建模和仿真方法为混合动力系统设计提供了合适的解决方案。

7.4 使用自动变速器的驱动系统构型

并联混合动力系统的另一种构型是采用自动变速装置或手自一体变速器

第7章
混合动力电动汽车建模与仿真基础

(AMT)或双离合变速器。这种混合动力系统的基本方案如图7-20所示。

在自动变速器中,换档是自动完成的,对应的输出转速是由该自动变速器的输出轴角速度值 ω_{nom} 的确定。换档的总过渡时间(TTT)由以下方程表示(Ippolito, & Rovera, 1996):

$$TTT = TRT + TWT + TIT$$

其中,

$$TWT = TDR + TSR + TSS + TER$$

式中,TRT为驱动力下降的时间;TWT为无驱动力的时间;TIT为驱动力增加的时间;TDR为摘档时间;TSR为选档时间;TSS为轴的同步时间;TER为接合新档位的时间。

为了尽可能减少总过渡时间,使用了一个小型液压执行机构,能够通过电子控制系统进行快速精确换档。每次换档时间已缩短到约1s。为了限制发动机的运行,必须调整自动换档的机械速比范围。这个具体是从减小和增大传动比两个方面来做的。尤其是在再生制动期间,增大传动比,能使作为发电机运行的永磁电机高转速运转。

使用以下数据进行计算机仿真分析(见图7-20和表7-2)。通过适当的计算,传动系统效率也包括在内(忽略液压单元的效率影响)。

注意:
1)发动机油耗约为3.7L/100km(根据假设数据)。
2)将转速和转矩都换算到变速器轴上,发动机和电机的转速和转矩在此叠加。

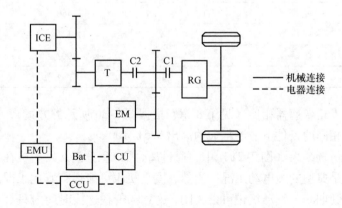

图7-20 使用自动变速器的并联混合动力系统
ICE—发动机 T—变速器 C1,C2—离合器 EM—电机 RG—6档自动变速器
Bat—电池 CU—控制单元 CCU—中央控制器 EMU—发动机管理单元

表7-2 根据图7-20中所示的方案分析所使用的数据

整车参数	
整车总质量	1300kg
驱动轮转动惯量	1.7kg·m²
轮胎动态半径	0.263m
滚动阻力系数	0.0008
迎风面积	1.6m²
空气阻力系数	0.33
发动机排量：900mL	
发动机轴到主轴的传动比：0.583	
永磁同步电机	
永磁电机轴与主轴的传动比：1	
额定功率	18.9kW
额定转速	7500r/min
电压	195V
电池	
电池容量	10kW·h
额定电压	216V
额定电流	50A
主减速器速比	4.923
6档变速器：菲亚特Punto数据	
i_1	3.545
i_2	2.157
i_3	1.480
i_4	1.121
i_5	0.902
i_6	0.744

与行星齿轮变速器相比（见第8章，根据图8-36所示的方案），行驶工况和发动机状态相同的条件下，油耗大约高出0.5L/100km。

在上述仿真结果（图7-21）中，通过离合器C2分离，发动机在再生制动期间关闭，这是典型的纯电动工况。当然，发动机也可能运行其他工况。另外，在车辆稳定行驶期间，发动机也可以关闭，这意味着在这段时间内只有电机驱动车辆（纯电驱动）。另外，在停车或"越野"期间，发动机可以驱动电机发电给电池充电（离合器C1分离）。

上述驱动系统集成了自动变速器，可使发动机能够运行在油耗MAP图的最佳点处。这是通过实时选择合适的变速器速比来实现的，该传动比时运行效率最

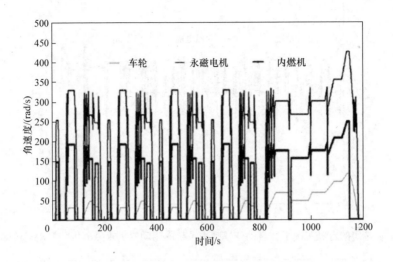

图 7-21 在选定的行驶工况下，自动变速动力系统的驱动轮以及电机和发动机的角速度

高，同时可达到驾驶人期望的加速度。还可以使发动机工作在非怠速工况，尤其是在城区行驶时，这可以减少整体燃油消耗（图 7-22 ~ 图 7-27）。

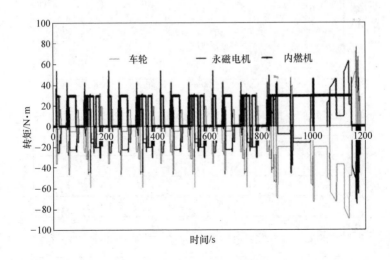

图 7-22 在选定的行驶工况下，自动变速动力系统的驱动轮、永磁电机和发动机的输出转矩

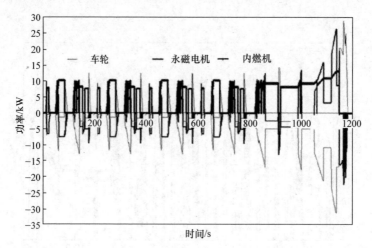

图 7-23　在选定的行驶工况下，自动变速动力系统的驱动轮、永磁电机和发动机的输出功率

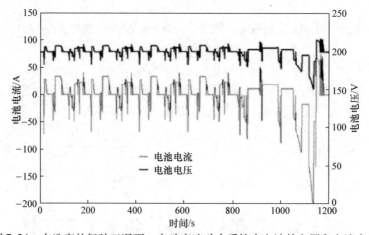

图 7-24　在选定的行驶工况下，自动变速动力系统中电池的电压和电流变化

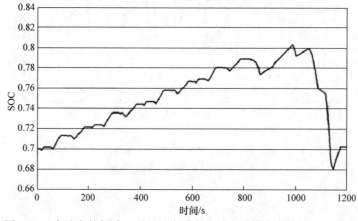

图 7-25　在选定的行驶工况下，自动变速动力系统中电池的 SOC 变化

第 7 章
混合动力电动汽车建模与仿真基础

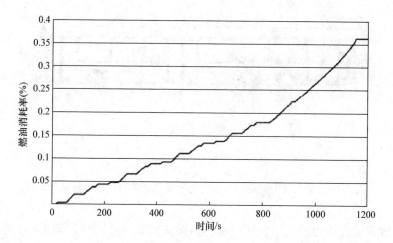

图 7-26 在选定的行驶工况下，自动变速动力系统中汽油机的燃油消耗率

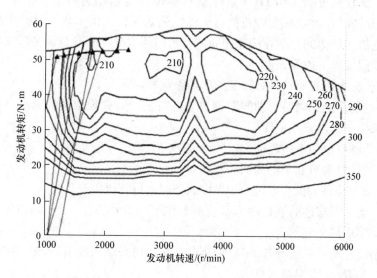

图 7-27 在选定的行驶工况下，自动变速动力系统中汽油机的工况点分布

7.5 分轴式驱动

分轴混合动力系统（HSSD）在城市公交车上的应用如图 7-28 所示。仅对这辆公交车做能量分析，很容易会发现 HSSD 具有并联混合动力系统的典型特征，实际上它的结构是最简单的。

混合动力

电驱动系统工程与技术：建模、控制与仿真

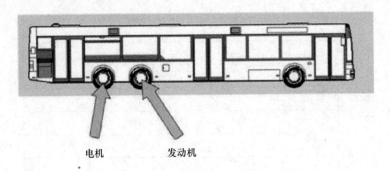

图 7-28 混合动力驱动的城市公交车（分轴混合动力系统，HSSD）

在这种混合动力系统中，第一根轴由柴油机驱动（与纯发动机动力系统完全相同的驱动结构），第二根轴由电机驱动。

为了比较和分析 CHPTD（紧凑型行星传动混合动力装置，见第 8 章）和 HSSD（分轴混合动力系统）两种构型的实施效果，在仿真研究时采用相同的发动机和电机，相似的控制算法和相同的行驶循环工况（华沙行驶循环工况）。

需要假设以下边界条件：

1) 公交车所有驱动轮和路面的摩擦系数相同。
2) 控制系统忽略转弯期间车辆的动态特性，这意味着两根驱动轴间的功率分配仅取决于能量分配条件。
3) 车辆仅使用电机起动。
4) 柴油发动机靠车辆的惯性起动。
5) 当发动机关机、电机处于发电状态时，进行再生制动。

采用前几章描述的混合动力系统的典型能量分析方法。与 CHPTD 类似，采用纯电动实现汽车起动。

分轴混合动力系统（HSSD）城市公交车的仿真结果如图 7-29～图 7-34 所示（Zhong，2007），主要参数见表 7-3。

表 7-3 城市公交车及其动力系统的主要参数

整车质量	15000kg
发动机	柴油机 180kW
电机	永磁电机 49kW
镍氢电池	150A·h，240V
主减速器速比	4.63
变速器速比	1.36/1.84

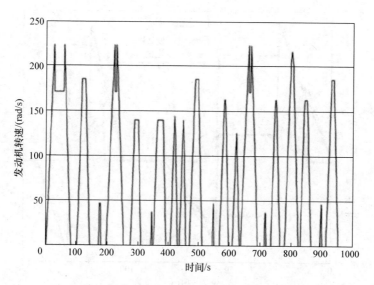

图 7-29　城市循环工况下柴油机的转速变化

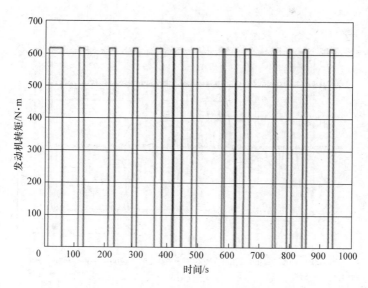

图 7-30　城市循环工况下柴油机的转矩变化

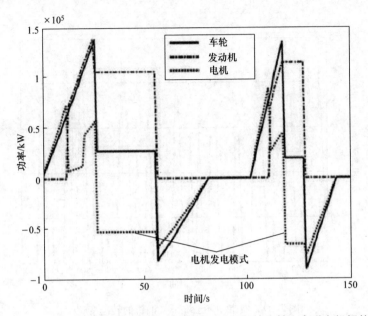

图 7-31 城市循环工况下车辆的驱动轮、柴油机输出轴和永磁电机间的功率需求与功率分配

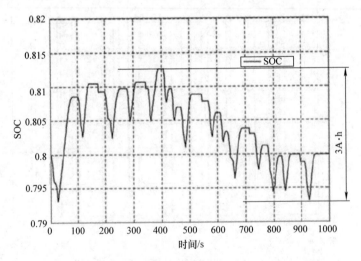

图 7-32 城市循环工况下电池包 SOC 及最大容量的变化

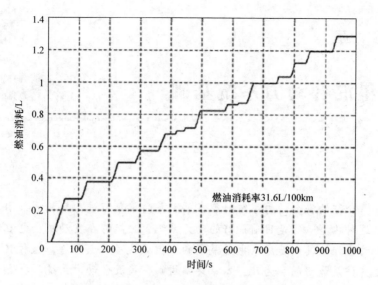

图 7-33　城市循环工况下柴油机的油耗变化

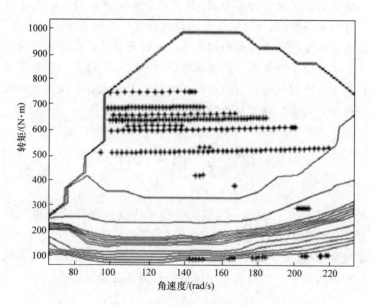

图 7-34　柴油机工况点分布

第 8 章
行星混合动力系统基础

第8章介绍的混合动力系统,曾在第1章简单介绍过,其构型采用二自由度行星排。这种构型可能是目前最好的动力系统,它能够在发动机、电池和电机之间实现动力分配,其制造成本也是最高的。但从技术观点来看,这种混合动力系统的构型应该是最好的。为此,本章详细讲解行星混合动力系统的特点和建模方法。当然,更多关注的是两自由度的行星排机构,但也不止于此。其他需与行星排配合的必要装置,例如自动离合器/制动器和机械减速器,也应予以考虑。本章还讨论了自动离合器/制动器装置、机械减速器等辅助传动元件的作用和建模。电机控制的二自由度行星齿轮机构相关的机电传动装置的设计可以转化为纯电磁解决方案。本章给出了行星混合动力系统的一个例子。这是一个具有旋转定子的复杂结构,属于多个控制器控制的电机。此外,本章也会涉及机电转换装置的输出增矩,以及与二自由度行星机构的连接等。

8.1 概 述

最有吸引力的动力系统之一就是基于行星传动,将发动机和电池(通过电机)的能量用进行耦合或分配。当然,这种行星机构专门设计成两个自由度,并且配有自动离合器/制动器。本章和第9章重点讨论行星混合动力系统,因为在已有的混合动力构型中,如果设计得理想,其经济性是最好的。

8.2 行星排建模

行星排结构如图8-1所示。作为一个示例,太阳轮可以通过辅助传动机构与发动机连接,齿圈连接电机输出轴连接,行星架通过减速机构与驱动轮相连。根据假设,在行星排传动机构中,角速度满足约束方程:

$$\omega_1 + k_p\omega_2 - (1 + k_p)\omega_3 = 0 \tag{8-1}$$

式中，$k_p = Z_2/Z_1$ 为行星排齿数比；Z_1 为太阳轮齿数；Z_2 为齿圈齿数；ω_1、ω_2、ω_3 分别为太阳轮、齿圈、行星架的角速度。

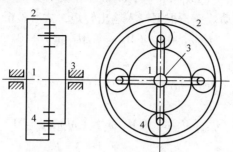

图 8-1　行星机构简图
1—太阳轮　2—齿圈　3—行星架　4—行星齿轮

行星排的运动方程如下：

$$\begin{cases} J_1\dot{\omega}_1 = \eta_1 M_1 - \dfrac{1}{k_p}\eta_2 M_2 \\ J_3\dot{\omega}_3 = M_3 + \dfrac{1 + k_p}{k_p}\eta_3 M_2 \end{cases} \tag{8-2}$$

式中，J_1 为太阳轮及其连接旋转部件换算到太阳轮轴上的转动惯量；J_3 为行星架以及车辆质量、轮胎、减速器和惯性转矩换算到行星架轴上的总惯量；M_1 为作用太阳轮轴上的外部转矩，M_2 为作用在齿圈轴上的外部转矩，M_3 为作用在行星架上的外部转矩（对应简化到行星架轴上的汽车阻力矩）；η_1，η_2，η_3 分别为太阳轮、齿圈、行星架的机械传动效率。

忽略行星排内部效率损失（实际效率约为98%），则式（8-2）简化为

$$\begin{cases} J_1\dot{\omega}_1 = M_1 - \dfrac{1}{k_p}M_2 \\ J_3\dot{\omega}_3 = M_3 + \dfrac{1 + k_p}{k_p}M_2 \end{cases} \tag{8-3}$$

如果把转到惯量产生的惯性转矩当作外部转矩，则有

$$\begin{cases} M_{1T} = M_1 - J_1\dot{\omega}_1 \\ M_{3T} = M_3 - J_3\dot{\omega}_3 \end{cases} \tag{8-4}$$

这样，就有

$$\begin{cases} M_{1T} = \dfrac{1}{k_p}M_2 \\ M_{3T} = -\dfrac{1 + k_p}{k_p}M_2 \end{cases} \tag{8-5}$$

对于行星排各轴，其转矩和功率平衡方程如下：

$$\begin{cases} M_{1T} + M_2 + M_{3T} = 0 \\ M_{1T}\omega_1 + M_2\omega_2 + M_{3T}\omega_3 = 0 \end{cases} \quad (8\text{-}6)$$

如果考虑机械传动效率，根据输入输出转矩，式（8-6）可以近似为

$$M_{1T}\omega_1 + \eta_{PG}(M_2\omega_2 + M_{3T}\omega_3) = 0$$

或

$$\eta_{PG}(M_{1T}\omega_1 + M_{3T}\omega_3) + M_2\omega_2 = 0$$

或

$$\eta_{PG}(M_{1T}\omega_1 + M_{2T}\omega_2) + M_{3T}\omega_3 = 0 \quad (8\text{-}7)$$

式中，$\eta_{PG} = \dfrac{1 - \mu^* k_{p1}}{1 + \mu^* k_{p2}}$，$k_{p1} = \dfrac{k_p + 1}{k_p - 1}$；$k_{p2} = \left| \dfrac{3 - k_p}{k_p(k_p - 1)} \right|$；$\mu^* = \dfrac{8\mu}{nZ \sin^2 2\alpha}$；$\mu$ 为齿轮齿间的摩擦系数；Z 为 $\omega_3 = 0$ 时的齿轮齿数；n 为与相互作用的齿轮数目相关的因数（多数情况下，$\omega_3 = 0$ 时，$n = 2$）；α 为齿轮压力角。

对汽车差速器的建模，也可以使用上述数学模型，但要考虑到与驱动轮相连的半轴具有对称性的特点。

另一种情况，当行星排简化为一个自由度时，也就是说它变成了一个减速器或增速器，式（8-7）则变成如下形式：

例如：$M_3 = 0$，$\omega_3 = 0$

$$J_1 \dot{\omega}_1 = \eta_1 M_1 - \dfrac{1}{k_g} \eta_2 M_2 \quad (8\text{-}8)$$

式中，$k_g = k_p$，为速比。

8.3 双动力源混合动力系统的二自由度行星排设计

但在双动力源混合动力系统中，使用二自由度行星机构作为功率耦合装置显然是最有效的方法，当然它必须具有足够宽的速比范围。此外，传递大功率时，行星机构的尺寸要小且紧凑。

二自由度行星机构的输出轴角速度随输入和输出转矩比而变化。因此，它不是传统的变矩机构，而是一种速比连续可变的变速机构（CVT）。为了实现CVT功能，行星机构必须进行转矩控制。控制行星机构的最佳变矩器就是在四象限工作的电机（在坐标系的四个象限都能控制）。

FEV公司设计的一个动力系统就是采用这样的方案（见第1章的图1-15）。

图1-15所示变速器具有下列特点：

1）三轴布置，结构紧凑。

2）发动机工作时有 7 个速比，速比范围 6.53。

3）电机工作时有 4 个速比，速比范围 2.91。

4）发动机（可能使用的）转矩 200N·m。

5）电机集成到壳体内，连续功率 20kW，峰值功率 38kW，连续转矩 143N·m，峰值转矩 250N·m。

6）自动换档。

7）混合动力、纯电驱动、回馈制动、发动机起动和电机再起动。

这个变速器的第一代原型机装有电液执行机构，用于控制离合器和制动器的接合与分离。开发机电执行机构是一个更加有效和更有前途的方案（见第 10 章）。装配行星排变速器的混合动力系统中，另一个实例是紧凑型行星混合动力驱动装置（Compact Hybrid Planetary Transmission Drive，CHPTD），该装置在作者实验室中实际测试过（见第 1 章的图 1-16），截至 1994 年，已经进行了改进，直到 2008 年获得专利。1994 年的专利在丰田公司的行星机构混合动力系统申请专利之前公开，丰田的专利技术后来用在丰田普锐斯混合动力电动汽车的动力系统中。当然这不意味这两个动力系统在具体结构和功率分配控制方面完全相同。在 2000 年左右，艾里逊（GM）开发了一个具有三个行星排的类似系统。

虽然 CHPTD 系统只使用了一个电机，但用于说明行星混合动力系统的建模和仿真过程已经足够了，因此作为动力系统的示例用在本书的建模和仿真研究中。

从介绍结构的角度，我们不必判断哪个动力系统最佳。只是论述大量实验表明紧凑型行星混合动力装置的优越性，应用在插电式混合动力驱动系统中优点突出，但可惜现在还没有世界级的公司支持并采纳这个方案。图 8-11 所示为紧凑型行星动力装置是基本的选择，因为这是专门设计的一个二自由度行星机构，后面会进一步解释。要确定基本的约束条件，还必须有数学模型，才能由计算机仿真进行驱动设计和机构选择。

8.4 混合动力系统可用的行星机构

只考虑内速比为负值的行星机构，图 8-2 所示为这种类型的两种行星机构。

对于上述方案，基本内速比通过下列比例定义：（A、B 这两个公式应分别对应图 8-2a、b）

A：
$$i_{12} = -\frac{Z_2}{Z_1} = k_p$$

B：$\qquad i_{12} = -\dfrac{Z_3}{Z_1}\dfrac{Z_2}{Z_{31}} = k_p$

式中，Z 为齿数；k_p 为行星架轴 3 制动时的基础速比。

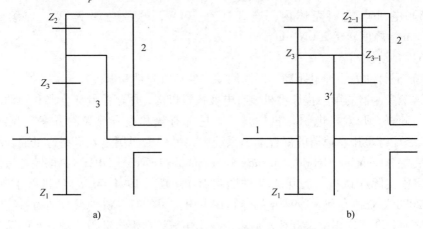

图 8-2　具有负值的内速比行星机构示意图
1—太阳轮　2—齿圈　3—行星架

在混合动力驱动装置中，图 8-2a 是最常用的。实际使用中结构和总成受到的制约较大，电机行星机构总成需要有足够大的速比。对于标准的设计而言，这些速比应在如下范围内：

$$i_{12} = k_p \in (-1.5, -4) \tag{8-9}$$

在太阳轮和行星齿轮齿数相差不大时，标准设计的约束是指可能出现的齿间干涉。因此应该满足下述已知条件：

$$Z_2 - Z_3 \geqslant 10 \rightarrow \alpha = 20° \rightarrow f = 1$$
$$Z_2 - Z_3 \geqslant 12 \rightarrow \alpha = 15° \rightarrow f = 1$$
$$Z_2 - Z_3 \geqslant 7 \rightarrow \alpha = 20° \rightarrow f = 0.8$$
$$Z_2 - Z_3 \geqslant 9 \rightarrow \alpha = 15° \rightarrow f = 0.8$$

式中，α 为压力角；f 为变位系数。

标准的装配条件是：

$$\dfrac{Z_1 + Z_2}{j} = X \tag{8-10}$$

式中，j 为行星齿轮的数量；X 应为整数。

除本章和以下各章外，还将列举示例性计算，以及与齿轮上的转矩及其角速度有关的约束条件。

(1) 单个二自由度行星机构实现功率耦合

这种具体结构的示意图如图 8-3 所示，功率耦合发生以下三种情况：

第8章
行星混合动力系统基础

1）功率传递至轴1和轴3，从轴2输出。

2）功率传递至轴1和轴2，从轴3输出。

3）功率传递至轴2和轴3，从轴1输出。

功率分流发生在以下三种情况：

1）功率从轴2输入，从轴1和轴3输出。

2）功率从轴1输入，从轴3输出。

3）功率从轴3输入，从轴1和轴2输出。

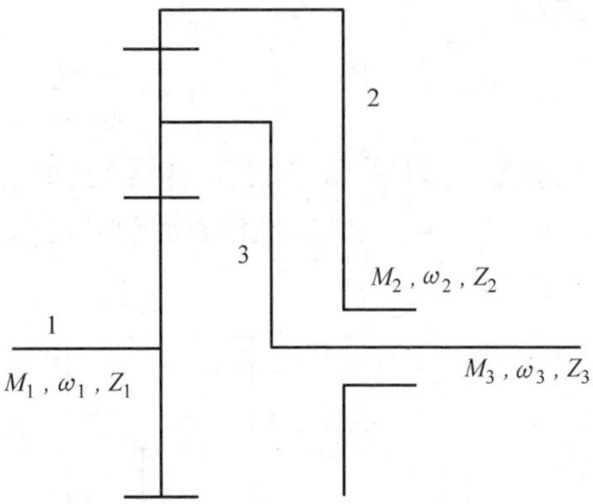

图8-3 混合动力系统中两自由度行星机构示意图

二自由度行星机构的功率流方向，取决于转矩方向和各轴角速度方向和大小。瞬时速比（用角速度的比表示）ω_1/ω_2表示了一个动态速比i_d，通过这个速比可以确定各功率流方向。

在具有发动机和二自由度行星机构的混合动力驱动系统中，实际上这就是本书所考虑的结构（见图8-3），会发生下列功率分流模式：

1）功率耦合：模式2），以下记为A。

2）功率分流：模式2），以下记为B。

在A模式中，发动机输出转速和转矩方向不变，并与太阳轮1相连。在B工况中，发动机功率传输到齿圈2，而齿圈与电机相连，而电机可在四象限运转且且转矩和转速的方向都可变，同时，处于发电机模式的电机接收能量发电给电池充电，行星架轴3把功率传输到汽车驱动轮。显然，当轴3的角速度方向维持不变时，汽车驱动转矩方向与行星架3的轴有关。当汽车制动时，轴3的转矩方向为正（Sign $\omega_3 = +1$），在制动回馈过程中汽车动能转化为电能储存在电池中。

此外，混合动力系统还有两种工况：

工况C：汽车起动时，纯电动模式。约束行星排的一个自由度。在太阳轮上施加制动，此时发动机脱开。因此，需要采用离合器/制动器结构（见图8-12）。还有，在回馈制动情况下工况C也会发生。

工况D：发动机单独驱动工况。在这种工况下，齿圈轴制动。电机控制器，即逆变器控制下电机与电池断开。

（2）混合动力驱动系统中行星齿轮机构实现功率耦合

模式A发生在

$$0 \leq i_d \leq +\infty$$

或者

$$0 \underset{(\omega_2 \to 0)}{\leqslant} \frac{\omega_2}{\omega_1} \underset{(\omega_1 \to 0)}{\leqslant} +\infty$$

在混合动力驱动系统正常运行过程中，总有 $\omega_2 > 0$ 和 $\omega_1 > 0$，也就是 $0 < \omega_2/\omega_1 < +\infty$。行星机构各轮轴 1、2、3 的转矩和速度方向以及功率流如图 8-4 所示。

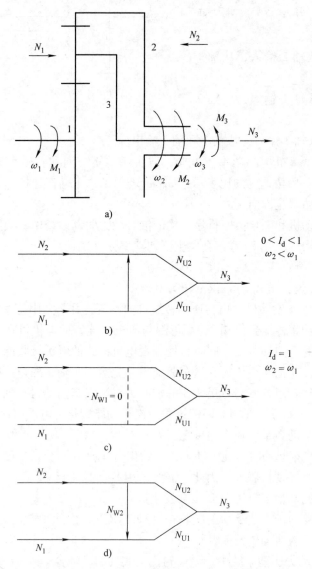

图 8-4 模式 A（$0 < i_d < +\infty$）时的转矩、转速和各自功率流方向
（N_W 为对于轴由相对运动传递的功率；N_U 为通过相应轴由相对运动传递的功率）

(3) 混合动力驱动系统中行星机构实现功率分流

模式 B 发生在 $1/i_{1a} \leq i_d \leq 0$ 或者 $1/k_p \leq i_d \leq 0$ 情况下，转矩和角速度以及能量流方向如图 8-5 所示。

除了上述一般情况外，还有行星机构运行的状态（模式），其中有些特殊模式能够满足混合动力驱动需要。

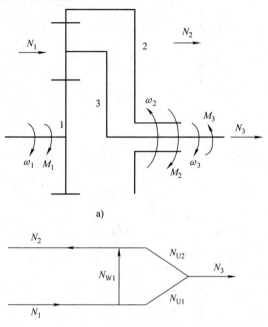

图 8-5 模式 B（$1/k_p \leq i_d \leq 0$）时转矩和角速度以及功率流方向

(4) 混合动力驱动系统中行星机构实现功率耦合（纯电动模式）

将这种模式标记为 A_1，在这种情况下（见图 8-6），连接发动机和太阳轮轴 1 的离合器分离，且轴 1 制动，此时 $\omega_1 = 0$（$i_d = +\infty$）。

(5) 混合动力驱动系统中行星机构实现功率耦合（发动机单独驱动）

将这种模式标记为 A_2。这种情况下（见图 8-7），电机断电，电机轴制动。发动机通过离合器驱动太阳轮 1，此时 $\omega_2 = 0$，$i_d = 0$。

(6) 在混合动力驱动系统中行星排实现功率分流（发动机驱动电机，使之工作在发电机模式为电池充电）

将这种模式标记为 B_1。这种情况会发生汽车车轮制动，行星架轴 3（见图 8-8）锁止的情况下。发动机通过离合器驱动太阳轮输入轴 1，进而通过齿圈输出轴 2 驱动电机作为发电机发电。电机通过逆变器为电池充电。此时，$i_d = 1/k_p$，$\omega_2 = k_p \omega_1$。

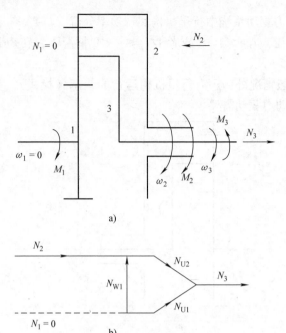

图 8-6 模式 A_1 ($i_d = +\infty$) 时的转矩、角速度和功率流方向

M_1—制动轴 1 上的反作用转矩

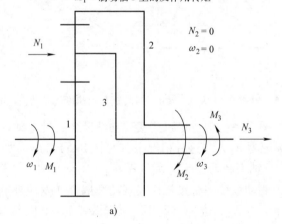

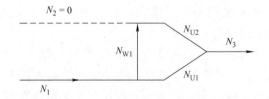

图 8-7 模式 A_2 ($i_d = 0$) 时的转矩、角速度和功率流方向

M_2—制动轴 2 上的反作用转矩

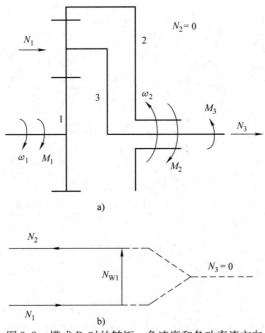

图 8-8 模式 B_1 时的转矩、角速度和各功率流方向

M_3——制动轴 3 上的反作用转矩

（7）混合动力驱动系统中的行星排实现功率分流（内燃机利用车辆的动能起动，通过齿圈轴的短时制动，电机以发电机方式运行）

将这种模式标记为 B_2。这种情况会发生在从纯电动转换至混合动力运行模式。发动机通过齿圈轴 2 的瞬时制动得以起动，电机短暂工作在发电机模式下实现的。

在此之前，离合器（见图 8-9）处于接合状态，发动机同太阳轮轴 1 相连，同时松开轴 1 的制动器；此时 $0 \leq i_d \leq +\infty$。

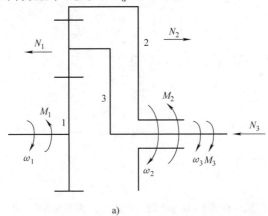

图 8-9 模式 B_2 时的转矩和角速度以及功率流方向

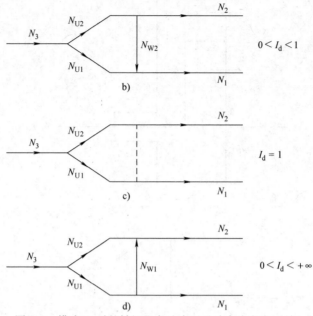

图 8-9 模式 B_2 时的转矩和角速度以及功率流方向（续）

(8) 在混合动力驱动系统中行星排实现功率分流：汽车再生制动

将这种模式标记为 B_3。此时，离合器（见图 8-10）分离，发动机与太阳轮轴 1 的连接断开，且轴 1 锁止。汽车动能通过轴 3 和轴 2 驱动电机以发电机模式运行，并给电池充电（汽车制动时，如图 8-10 所示），此时 $i_d = +\infty$。

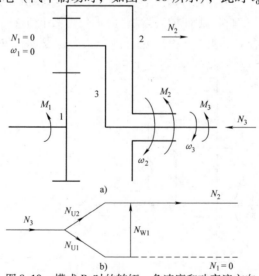

图 8-10 模式 B_3 时的转矩、角速度和功率流方向

M_1—制动轴 3 上的反作用力矩

8.5 紧凑型行星混合动力驱动装置

紧凑型行星混合动力驱动装置（CHPTD）的基本布置如图 8-11 所示，图 8-12 所示为保证 CHPTD 正确操作所需的控制框图。

该驱动装置构型的特征：发动机通过机械减速器和离合器/制动器系统连接到太阳轮（图 8-13 的轮 1）；电机与齿圈（轮 2）相连；发动机和电机的功率（功率的正负取决于工作模式）经行星架（轮 3）耦合，再通过主减速器和差速器传递给驱动轮。

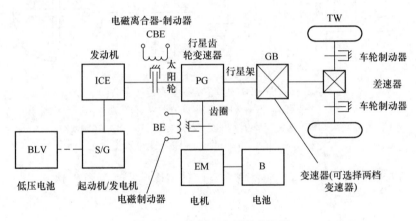

图 8-11 CHPTD 布置的方块图

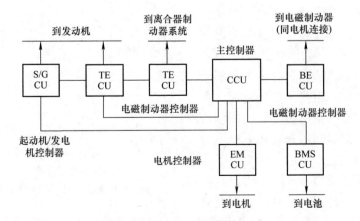

图 8-12 CHPTD 控制系统框图

混合动力
电驱动系统工程与技术：建模、控制与仿真

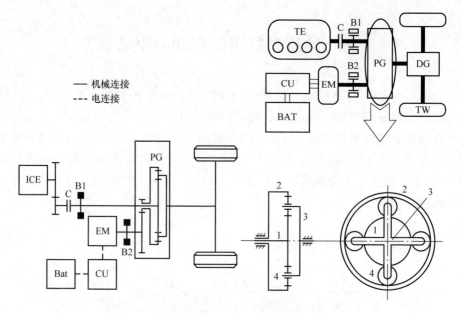

图 8-13 CHPTD 动力系统的基本连接示意图
1—太阳轮 2—齿圈 3—行星架 4—行星轮
ICE—发动机 PG—行星齿轮机构 C—离合器 B1、B2—轴制动器
EM—电机 Bat—电池 CU—控制单元

在汽车起动时，该驱动装置能够实现两种工作模式（见图 8-14）：
1) 混合动力加速。
2) 纯电动加速。

在这两种起动模式下，离合器/制动器系统的作用非常重要。发动机与离合器输入轴相连；离合器输出轴同太阳轮相连，输出轴上装有制动器。当离合器的接合和分离时，制动器也同时动作。当离合器分离时，太阳轮锁止；当离合器接合时，制动器松开。第二个制动器安装在电机与齿圈相连接的轴上。当电机转矩接近零（电机电压接近零）时，齿圈制动。制动器可以把行星排的转动自由度数从 2 降到 1。当行星排有 2 个自由度时，车辆就工作在混合动力模式。当行星排只有 1 个自由度时，车辆就工作在纯发动机驱动模式或者纯电动模式。与丰田普

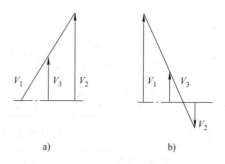

图 8-14 汽车起动时，行星排各轴的
速度变化关系图
a) 纯电动工作模式 b) 混合动力工作模式

第 8 章
行星混合动力系统基础

锐斯混联式混合动力驱动装置相比，CHPTD 提供的驱动方式更加灵活、多样。CHPTD 有两个工作模式（混合动力模式和纯发动机模式）都要求起动发动机。

有些细节将在本章后面描述。通常发动机起动是使用低压起动机/发电机。有必要说明的是，电子信号和电磁执行机构实现离合器/制动器系统的接合和分离、发动机的起动和停机。

对于 CHPTD 的两种工作模式，当发动机停机，相应的离合器分离和太阳轮制动，可以实现再生制动。在再生制动过程中，汽车动能从驱动轮通过行星架和齿圈传递到电机，电机工作在发电模式并为电池充电。这时，行星变速器就是普通的减速器（一个自由度）。

行星排的三根轴上的速度矢量关系如图 8-15 所示。

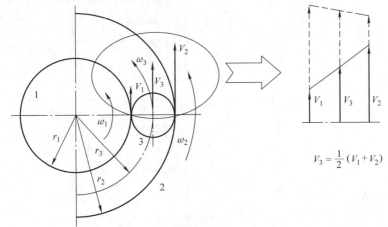

图 8-15 行星齿轮变速器三根轴的速度矢量关系图（Szumanowski, Piorkowski, Hajduga, & Ngueyen, 2000）

输出功率 N_3 可以用式（8-11）计算：

$$N_3 = \frac{M_3}{k+1}\omega_3 + \frac{M_3 k}{k+1}\omega_2 \tag{8-11}$$

$$N_i = M_i \omega_i \tag{8-12}$$

式中，N_i 为第 i 轴的功率；M_i 为第 i 轴的转矩；ω_i 为第 i 轴的转速；k 为行星排的齿数比。

根据式（8-11），通过转速（ω_1 和 ω_2）合理调节就能得到期望的输出功率 N_3。这样可以在汽车行驶过程中选择发动机和永磁电机的工作点，工作点很大程度上影响能量损失及最终油耗。

纯电动、发动机单独驱动和混合动力模式如图 8-16a、b、c 所示，根据动力系统工作条件和能量流要求，使用驱动电机或自带起动机来起动发动机。

如图 8-17 所示，当汽车加速时起动发动机，永磁电机工作在发电机模式，

混合动力

电驱动系统工程与技术：建模、控制与仿真

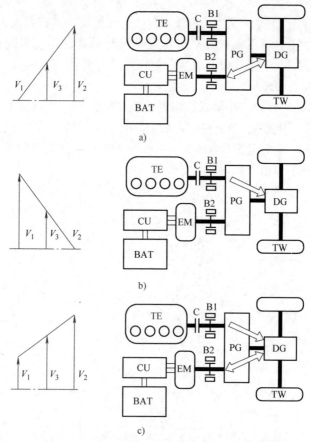

图 8-16 CHPTD 在三种工作模式下的能量流
a) 纯电动模式 – 太阳轮同发动机连接，并且通过电磁控制的离合器/制动器系统进行制动
b) 发动机单独驱动模式 – 齿圈同永磁电机连接，并通过电磁控制的离合器进行制动
c) 混合动力模式 – 行星排的部件都旋转（Szumanowski，2006；Szumanowski 等，2000）

因此在适当时刻需要对行星排的齿圈轴进行制动。此外，随着这个过程进行，永磁电机的角速度方向也变化，与以前电机速度相比，其方向是负的。当然，齿圈轴也改变了其角速度方向。但这种情况并不是动力系统运行的有利特征。为了使行星排变速器动力系统运行平稳，必须避免这种转换带来的冲击。通过适当调整行星齿轮轴速比，来适应永磁电机的转矩 – 速度控制，是可以实现平稳工作的。可以采用以下方法确定上面提到的行星排速度分布情况。在汽车纯电动加速情况下，经过准确调整汽车速度（行星排轴速度）后，再起动发动机。为了避免此时齿圈出现负角速度，必须满足下列条件：

$$\omega_3 = \omega_3^*$$
$$\omega_1 > 0 \text{ 和 } \omega_2 > 0$$

第8章 行星混合动力系统基础

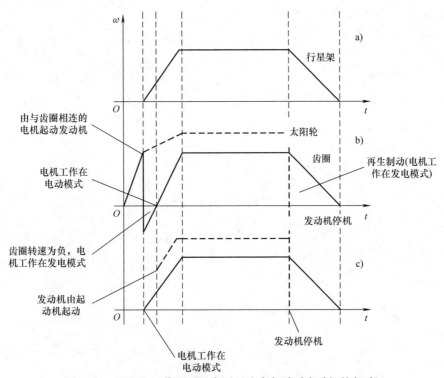

图 8-17 CHPTD 工作原理示意图（汽车行驶时发动机的起动）
a) 行星架角速度与车速成正比　b) 混合动力加速时，太阳轮角速度与发动机速度成正比，齿圈角速度与电机速度成正比　c) 纯电动加速时，太阳轮角速度与发动机速度成正比，齿圈速度与电机速度成正比

式中，ω_3^* 是发动机起动后，汽车进入混合动力驱动模式时汽车速度的最小调节量。

对于行星变速器，角速度需满足下列方程：
$$\omega_1 + k\omega_2 - (1+k)\omega_3 = 0$$
根据上述方程，可以得到下列情况：
对于 $\omega_3 = 0 \to \omega_1 = -k\omega_2$
对于 $\omega_2 = 0 \to \omega_1 = (1+k)\omega_3$
对于 $\omega_1 = 0 \to \omega_2 = \dfrac{1+k}{k}\omega_3$

如果 $\omega_1 > 0, \mathrm{sign}\omega_1 = +1$
ω_1 和 ω_3 不可能同为负值。

图 8-18 以三维视图对上述关系做进一步阐述。容易注意找到发动机起动的合适区域。当 $\omega_1 < (1+k)\omega_3'$ 时，ω_2 为负值。此时，车辆要实现加速，就必须改变齿圈转动方向。当汽车停车时，发动机应该起动。在汽车起动期间加速，实现了混动加速模式。

以下为图 8-18 的 3 个解释：

1）在图 8-18 中：

对于 $\omega_3 = 0$，$\omega_2 = \omega_2'$

对于 $\omega_2 = 0$，$\omega_3 = \omega_3'$

对于 $\omega_2 > 0$；$\omega_1 > 0$，$\omega_3 = \omega_3^*$

2）对于 $\dfrac{d\omega_2}{dt} = \text{const}$，$\omega_1 = f(\omega_2)$

对于 $\dfrac{d\omega_3}{dt} = \text{const}$，$\omega_1 = f(\omega_3)$

3）在三轴交叉点，$\omega_2 = 0$，$\omega_3 = 0$，$\omega_1 = -k\omega_2'$

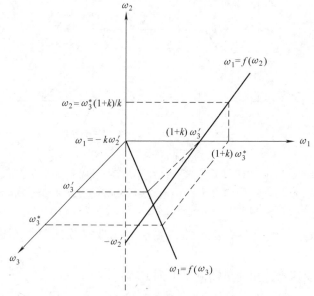

图 8-18 在汽车起动和加速过程中，当动力系统处于纯电动模式，通过准确调节行星排轴角速度，准确调整发动机起动

注：当发动机起动后，动力系统进入混合动力运行模式

考虑行星齿轮变速器的基本方程组，忽略齿轮传动效率，根据图 8-19 就可以进行以下分析。

作为基本分析中的背景知识，考虑了发动机用起动机起动。

效率为 100% 时，行星齿轮变速器的基本方程就写成：

$$J_1 \frac{d\omega_1}{dt} = M_1 - \frac{1}{k} M_2$$

$$J_3 \frac{d\omega_3}{dt} = M_3 + \frac{1+k}{k} M_2$$

第 8 章
行星混合动力系统基础

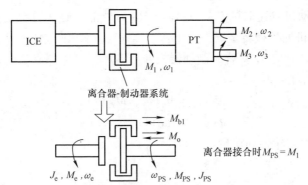

图 8-19 行星齿轮变速器太阳轮上离合器/制动器的布置示意图

$$\omega_1 + k\omega_2 - (1+k)\omega_3 = 0 \tag{8-13}$$

图 8-19 表示了太阳轮通过离合器/制动器系统与发动机的连接情况。

为了起动发动机，接合离合器，松开制动器，有以下关系：

$$J_{PS}\frac{d\omega_{PS}}{dt} = M_{PS} + M_t \tag{8-14}$$

$$J_e\frac{d\omega_e}{dt} = -M_t + M_e \tag{8-15}$$

式中，M_t 为离合器摩擦转矩；$|M_{PS}| = |M_t| = |M_e|$ 为离合器接合时发动机的转矩；M_{PS} 为换算到行星排太阳轮轴上的转矩；ω_{PS} 为太阳轮角速度；ω_e 为发动机角速度，对应着太阳轮的角速度；J_{PS} 为换算到太阳轮上的行星轮轴转动惯量；J_e 为发动机转动惯量。

在特殊情况下，比如离合器接合和制动轴松开，或者与此相反，离合器分离和制动器制动，所有这些过程都必须加以考虑。

忽略混合动力系统中的离合器/制动器系统的能量，以及转矩波动、扭转振动、振动等因素建模，考虑离合器/制动器系统运行的两个状态：

1）起动时，离合器分离和太阳轮轴制动。
稳态下的边界条件如下：

$$\omega_{PS} = 0, \omega_e = \omega_{emin}$$

对应发动机的急速转速（在这种情况下，分析发动机使用附带的起动机起动）；

$$J_e\frac{d\omega_e}{dt} = M_e - M_{e1}$$

$$0 = M_{b1} - \frac{1}{k}M_2 \rightarrow M_{b1} = \frac{1}{k}M_2$$

$$J_3\frac{d\omega_3}{dt} = M_3 + \frac{1+k}{k}M_2$$

$$k\omega_2 - (1+k)\omega_3 = 0 \tag{8-16}$$

式中，M_e 为发动机怠速时的转矩；$M_{PS} = M_{b1}$ 为外部电磁执行机构产生的制动转矩；M_{el} 为发动机的机械转矩损失。

2）稳态时，离合器接合，制动器松开。

边界条件如下：
$$M_e(t) = M_1(t) = M_{PS}(t)$$
$$\omega_{PS}(t) = \omega_e(t) = \omega_1(t)$$

$M_{b1} = 0$，J_1 为太阳轮转动惯量。

因此，有

$$(J_e + J_1)\frac{d\omega_1(t)}{dt} = M_e(t) - \frac{1}{k}M_2(t)$$

$$J_3\frac{d\omega_3(t)}{dt} = M_3(t) + \frac{1+k}{k}M_2(t)$$

$$\omega_1(t) + k\omega_2(t) - (1+k)\omega_3(t) = 0 \tag{8-17}$$

由于 $J_1 \ll J_e$，对上式做进一步简化，有

$$J_e\frac{d\omega_1(t)}{dt} = M_e(t) - \frac{1}{k}M_2(t) \tag{8-18}$$

发动机起动，进入稳态之前，有

$$J_{PS}\frac{d\omega_{PS}(t)}{dt} = M_{PS}(t) + M_t(t) + M_{b1}(t)$$

$$J_e\frac{d\omega_e(t)}{dt} = -M_t(t) + M_e(t) - M_{el}(t)$$

$$M_t(t) = \alpha M_o(t) \tag{8-19}$$

式中，$M_o(t)$ 为外部电磁执行机构产生的离合器接合（或者分离）转矩；α 为方程参数。

例如，M_t 和 M_{b1} 与太阳轮角速度的关系如图 8-20 所示。

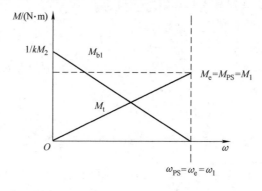

图 8-20 M_t 和 M_{b1} 交叉点与太阳轮角速度的关系

第8章
行星混合动力系统基础

当行星变速器工作在混合动力模式时,需要对齿圈(电机轴)进行制动。此时,发动机单独驱动汽车。电机轴上可以只安装制动系统如图8-21所示。

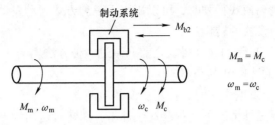

图 8-21 与电机相连的齿圈轴上的制动器示意图

M_{b2}—由外部电磁执行机构产生的转矩,其中 M_m—电机转矩

ω_m—电机角速度 M_c—齿圈转矩 ω_c—齿圈角速度

根据图8-21并考虑轴制动情况。由要求的条件 $M_2(t) = M_{b2}$,可以得到下列方程:

$$\begin{cases} J_e \dfrac{d\omega_1(t)}{dt} = M_e(t) - \dfrac{1}{k} M_{b2} \\ J_3 \dfrac{d\omega_3(t)}{dt} = M_3(t) + \dfrac{1+k}{k} M_{b2} \\ \omega_1(t) - (1+k)\omega_3(t) = 0 \\ \omega_2 = 0 \end{cases} \quad (8\text{-}20)$$

注:在这段时间内,电机关闭,意味着电机转矩为零。

根据上面的方程,可以得到下列方程:

$$M_{b2} = -[M_e(t) + M_3(t)] + J_e \dfrac{d\omega_1(t)}{dt} + J_3 \dfrac{d\omega_3(t)}{dt} \quad (8\text{-}21)$$

因此,对于 J_e 和 J_3 为常数,根据 Willis 方程,由 $\omega_2 = 0$ 可得

$$\omega_3 = \dfrac{1}{1+k} \omega_1 \quad (8\text{-}22)$$

因此,有

$$\left(J_e + J_3 \dfrac{1}{k+1} \right) \dfrac{d\omega_1(t)}{dt} = A \dfrac{d\omega_1(t)}{dt} \quad (8\text{-}23)$$

式中,

$$A = J_e + J_3 \dfrac{1}{1+k} \quad (8\text{-}24)$$

最终可以得到下列方程:

$$M_{b2} = -[M_e(t) + M_3(t)] + A \dfrac{d\omega_1(t)}{dt}$$

或 $$M_{b2} = -[M_e(t) + M_3(t)] + A\frac{d\omega_e(t)}{dt} \tag{8-25}$$

当汽车以纯电动模式行驶时，可以用以下三种方式起动发动机，实现从纯电动模式到混合动力模式的转换：

1）使用发动机自带的起动机，之前介绍过这种方法。
2）使用齿圈的非电动制动器。
3）在电机处于发电模式时，使用齿圈的电制动。

在第二种和第三种情况下，都会产生冲击。意味着这两种方法都需要对齿圈制动（发动机起动）。在这两种情况下，齿圈的离合器/制动器系统应该与之前所述的操作方法相同。

在 CHPTD 的功率流分配中，离合器/制动器的能量损失可以忽略。离合器/制动器由电磁执行机构控制，动作速度很快（时间不超过 0.5s）。这种控制允许同时改变离合器的接合/分离过程，轴制动器的抱死和松开，以实现发动机的起动（见第 10 章）。

设计目标是在离合器/制动器系统（接合和分离）开始动作，直到轴达到稳态时能量消耗为零。这个方案由研究工程中心和菲亚特研究中心（Ecodriver 混合动力系统）或 LUK 公司开发，而且这种电磁离合器/制动器机构的概念在作者实验室也提出过。

还有重要的一点应该注意到，离合器/制动器系统的电磁执行机构可工作在低压（12~24V）条件下。

发动机采用以下两种方法起动，讨论如下：

1）永磁电机轴的短时电制动（发电机模式）。
2）永磁电机轴的短时机械制动（只有机械制动器）。

永磁电机轴的短时电制动是电机以发电模式运行，同时产生的电能输送给电池，这就需要确定合适的控制算法并由电机逆变器实现。这似乎是复杂的解决方案，但坦率地说，通过微处理器控制器编程可以实现的，这一点在实验室动态条件下的行星混合动力系统试验得到验证。为此，在考虑能源效率的前提下，建议发动机起动应采取对电机进行采用短时制动的方式，这时电机处于发电机工作模式。当然，永磁电机也可以使用机械制动。无论如何，这种方案不能实现对制动转矩进行有效的动态控制，因此需要增加与机械制动器相连的控制器。

图 8-22 和图 8-23 展示了在汽车驱动加速时，发动机在起动过程中转矩和角速度的合理分布情况。

当发动机起动时，在制动过程的初始阶段，永磁电机的逆变器处于怠速状态。此时，永磁电机的电磁转矩为零（见图 8-22）。

当永磁电机处于空转状态，其电磁转矩为零，然后制动器 B1（见图 8-16，

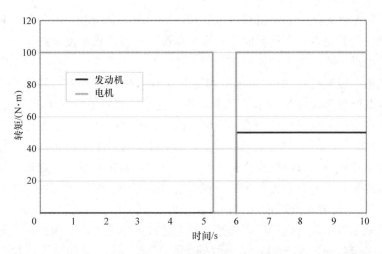

图 8-22 当汽车行驶或加速时（CHPTD 用于 15t 城市公交车），在发动机起动过程中发动机和永磁电机的转矩分布

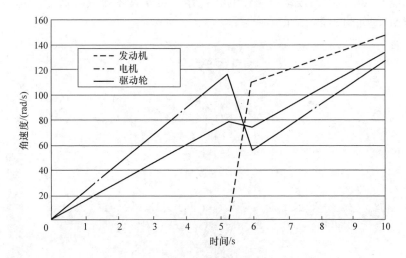

图 8-23 与发动机、电机轴、汽车驱动轮（CHPTD 用于 15t 城市公交车）相连的行星排三轴的角速度分布

发动机输出轴和太阳轮同 B1 相连）松开，制动器 B2（位于与齿圈相连的永磁电机轴上）短时制动（见图 8-23）。

上述制动器的施加制动和解除制动顺序使得快速起动发动机成为可能，同时不会对汽车速度带来明显影响（见图 8-23）。

在汽车混动加速时，发动机可通过以下两种方式起动：

1）通过自带的起动机。
2）车辆停车时通过驱动电机起动。

按照第一种方式,起动机可以很好地适应汽车各种行驶工况。第二种起动方式更复杂,尤其是在汽车行驶时。在这种情况下,发动机起动类似于前面详细描述过的纯电动模式时汽车加速状态。

发动机一般装有起动机/发电机和照明、显示和发动机传感器等所需的低压系统,这些附件都是传统汽车的典型装备,也可以方便地应用于混合动力汽车。必须说明自带的起动机也能用在 CHPTD 上。车辆行驶时,通过普通发电机(起动机/发电机)供给的低电压,得以起动发动机。当汽车制动时,发动机应该关闭。当汽车加速时,发动机应该迅速起动。当发动机热起动时,起动并不难。因此,在紧凑型行星混合动力系统的建模和仿真研究中,可以忽略发动机起动能耗以及离合器/制动器动作的能耗,估计误差低于 1%。

在行驶工况初期,电动汽车加速导致电池放电电流较大,因此产生较大的能耗。为了维持行驶工况开始和结束时的 SOC 平衡,这些能耗应该由发动机和汽车再生制动时储存在电池中的能量来加以补偿。但是,汽车的电起动消除了实际交通环境下汽车低速时发动机工作的必要性(可实现零排放、低噪声)。永磁电机的 MAP 图如图 8-24 所示。

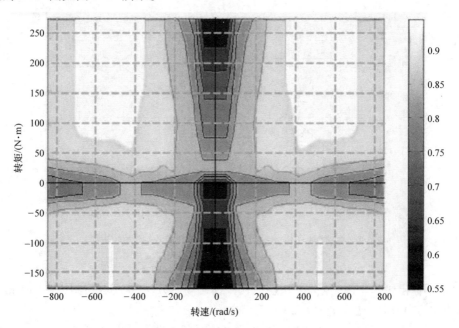

图 8-24 永磁电机的 MAP 图(275N·m,8500r/min),
输出轴的角速度和转矩方向(四象限 MAP)

在混合动力汽车加速初期,电池可以处于充电状态(与汽车纯电动加速相反)。一般地,这种模式下的电池平均电流较小(短时峰值除外),电池充电效

率较高。这种模式的不足之处是必须改变永磁电机的转动方向,改变永磁电机的角速度方向要求:

1)更加先进的逆变器技术(四象限逆变器)。

2)电机转速瞬时调零技术(效率非常低)。

汽车两种加速模式都各有利弊,仅从理论上考虑很难确定哪个更好,需要对两种模式进行仿真研究。结果表明纯电动起动更有优势,因此在混合动力系统应用中应该推荐这种方式。

下面进一步对 CHPTD 驱动情况分析(作为合理调整机械传动比的结果),构型如图 8-25 所示。

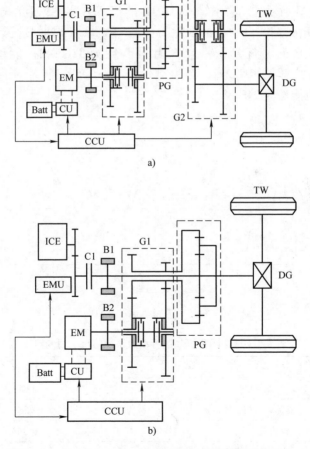

图 8-25 CHPTD 示意图,通过添加电磁离合器来改变行星架、驱动轮(G2)和行星齿圈与电机(G1)之间的速比
a)双变速系统 b)单变速系统

图 8-25 所示的混合动力构型对于完成行驶要求是必需的，尤其在 100—120km/h 高速行驶情况下，这些需求也包括在 NEDC 工况中（见图 8-26）。按照汽车制造商的要求，混合动力电动汽车应该达到下列性能指标：

1）加速性能：0—100km/h 加速时间 <15s；80—120km/h 加速时间 <20s。
2）最高连续车速（无电池辅助）：>130km/h。
3）最大连续爬坡能力（无电池辅助）：>25%。

有一些关键条件影响着混合动力构型的合理运行。首先，发动机应该根据最高车速和爬坡度进行调整；还有机械速比应该满足这些速度和转矩需要（见图 8-25a 中的 G2 变速器）。但是对比不同驱动构型，根据统计得到的行驶工况进行分析是最重要的。

根据图 8-25 所示的动力系统，CHPTD 的仿真结果在下面给出。表 8-1 列出了仿真研究所用数据。发动机的油耗为 3.2L/100km（根据假设数据）。ECE 行驶工况的能量平衡分配情况：空气阻力消耗为 11859kJ；滚动阻力消耗为 10168kJ；动能消耗为 10532kJ；再生制动能量为 559kJ（能量回馈效率 η_r = 53%）；发动机能耗为 24528kJ。

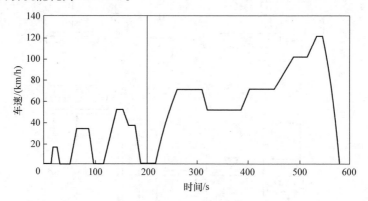

图 8-26 道路车辆用 NEDC

表 8-1 根据图 8-25b 进行动力系统仿真所用的数据

参数	数据
总质量	1300kg
驱动轮转动惯量	1.7kg·m²
轮胎动态半径	0.263m
滚动阻力系数	0.0008
汽车迎风面积	1.6m²
空气阻力系数	0.33

在车辆快速行驶时，行星排和电机之间的速比变化会引起发动机速度升高。从实用角度出发，控制发动机转速是最容易的。图 8-27 ~ 图 8-36 所示为用于稳定发动机至不同转速的控制策略。

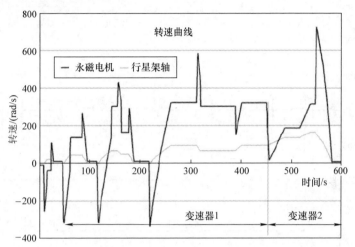

图 8-27　使用可变的添加变速器时，永磁电机（连齿圈）和行星架（连驱动轮）的转速变化情况

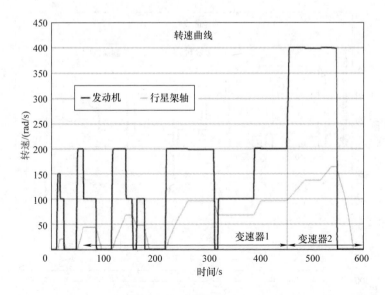

图 8-28　使用可变的添加变速器时，发动机和行星架（连驱动轮）的转速变化情况

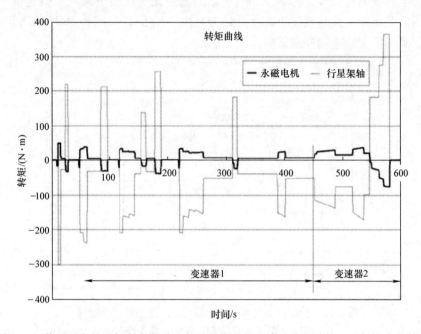

图8-29 使用可变的添加变速器时,永磁电机和行星轴(连驱动轮)的转矩变化情况

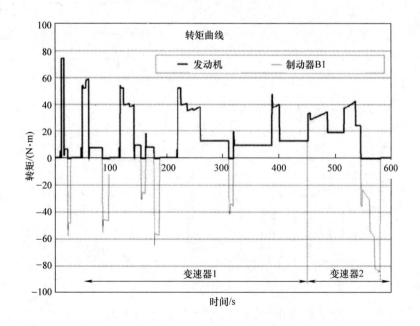

图8-30 使用可变的添加变速器时,发动机和添加制动器的转矩变化情况

第 8 章
行星混合动力系统基础

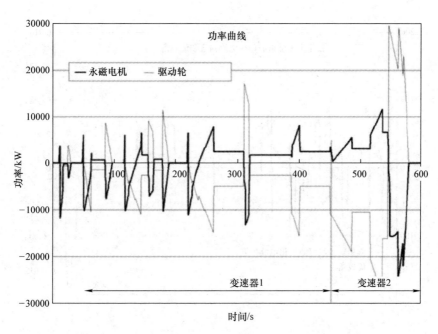

图 8-31 使用可变的添加变速器时,永磁电机和驱动轮的功率变化情况

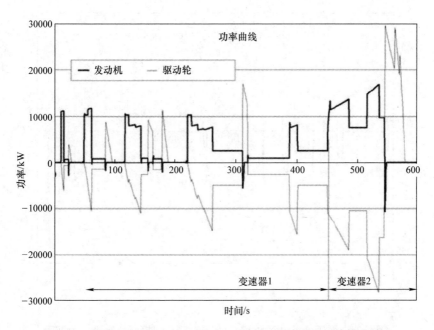

图 8-32 使用可变的添加变速器时,发动机和驱动轮的功率变化情况

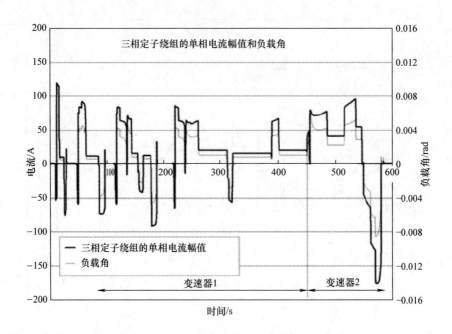

图8-33 使用可变的添加变速器时,永磁电机电流及其负载角的变化情况

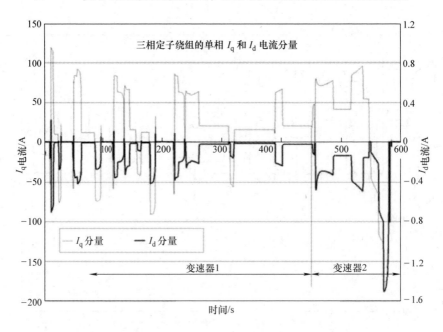

图8-34 使用可变的添加变速器时,永磁电机电流分量的变化情况

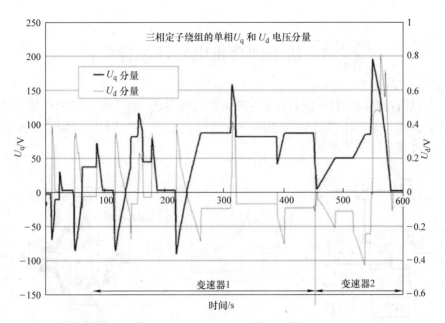

图 8-35 使用可变的添加变速器时，永磁电机电压分量的变化情况

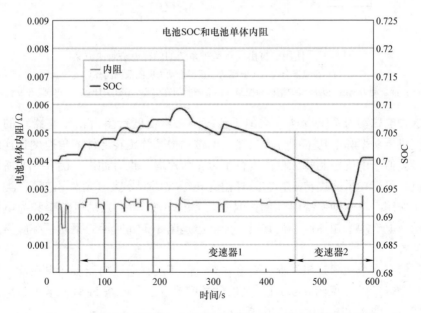

图 8-36 使用可变的添加变速器时，电池 SOC 和内阻的变化情况

8.6 功率耦合机电转换装置设计

与电机控制的二自由度行星齿轮有关的机电驱动设计,可以转换成纯电磁解决方案。图 8-37 所示为上述方案的一个示例。这是一个具有旋转定子的复合电机,需要多个电子控制器。

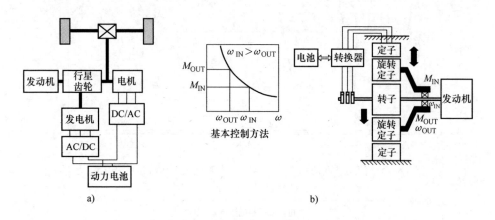

图 8-37 使用二自由度行星排系统的两种电磁解决方案
a) 行星混合动力机电驱动(用混合动力电磁系统代替)
b) 混合动力电磁动力系统的结构和控制(由菲亚特研究中心 – CRF – Hybrid EMCVT 开发)

这种电磁动力系统设计(类似于传统的二自由度行星齿轮变速器)的本质就是把机械功率和电功率耦合。当然,电磁动力系统旋转部件的角速度是连续变化的。类似于电机控制的二自由度行星齿轮变速器,也有冲击。图 8-37b 所示的驱动机构可以提供输出转矩,它是将输入转矩按比例增大(比例不变),类似于行星排作用。在驱动系统中(例如混合动力电动汽车),发动机功率和为电机供电的动力电池功率相加似乎很有吸引力,但是图 8-37b 所示的驱动系统应该还是试验装置。

虽然有一个如图 8-38a 所示简单方案,但其没有增矩功能。如果在此方案上增加一个行星排(见图 8-38b),虽然结构复杂了,但可实现输出增矩。尽管如此,还是比图 8-37b 中的解决方案简单。

图 8-38 中的驱动系统设计是根据同步永磁电机做机电转换装置运行进行分析的。

(1) 带旋转定子的理想同步电机工作分析

以理想的同步电机作为考虑问题的基础,这意味忽略内部电磁损失(铁损和

第8章
行星混合动力系统基础

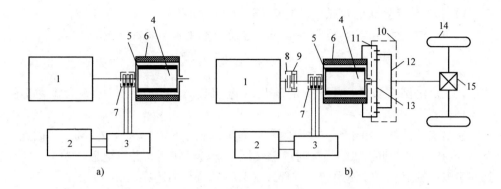

图 8-38 电磁动力系统设计

a) 旋转定子的永磁电机实现发动机机械能和电池电能耦合　b) 带有行星排的整个动力系统

1—发动机　2—动力电池　3—控制器　4—电机　5—转子　6—定子　7—滑环和电刷
8—离合器　9—制动器　10—二自由度行星齿轮　11—齿圈　12—行星架
13—太阳轮　14—驱动轮　15—主减速器

泄漏损失)、机械损失(空气阻力损失、轴承和电刷和滑环总成中的摩擦损失,电刷和滑环总成为永磁电机的旋转定子供电)。

图 8-39 给出了具有旋转定子的永磁电机的功率分配示意图。

- 假设：效率 $\eta = 1$，$\Phi = \text{const}$
- 功率平衡：
$$M_2\omega_2 + M_3\omega_3 + M_1\omega_1 = 0 \qquad (8\text{-}26)$$

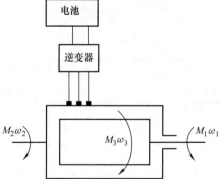

图 8-39　具有旋转定子的永磁电机的功率分配装置示意图 (ω_n 为对应的角速度)

$M_2\omega_2$—旋转定子接收的机械功率；$M_3\omega_3$—通过电刷提供给定子的电功率(电池电能通过逆变器)，ω_3 符号分 ±1；$M_1\omega_1$—转子功率，M_1 符号分 ±1。

电磁转矩 M_3 为定子电流 I_s 和磁通 Φ 的函数。对于同步电机，因为 $\cos\varphi \approx 1$，定子吸收的电功率为 $N_s = EI_s$，静态时：$N_s = c\Phi f I_s$ 或 $N_s = c\Phi\omega_3 I_s$，因为 $\omega_3 = f =$ 逆变器频率，所以 $M_s = c\Phi I_s$，其中 c 为结构常数，$\Phi = \text{const}$。

1) 具有旋转定子的永磁电机的基本运动方程如下：

当 $M_2=0$，且 $\omega_2=0$，则 $N_s\approx M_1\omega_1$，这说明 $c\Phi I_s\omega_3=M_3\omega_3=M_1\omega_1$。因此，

$$\omega_1=\omega_3=\frac{Af}{p} \tag{8-27}$$

式中，A 为比例系数；f 为逆变器输出（电机输入）电压频率；p 为极对数 ($p=1$)。

在给定条件下，由于 ω_3 与定子同步频率成正比并等于 ω_1（$\omega_3=\omega_1$），因此有 $M_3\approx M_1$。这说明当忽略损失时电磁转矩等于转子转矩，并且电磁场功率传递到同步电机轴上。可以使用如下方程式（8-28）进行描述：

$$\begin{cases} M_3=M_1 \\ \omega_3=\omega_1 \end{cases} \tag{8-28}$$

当 $M_2\neq 0$ 且 $\omega_2>0$ 时；ω_2 的符号不变（为 +1），这表示定子磁场相对于转子磁场的转动角速度大于逆变器电压频率 f；如果相对于低速时 ω_1，ω_3 的符号为正，那么 ω_3 的符号为负（图 8-40）。因此，新的磁场旋转的同步角速度可以式（8-29）来表示：

$$\begin{cases} \omega_3^*=\omega_2\pm\omega_3 \text{ 和 } \omega_3^*=Bf^* \\ \omega_1=\dfrac{Bf^*}{p},\ p=1 \end{cases} \tag{8-29}$$

式中，f^* 为新的定子电磁场频率；B 为新的比例系数。

这样，在新条件下的磁场旋转速度满足：

$$\omega_1=\omega_2\pm\omega_3 \tag{8-30}$$

即
$$\omega_2\pm\omega_3-\omega_1=0 \tag{8-31}$$

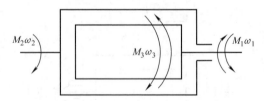

图 8-40 具有旋转定子的永磁电机的角速度和转矩分配

用这种简化方式，得到了旋转定子的理想同步电机的基本运动方程式（8-31）。

对于这种情况，当 $\omega_1=0$，可得 $\omega_2=\omega_3$，$\text{sign}\omega_3=-1$，这意味着相对于其静止状态，定子磁场的角速度等于反方向的定子角速度。那么 $M_3\omega_3=M_2\omega_2$，即

$$\begin{cases} M_3=M_2 \\ \omega_3=\omega_2 \end{cases} \tag{8-32}$$

第8章
行星混合动力系统基础

这说明相对于转子转动磁场，合成的转动速度等于零，也就是不转动的。

外部驱动转矩等于电磁转矩，符号相反。显然这个转矩在物理上是存在的，因为定子绕组以给定角速度 ω_2 绕不动的转子磁场旋转，产生常磁通 Φ。那么功率平衡的结果，被驱动定子的输出功率输送至电化学储能（如电池）。

2) 理想的旋转定子同步电机的转矩方程如下：

假设没有损失，电磁转矩总是有 $M_3 = M_1$，因为 Φ 不变，并且定子电流 I_s 同时决定了两个转矩值。

$$M_3 = M_1 \tag{8-33}$$

上述方程对于任意定子角速度 ω_2 都成立，包括 $\omega_2 = 0$。

如果按照这个条件，采用机电类比方法，旋转转子和旋转定子气隙间的合成磁场就是旋转定子和转子之间的耦合部件。

因此，再次考虑 $\omega_2 = 0$ 的情况，对于 $M_3\omega_3 + M_2\omega_2 = M_1\omega_1$，可得

$$M_3\omega_3 = M_1\omega_1 ; \quad \omega_3 = \omega_1$$

即 $M_3 = M_1$

或

$$M_3/M_1 = 1 \tag{8-34}$$

式（8-34）定义了电磁场同理想的单对极同步电机转矩间的转矩比。

对于 $\omega_1 = 0$ 的另一种等价情况，则有 $M_3\omega_3 = -M_2\omega_2$；$\omega_3 = \omega_2$。

这样：

$$M_3/M_2 = -1 \tag{8-35}$$

与式（8-34）的情况类似，式（8-35）定义了相同情况下电磁场和定子外部驱动转矩之间的转矩比。

在这种情况下，当 $\omega_1 \neq 0$ 且 $\omega_2 \neq 0$，下列方程成立：

$$\begin{cases} M_3 = M_1 \\ M_3\omega_3 + M_2\omega_2 - M_1\omega_1 = 0 \\ \omega_3 + \omega_2 - \omega_1 = 0 \end{cases} \tag{8-36}$$

式中，$M_3 = c\Phi I_s$；$\Phi = \mathrm{const}$，M_3 为电磁转矩（I_s 为定子绕组电流）；ω_3 为定子绕组磁场旋转角速度，同逆变器频率成正比；M_2 为定子驱动转矩；ω_2 为定子旋转角速度；M_1 为同步电机轴上的转矩；ω_1 为同步电机转子角速度。

式（8-36）的解如下：

$$\begin{aligned} & M_3\omega_3 + M_2\omega_2 - M_1(\omega_2 + \omega_3) = 0 \\ & M_3\omega_3 + M_2\omega_2 - M_3\omega_2 - M_3\omega_3 = 0 \\ & M_2\omega_2 - M_3\omega_2 = 0 \\ & M_2 = M_3 \end{aligned} \tag{8-37}$$

或

$$M_1\omega_3 + M_2\omega_2 - M_1(\omega_2 + \omega_3) = 0$$
$$M_1\omega_3 + M_2\omega_2 - M_1\omega_2 - M_1\omega_3 = 0$$
$$M_2\omega_2 - M_1\omega_2 = 0$$
$$M_1 = M_2 \tag{8-38}$$

由式（8-36）描述的上述情况发生在旋转定子和电磁场功率传递到转子轴时，同步电机处于电动机模式。

如果同步电机的转子是由外部转矩驱动（再生制动），那么下列方程成立：

$$\begin{cases} M_3 = M_1 \\ M_2\omega_2 - M_3\omega_3 + M_1\omega_1 = 0 \\ \omega_3 + \omega_2 - \omega_1 = 0 \end{cases} \tag{8-39}$$

假设 ω_2 的符号函数为 +1，并且 $M_2 > 0$ 或 $M_2 = 0$，这说明转矩和角速度 ω_2 的方向总是相同的或者两个数值都为 0。这种情况发生在定子由发动机驱动的情况下，此时发动机的角速度方向不变。

式（8-39）的求解方法与式（8-36）类似。

$$M_2\omega_2 - M_3\omega_3 + M_3(\omega_2 + \omega_3) = 0$$
$$M_2\omega_2 - M_3\omega_3 + M_3\omega_2 - M_3\omega_3 = 0$$
$$M_3\omega_2 + M_2\omega_2 = 0$$
$$M_2 = -M_3 \tag{8-40}$$

或

$$M_2\omega_2 - M_1\omega_3 + M_1(\omega_2 + \omega_3) = 0$$
$$M_2\omega_2 - M_1\omega_3 + M_1\omega_2 - M_1\omega_3 = 0$$
$$M_2\omega_2 + M_1\omega_2 = 0$$
$$M_2 = -M_1 \tag{8-41}$$

另一种情况就是气隙磁场的旋转方向发生改变。它说明 ω_3 符号函数为 -1，M_3 符号函数为 -1；当 $\omega_2 - \omega_3 > 0$ 时，ω_1 的符号函数为 +1。这使得功率从旋转定子传递到转子和通过定子绕组传递到电池中。所分析的系统具有下列形式：

$$\begin{cases} M_3 = M_1 \\ M_2\omega_2 - M_3\omega_3 - M_1\omega_1 = 0 \\ \omega_3 - \omega_2 - \omega_1 = 0 \end{cases} \tag{8-42}$$

即

$$\begin{cases} M_2\omega_2 - M_1\omega_3 - M_3(\omega_2 - \omega_3) = 0 \\ M_2\omega_2 - M_3\omega_3 - M_3\omega_2 + M_3\omega_3 = 0 \\ M_2\omega_2 - M_3\omega_2 = 0 \\ M_2 = M_3 \end{cases} \tag{8-43}$$

或者

$$\begin{cases} M_2\omega_2 - M_1\omega_3 + M_1(\omega_2 - \omega_3) = 0 \\ M_2\omega_2 - M_1\omega_3 - M_1\omega_2 + M_1\omega_3 = 0 \\ M_2\omega_2 - M_1\omega_2 = 0 \\ M_2 = M_1 \end{cases} \quad (8\text{-}44)$$

（2）基本仿真

如果电机输出轴角速度能够在定子电磁场瞬时角速度上下进行连续调节，永磁同步电机把发动机和动力电池两个能量源的功率进行耦合，此方法简单有效。这个效果能够在永磁电机定子角速度不变的情况下实现，该速度与发动机恒功率运行有关，通过适当改变磁场频率来驱动永磁电机的定子。

气隙中磁场的旋转方向改变见式（8-42）~式（8-44），自动导致永磁电机工作在发电机模式，并把功率从旋转定子传递到永磁电机转子和电池，具体数值取决于合成电磁场频率，但不改变方向以及外部驱动定子的角速度值。这一点在混合动力系统中很重要，因为发动机工作稳定可实现高效低油耗低排放运行，实际上决定了发动机的角速度。通过实验室试验，得到永磁同步电机（根据图 8-37 所示方案）的角速度和转矩图（图 8-41）。对于 $\omega_2 = \text{const}$，$M_3 = M_1$ 的情况，永磁同步电机工作在发电机模式，为电池充电。

这样在图 8-41 的描述内容开始之前，清楚地介绍了此项工作得到的方程。

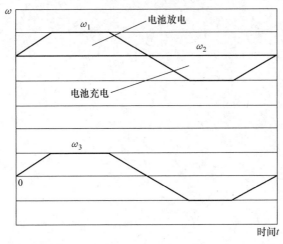

图 8-41　永磁电机定子角速度 ω_2 和旋转磁场角速度 ω_3

本节的方程证明：在发电机和电动机两种工作模式下，转子角速度连续变化和突变过程中，永磁同步电机定子和转子上的转矩相等。

在汽车驱动装置中（包括混合动力系统），对于加速和再生制动两种情况下同样重要的是汽车驱动轮上转矩能够合理分配。因此，必须有同步电机转矩的增矩功能，如图 8-37b 所示的情况。这种方案可能带来永磁同步电机的转矩变化、定子转矩的变化、转子角速度的变化和转矩的变化。二自由度行星排通过与旋转定子和发动机连接，在工作过程中可以提供输出转矩（驱动轮输入）、发动机和电池功率耦合、与行星排速比成正比的增矩功能。

致　　谢

　　特别致谢本章中提到的公司和个人，感谢他们允许我使用他们的大会演讲资料（例如 EVS 20 - 25 - 26）来进行相关技术成果描述。

第 9 章

行星混合动力系统设计过程中的基础仿真研究

本章根据不同行驶工况下动力总成的参数和控制策略变化,对车辆能耗的影响进行仿真研究。控制策略的作用在于管理每个部件的能量输入和输出情况,即功率变化引起的转矩和转速变化情况。这样,混合动力系统的部件必须与控制策略相匹配,借助能量参数来实现在给定约束条件下的最优设计。混合动力系统非常复杂,并且每个部分都是非线性的。一种有效的系统优化方法就是数值计算和仿真,例如广义次优过程与机电驱动元件数量有关,同时运行应与能量流控制相关联。优化仿真的目标是最大限度地减少动力系统的内部损耗。量化指标就是消耗的能量最少,即最小的油耗和电耗。混合动力系统的油耗必须与传统汽车对比加以考虑。首先,应该考虑常用的统计行驶工况,但仅这样还不够。在驱动系统设计过程中,强烈建议参考实际行驶情况,对车辆爬坡、加速和动力系统性能进行附加试验。

9.1 概 述

基于动态建模与仿真是设计混合动力系统的方法,可以使用 Matlab/Simulink 建立动态模型详细研究瞬态运行过程,通过运行仿真和监控每个部分的运行情况来优化控制策略,例如发动机工作点、油耗(能耗)、功率分配,发动机和电机的转矩和转速,电机工作效率、电池 SOC、电流和电压等的变化。

功率控制策略用以控制功率流,并在能量存储设备中储存足够的能量。虽然这样会带来传统车辆中没有的复杂性,但允许部件以最优方式协同工作,以实现多个设计目标,例如高燃油经济性和低排放。在混合动力电动汽车中,动力系统的部件组合及其连接方式就是混合动力系统构型(硬件),部件之间的功率流管理叫作控制策略。

混合动力汽车设计的灵活性来自控制策略,源于其对每个部件流入或流出功率多少的管理能力。这样,部件可以与控制策略综合考虑,以实现给定约束下的

混合动力
电驱动系统工程与技术：建模、控制与仿真

最优设计。混合动力系统的每个部件非常复杂且具有非线性。系统优化的一种有效方法是数值计算仿真，例如考虑机电系统部件数量的广义次优程序，其实时运行与能量流正确地控制相关。目标是动力总成的内部损耗的最小化。量化指标是能量最小，即油耗和电耗。使用上述方法也可以获得动力系统的优化参数，也就意味着功率、转矩、电压、容量等的适当调整。

实质上，本章介绍了基于数字仿真的设计方法，其结果就是能量流优化（Szumanowski, 1999; Szumanowski, Hajduga, & Piórkowski, 1998a; Szumanowski & Nguyen, 1999）。

由于驱动部件具有很强的非线性特征，只有使用计算机仿真，才有可能进行混合动力系统参数优化，如图9-1所示。

第1章描述的车辆模型（包括负载阻力换算到驱动轮上的行驶车辆模型），表示为方框图，有利于图9-2中的计算。

第8章讨论了行星传动模型，如图9-3所示。

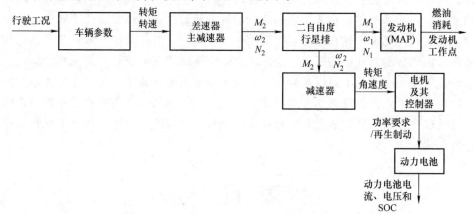

图9-1 Simulink中混合动力电动汽车动力系统动态模型的仿真流程图

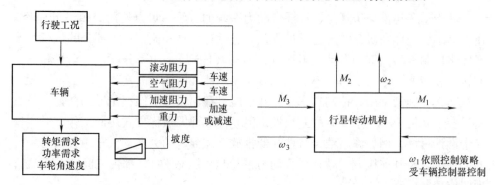

图9-2 车辆外部行驶阻力：Simulink中动态模型框图

图9-3 用于Simulink建模的行星传动模型

第9章
行星混合动力系统设计过程中的基础仿真研究

选择了要分析的动力总成构型后，建议进行下面的仿真：
1）传统动力系统和混合动力系统的发动机油耗对比。
2）动力系统控制策略对能耗的影响。
3）假设动力电池的额定能量大体相同情况下，动力系统中使用不同额定电压、容量和电池包类型时，动力电池的动态特性对比。
4）基于通用的行驶工况，进行动力系统设计研究。
5）从车辆最大爬坡能力方面对动力系统进行测试。
6）从车辆的最大加速度方面对动力系统进行测试。
7）动力系统在不同的实车行驶条件下进行附加仿真分析，确认前面动力系统设计要求的运行参数。

基于以上原因，本章包含多个仿真结果，对混合动力汽车动力系统的设计过程非常有用。本章使用 15t 城市公交车和 5t 通勤车两种车辆，进行上述情况的仿真试验。

9.2 城市公交车的混合动力系统仿真研究

根据上述七个方面的仿真内容，使用 CHPTD 的 15t 混合动力公交车（见图 8-12、图 8-13、图 8-14 所示）进行了 1~3 次的仿真试验（整车相关参数见表 9-1）。

表 9-1 仿真研究中的城市公交车及其 CHPTD 动力系统部件参数

车辆	动力电池	机械传动
质量：15t 迎风面积：6.92m² 空气阻力系数：0.55 滚动阻力系数：0.01 轮胎滚动半径：0.51m	类型：镍氢 额定容量：64A·h 额定电压：300V	行星齿轮的标称速比：2.27 发动机和太阳轮轴之间的传动比：1.62
驱动电机	发动机	电机与齿圈之间的传动比：4.98 行星架与车轮之间的传动比：4.98 行星齿轮变速器的速比：2.26
极对数：24 PM 通量：0.05775Wb 线圈电感：0.000076H 线圈电阻：0.04Ω 最大转矩：275N·m 最高转速：8500r/min	依维柯：排量 7.8L，额定功率170kW	

(1) 仿真结果

仿真采用了华沙城市公交车行驶工况（图9-4～图9-12）。控制算法可以使车辆实现混合动力和纯电动（首先纯电动驱动下公交车速度升至18km/h；达到此速度后，发动机起动，见第8章）两种起动模式。下面给出了动力电池的电流变化、SOC值以及两种车辆加速模式下柴油发动机的油耗结果（Szumanowski, 2006; Szumanowski, Chang, & Piórkowski, 2005a）。

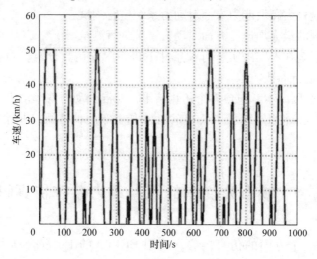

图9-4 华沙城市公交车行驶工况

(2) 使用500V/80A·h和300V/128A·h镍氢电池的CHPTD仿真结果比较

针对CHPTD动力系统使用500V/80A·h镍氢电池和300V/128A·h镍氢电池，对仿真结果进行比较。为了使结果具有可比性，尽量保持CHPTD的主要参数相同或接近，就需要调整电池的一些参数（表9-2）。所分析的两种混合动力系统的主要参数都没有大的变化，但两个电池包的额定参数值不同（Chang, 2005; Szumanowski 等, 2005a）。

因为主减速器传动比只有很小的变化，所以发动机的工作点、功率需求和功率分配以及油耗没有太大变化。尽管电池的功率需求相同，但两个镍氢电池包的额定容量和电压之间差异很大，导致电池的电流变化差异也很大。对于500V/80A·h镍氢电池包，电流变化范围为127～115A，电流倍率变化范围1.59～1.44C。对于300V/128A·h镍氢电池包，电流变化范围为213～193A，电流倍率变化范围为1.66～1.5C。尽管300V/128A·h镍氢电池包的电流变化范围213～193A大于500V/80A·h镍氢电池包的电流变化范围127～115A，但两者的电流倍率变化差别不大。

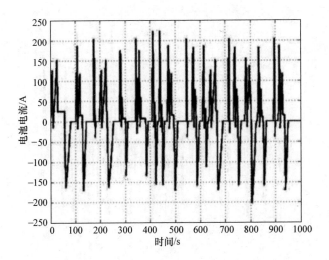

图 9-5　华沙工况下混合动力城市公交车纯电起动加速时电池的电流变化情况

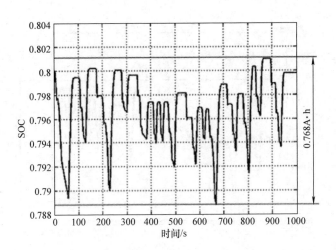

图 9-6　华沙工况下混合动力城市公交车纯电起动加速时电池 SOC 变化情况

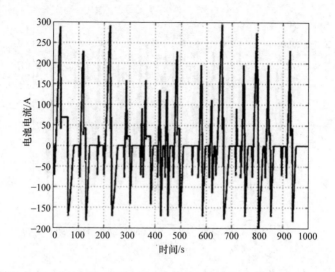

图 9-7 华沙工况下混合动力城市公交车混合起动加速时电池的电流变化情况

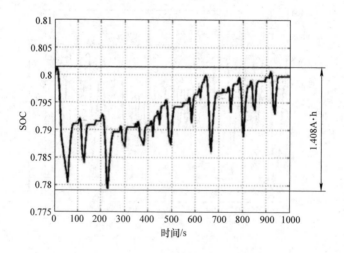

图 9-8 华沙工况下混合动力城市公交车混合起动加速时电池 SOC 的变化情况

第 9 章
行星混合动力系统设计过程中的基础仿真研究

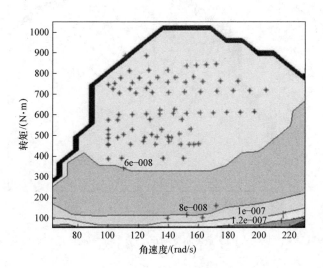

图 9-9　华沙工况下混合动力城市公交车混合起动加速时柴油发动机工作点变化情况
（比油耗以 kg/Ws 为单位）

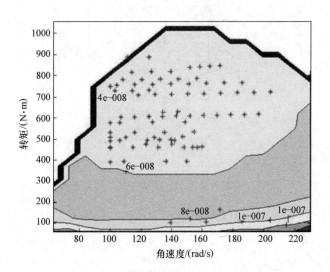

图 9-10　华沙工况下混合动力城市公交车纯电起动加速时柴油发动机工作点变化情况
（比油耗以 kg/Ws 为单位）

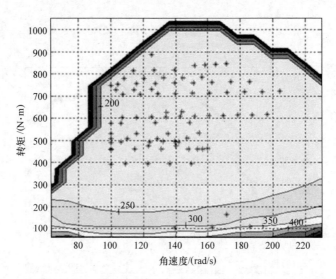

图 9-11 华沙工况下传统柴油机城市公交车的发动机工作点变化情况

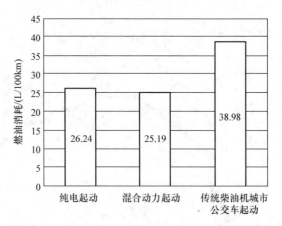

图 9-12 华沙工况下纯电起动、混合动力起动和传统
柴油机城市公交车起动加速时的油耗比较

表 9-2 CHPTD 的主要参数比较（电机和柴油机参数与表 9-1 相同）

动力电池	500V/80A·h 镍氢电池包	300V/128A·h 镍氢电池包
电池包标称能量/(kW·h)	40	38.4
主减速器传动比	4.88	4.87
行星齿轮的基本速比	2.87	2.87
永磁电机和行星齿轮之间的传动比	4.8	4.8
发动机和行星齿轮之间的传动比	1.46×1.24	1.46×1.24
整车质量/kg	15000	15000

第9章
行星混合动力系统设计过程中的基础仿真研究

(续)

动力电池	500V/80A·h 镍氢电池包	300V/128A·h 镍氢电池包
车辆迎风面积/m²	6.92	6.92
空气阻力系数	0.55	0.55
轮胎动态滚动半径/m	0.51	0.51
电池包额定电压/V	500	300
电池额定容量/(A·h)	80	128
油耗/(L/100km)	26.05	26.1
柴油机排量/mL	7800	7800
华沙行驶工况最高速度/(km/h)	50	50
发动机控制策略参数	(-100 0 8 9 30) (0 0 0 172 423)	(-100 0 8 9 30) (0 0 0 172 423)

500V/80A·h 镍氢电池包的电压变化范围为 487~601V, 540V 附近有 -33~61V 的变化。300V/128A·h 镍氢电池包的电压变化范围为 290~362V, 324V 附近有 -34~38V 的变化。500V/80A·h 镍氢电池包的内阻为 0.475Ω (电池 SOC, $k=0.8$), 大约是 300V/128A·h 镍氢电池包内阻 0.178Ω 的 2 倍多。这两种情况下的电池 SOC 变化非常相似 (图 9-13~图 9-19)。

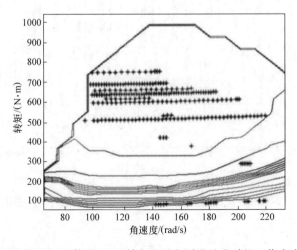

图 9-13 CHPTD 使用 500V 镍氢电池包时柴油发动机工作点变化

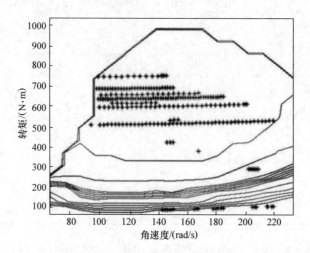

图9-14 CHPTD使用300V镍氢电池包时柴油发动机工作点变化

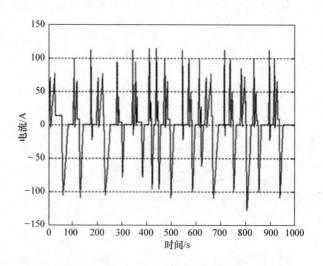

图9-15 CHPTD使用500V镍氢电池包时电池的电流变化

第 9 章
行星混合动力系统设计过程中的基础仿真研究

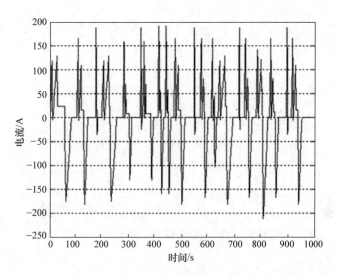

图 9-16　CHPTD 使用 300V 镍氢电池包时电池的电流变化

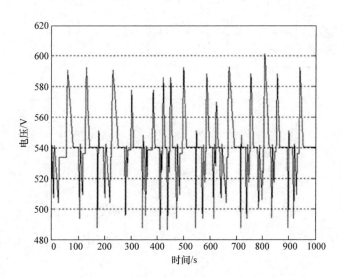

图 9-17　CHPTD 使用 500V 镍氢电池包时电池的电压变化

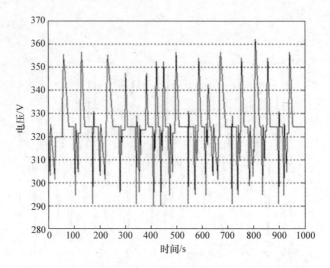

图9-18 CHPTD使用300V镍氢电池包时电池的电压变化

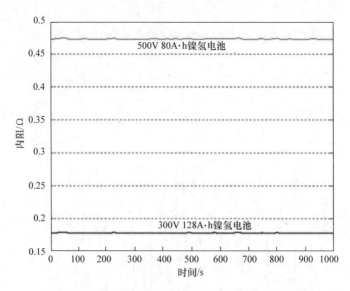

图9-19 300V和500V镍氢电池包的内阻变化比较

(3) 使用500V/36A·h和300V/60A·h锂离子电池包的CHPTD仿真结果比较

CHPTD使用500V/36A·h锂离子电池包和300V/60A·h锂离子电池包的仿真结果比较如图9-20~图9-27所示。为了使结果具有可比性,尽量保持CHPTD的主要参数相同,仅调整电池的一些参数。两种情况下混合驱动系统的主要参数没有变化,但两种电池包的参数的额定值不同(Szumanowski & Nguyen, 1999)。

由于两种情况下混合动力驱动系统的主要参数没有变化,发动机的工作点(图9-20、图9-21)、功率需求和分配、油耗没有差别。虽然电池的功率相同,但锂离子电池包的电池额定容量和电压等级有很大差异,而且电池的电流变化则表现出较大差别。对于500V/36A·h锂离子电池包,电流变化范围为135~105A,相当于电流倍率变化范围3.75~2.92C。对于300V 60A·h锂离子电池包,电流变化范围为225~175A,相当于电流倍率变化范围3.75~2.92C。尽管300V 60A·h锂离子电池包的电流变化范围225~175A约为500V/36A·h锂离子电池包135~105A的2倍,但两种电池包的电流倍率变化相同。

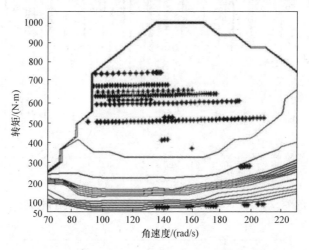

图9-20 CHPTD使用500V锂离子电池包时柴油发动机工作点变化

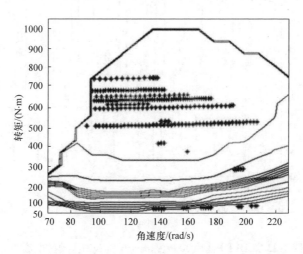

图9-21 CHPTD使用300V锂离子电池包时柴油发动机工作点变化

500V/36A·h锂离子电池包的电池电压变化范围为534~571V,550V附近

有 -16 ~ 21V 的变化。300V/60A·h 锂离子电池包,电压变化范围为 323 ~ 345V,332V 附近有 -9 ~ 13V 的变化。500V/36A·h 锂离子电池的内阻为 0.158Ω（$k = 0.55$）约为 300V/60A·h 锂离子电池包内阻（0.058Ω）的 3 倍（图 9-22 ~ 图 9-27）。两种情况的 SOC 变化完全相同。

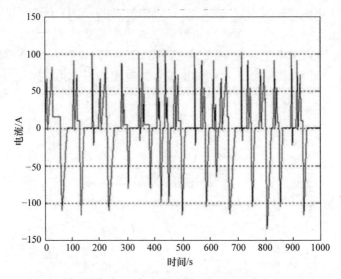

图 9-22 CHPTD 使用 500V 锂离子电池包时电池的电流变化

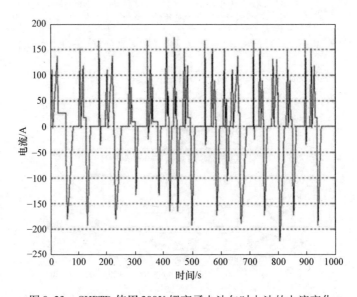

图 9-23 CHPTD 使用 300V 锂离子电池包时电池的电流变化

第9章
行星混合动力系统设计过程中的基础仿真研究

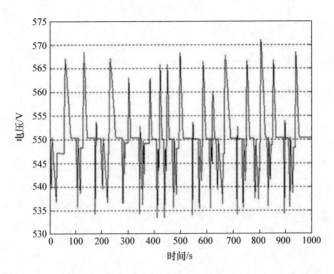

图 9-24　CHPTD 使用 500V 锂离子电池包时电池的电压变化

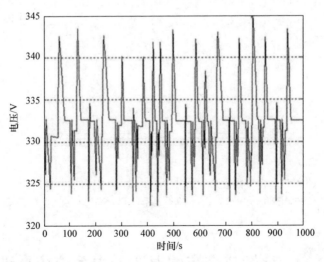

图 9-25　CHPTD 使用 300V 锂离子电池包时电池的电压变化

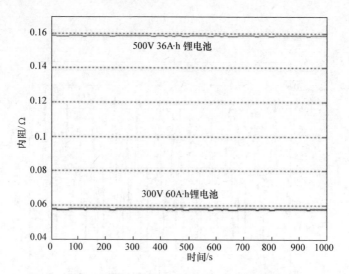

图 9-26 300V 和 500V 锂离子电池包的内阻变化

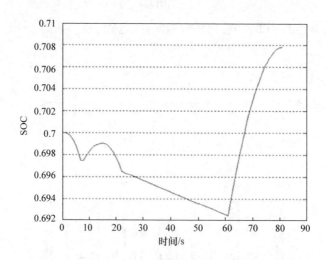

图 9-27 在车辆行驶工况时间片段内，电池的 SOC 预期变化
（在非插电式混动力系统中电池在行驶工况开始和结束时电池 SOC 不变）

9.3 通勤公交车的混合动力系统仿真研究

（1）动力系统与控制策略描述

为实现完全自动控制的可能性，通过仿真设计动力系统（图 9-28 ~ 图 9-30，表 9-3）及其相应的控制策略。

第 9 章
行星混合动力系统设计过程中的基础仿真研究

表 9-3 CHPTD 主要参数比较（车辆、发动机、电机和行驶工况参数与第 8 章表 8-1 和表 8-3 相同）

动力电池	500V/36A·h 锂离子电池包	300V/60A·h 锂离子电池包
电池包标称能量/(kW·h)	18	18
永磁电机和行星齿轮之间的传动比	4.8	4.8
电池包额定电压/V	500	300
电池额定容量/(A·h)	36	60
油耗/(L/100km)	24.96	24.96
发动机控制策略参数	(-100 0 7 8 30) (0 0 0 172 410)	(-100 0 7 8 30) (0 0 0 172 410)

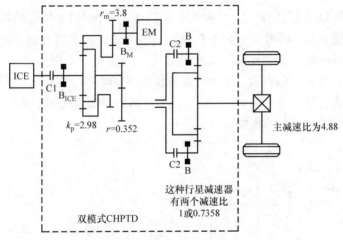

图 9-28 具有最优调节的机械传动比的动力系统构型 1
ICE—内燃机　C—离合器　B—轴制动器　EM—电机

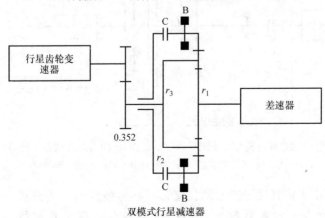

图 9-29 动力系统构型 1（图 9-28）中的双模式行星减速器
C—离合器　B—轴制动器

237

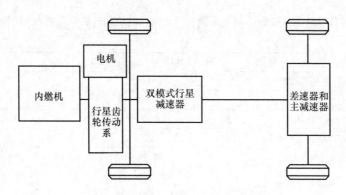

图 9-30　分析所用的动力系统框图

动力系统如图 9-31 所示,这种构型看起来比如图 9-28 所示的构型 1 复杂,但这种混合动力系统很容易实现全自动控制。此外,如果离合器/制动器和行星变速装置市场成熟,不会比构型 1 的成本高。为了降低系统成本,行星减速器 RP1 和 RP2 使用相同的参数。整个仿真过程使用 NEDC 行驶工况,在没有限制的情况下最高速度保持在 120km/h。还有一些特殊的行驶工况用于验证车辆的其他性能指标,例如加速度和爬坡能力。

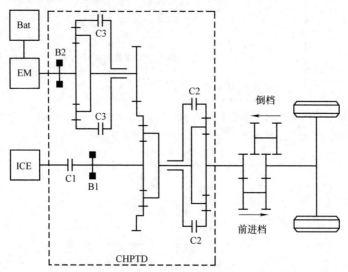

图 9-31　混合动力系统构型 2（图 9-28 所示的混合动力系统构型 1 仿真设计结果）
ICE—发动机　C—离合器　B—轴制动器　EM—电机　Bat—电池

表 9-4 列出了仿真使用的通勤公交车的具体参数和一些仿真结果。如油耗、机械传动比和电池包参数都经过匹配并满足车辆在仿真过程中的性能要求（Chang, 2005；Szumanowski et al., 2005a）。

第9章
行星混合动力系统设计过程中的基础仿真研究

表9-4 仿真用通勤公交车和改进CHPTD动力系统部件参数，柴油发动机油耗为指示值

项目	参数
动力电池	288V/27A·h 镍氢电池
主减速比	5.22
行星变送器的基本传动比	2.98
永磁电机与行星变送器之间的传动比	3.5×3.5（0~18km/h） 3.5×1（18~120km/h）
差速器和行星变送器之间的行星减速器	1（适于爬坡或车速在0~180km/h工况） 0.285（适合车速在18~120km/h工况）
车辆质量	5000kg
车辆迎风面积	4.64m²
空气阻力系数 c_x	0.35
车轮滚动半径 r_{dyn}	0.348m
油耗	10.64L/100km
ECE行驶工况	120km/h
发动机： 排量2.8L 转速范围850~4000r/min 最大输出功率87kW/3600r/min 最大转矩269N·m/1900r/min	永磁电机： 峰值转矩240N·m 峰值功率75kW，连续功率30kW 再生制动 全功率输入，直流250~400V

仿真过程中使用的控制策略定义如下：

1）柴油发动机的运行根据车辆速度和车辆外部负载（转矩）这些汽车运行参数进行控制。车辆在正常道路上行驶时，根据车辆速度变化情况发动机的转速变化受到限制。为使发动机运行在最高效区域，对控制参数进行调节。然而，影响发动机运行的因素不只有车速，还有驱动轮和发动机之间的传动比，这意味着动力系统的转矩分配。在车辆性能和发动机的运行区域之间进行折中考虑是有必要的。

2）机械传动比和车辆运行模式控制。当车速以低于17km/h在正常道路上行驶时，车辆以纯电动模式运行；当车速为17~120km/h时，车辆以混合动力模式运行。当车速低于18km/h时，行星齿轮变速器与电机之间的机械传动比为3.5×3.5，差速器与行星齿轮变速器之间传动比为1；当车速为18~120km/h时，行星变速器（PPG）与电机之间机械传动比为3.5×1，差速器与行星齿轮变速器之间传动比为0.285。

图9-29所示的行星齿轮减速器具体工作情况说明如下：
当离合器C接合且制动器B松开时，

$$\frac{r_1}{r_3} = 0.7358$$

$$k = 2 \times \frac{r_3}{r_1} - 1 = 2 \times \frac{1}{0.7358} - 1 = 1.718$$

此时,行星齿轮减速器的传动比为 0.7358。

当离合器 C 分离,制动器 B 制动时,

$$\omega_2 = \omega_1 = \omega_3$$

此时行星齿轮减速器的传动比为 1。

通勤公交车的 NEDC 工况仿真结果如图 9-32 所示。

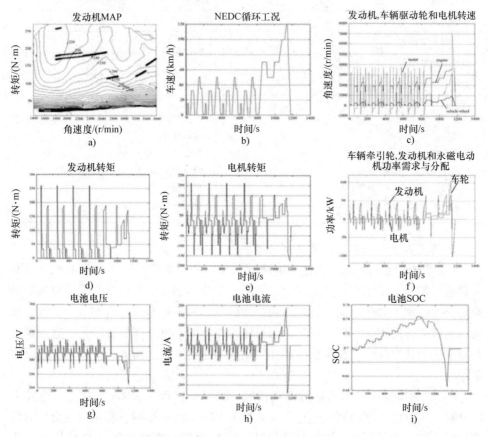

图 9-32 动力系统构型 2 的仿真结果

a) 发动机特性:转矩与转速,以及发动机工作点的分布 b) 仿真使用 NEDC 行驶工况
c) 发动机、车辆驱动轮和永磁电机的转速比较 d) 发动机输出转矩 - 转速关系
e) 永磁电机输出转矩 - 转速关系 f) 发动机、永磁电机和车辆驱动轮上的功率分配
g) 电池的电压变化 h) 电池的电流变化 i) 电池 SOC 变化

注:电池的电流工作范围为 -240~170A (-8~5.67C),处于电池可接受的工作范围内

(2) 通勤公交车的最大爬坡能力（30%）仿真

行驶工况描述：车辆在 30% 坡度上起步（0~18km/h 的加速时间 61s）。

控制策略：当车速低于 8km/h 时，使用纯电动模式；当车辆速度超过 8km/h 时，采用发动机单独驱动模式。

(3) 车辆的加速能力（0~60km/h）仿真（油耗：11.31L/100km）

(4) 车辆性能的仿真结果

基于 NEDC 工况，设计了动力系统构型 2 及相应控制策略。为了检验设计结果是否适合于正常行驶条件，设计了行驶工况 1 和行驶工况 2，并使用了相同构型 2 和相同的控制策略进行仿真。

1) 行驶工况 1（油耗为 11.07 L/100km）。

行驶工况 1 中的电池 SOC 值具有不断增大的趋势。如果在仿真期间行驶工况 1 重复五次，则电池 SOC 值将超过 0.8。因此，在控制策略和电池管理系统中，有必要限制电池 SOC 值并改变车辆的运行模式；并且应该更多使用纯电动模式。

2) 行驶工况 2（油耗为 11.19 L/100km）。

行驶工况 2 中的电池 SOC 增长比行驶工况 1 的要快。电池总是处于充电状态，这也是车辆油耗高的原因。

(5) 锂离子电池通勤公交车在 NEDC 工况下的仿真结果

在该仿真中，车辆参数、混合动力驱动系统的构型和控制策略保持不变，如 1.2 节和 1.3 节中所介绍的相同。仅将 288V/27A·h 镍氢电池更换为 300V/30A·h 锂离子电池。由于混合动力系统构型和控制策略没有变化，因此车辆性能没有变化。只有电池工作状态有较小变化。电池的电流和电压都处于混合动力电动汽车功率型电池正常的工作范围内。电池 SOC 不平衡，但与镍氢电池相比没有太大差别，至少 300V/30A·h 锂离子电池具的电压和容量略高一些。

9.4 车辆性能对机械速比的敏感度分析

(1) 行星齿轮变速器的基本速比

匹配后的行星齿轮变速器基本速比为 2.98。如果基本速比变为 2.58，则仿真结果如图 9-33、图 9-34 所示。仿真过程中，控制策略和其他参数保持不变。

从发动机 MAP 图中可以看出，所需的最大发动机转矩高达 288N·m，而实际发动机的最大转矩为 269N·m(1900r/min)。这意味着发动机工作点位于 MAP 图之外。

如果行星齿轮变速器的基本速比从 2.98 变为 3.38，则发动机工作点会向下移动一点，此时油耗为 10L/100km，但电池 SOC 持续下降，电池放电过多。

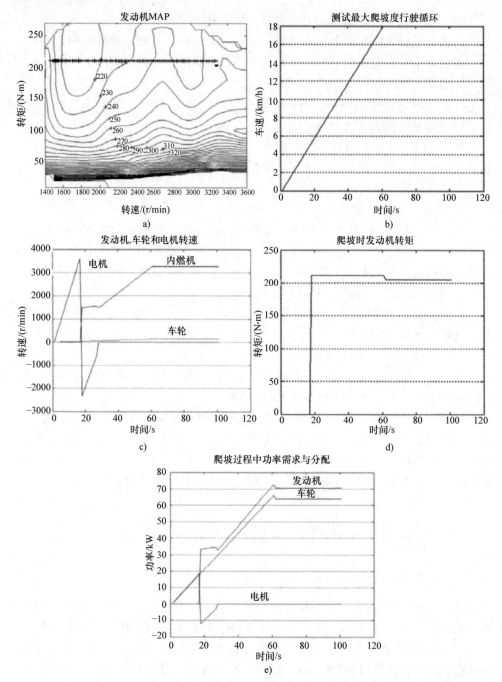

图 9-33 车辆爬坡时的仿真结果（动力系统构型 2）
a）发动机特性：转矩 – 转速曲线以及发动机工作点的分布 b）爬坡时的车速情况
c）车辆爬坡时发动机、驱动轮和永磁电机的转速 d）在车辆爬坡时发动机的输出转矩变化
e）在车辆爬坡时发动机与驱动轮功率需求的对比

第9章
行星混合动力系统设计过程中的基础仿真研究

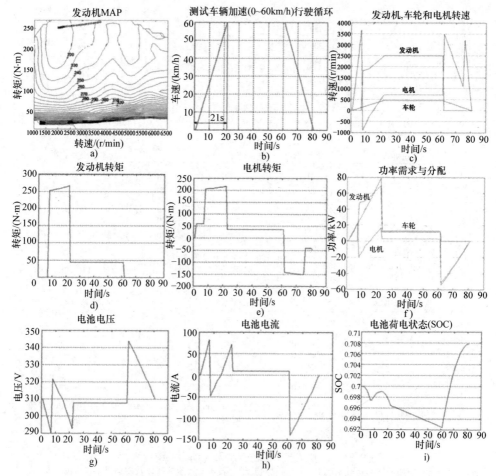

图9-34 车辆加速期间的仿真结果（动力系统构型2）
a) 发动机特性：转矩、转速以及发动机工作点 b) 仿真使用的基本行驶循环
c) 发动机、驱动轮和永磁电机的转速比较 d) 发动机的输出转矩
e) 永磁电机输出转矩 f) 发动机、驱动轮和永磁电机的功率分配比较
g) 电池的电压变化 h) 电池的电流变化 i) 电池SOC变化

（2）电机与行星齿轮变速器之间的减速比

如果改变电机和行星齿轮变速器间的传动比且其他参数保持不变，则不会影响发动机的运行，但会影响电机和电池的运行。如果速比乘积从 3.5×3.5 和 3.5×1 变为 3.0×3.5 和 3.0×1，则所需的电机转矩将达到249N·m，但电机的峰值转矩仅为240N·m。这样电池SOC无法保持平衡。仿真结果如图9-35～图9-44所示。

通过数值优化过程获得的行星动力系统参数需满足能耗最小化的要求（燃油、电），由作者所设计的混合动力系统作为CHPTD（见图9-32）总成的一种情况，已达到以下性能：

243

混合动力

电驱动系统工程与技术：建模、控制与仿真

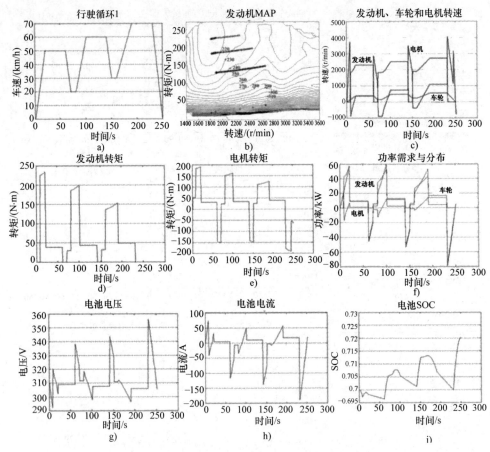

图 9-35　行驶工况 1 的仿真结果（动力系统构型 2）

a）仿真使用的实际行驶工况 1　b）发动机特性：转矩 – 转速曲线以及发动机工作点的分布　c）发动机、驱动轮和永磁电机的转速比较　d）发动机输出转矩分布　e）永磁电机输出转矩分布　f）发动机、驱动轮和永磁电机的功率分配　g）电池的电压变化　h）电池的电流变化　i）电池 SOC 变化

1）车辆从 0 到 60km/h 加速时间 21s ≤25s。

2）最高速度：120km/h。

3）最大爬坡能力：30%。

4）油耗降低了 35.3%（对于 NEDC 工况，限速最高 100km/h，使用构型 2 的混合动力系统油耗为 10.3L/100km；使用传统驱动系统的为15.93L/100km）。对于混合动力驱动系统，油耗意味着能耗（油耗 + 电耗）。因为电池

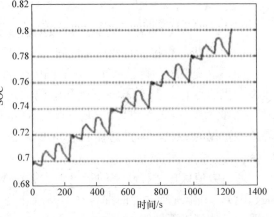

图 9-36　行驶工况 1 重复 5 次的电池 SOC 增长情况

SOC 在行驶工况开始和结束时保持平衡，电能转化为发动机油耗。

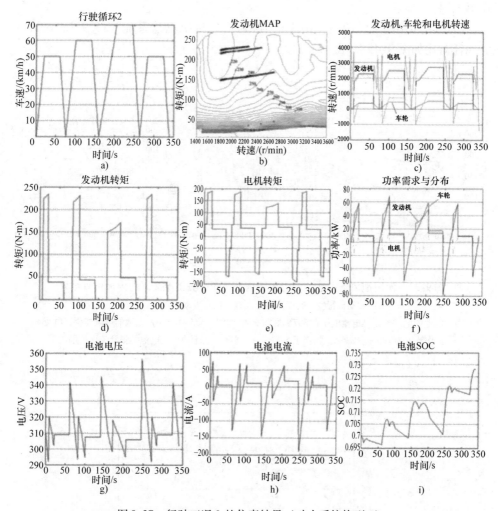

图 9-37　行驶工况 2 的仿真结果（动力系统构型 2）

a）仿真使用的实际行驶工况 2　b）发动机的特性：转矩 - 转速曲线以及发动机工作点的分布　c）发动机、驱动轮和永磁电机的转速比较　d）发动机的输出转矩分布　e）永磁电机输出转矩分布　f）发动机、驱动轮和永磁电机的功率分配　g）电池的电压变化　h）电池的电流变化　i）电池 SOC 变化

5）混合动力系统可以具有以下运行模式：纯发动机驱动模式，纯电动模式，混合动力模式和再生制动模式。

6）该系统很容易实现全自动控制。

7）构型 2 及其控制策略也基本上适用于专门设计的行驶循环 1，也适用于城市交通。

8）仿真期间，电池电压工作范围（最大值）为 270～370V，电流工作范围

为 $-240\sim170A$（$-8\sim5.67C$），这个范围处于混合动力电动汽车电池的正常工作范围内。

CHPTD（构型2）(10.3L/100km) 和对应的传统驱动系统 (15.93L/100km) 的油耗对比如图 9-45 所示。

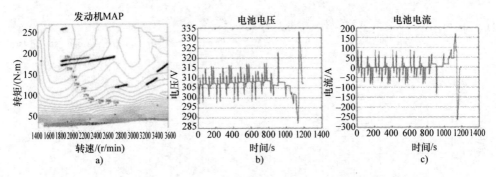

图 9-38 使用锂离子电池的动力系统构型 2 在行驶工况 2 下的附加仿真结果
a）发动机特性：转矩 - 转速曲线，以及发动机工作点分布
b）电池的电压变化，电池电压在 307V 附近变化（287~333V） c）电池的电流变化，电流工作范围为 170~-226A，相当于 $5.67\sim-8.87C$，处于功率型电池的正常工作范围内

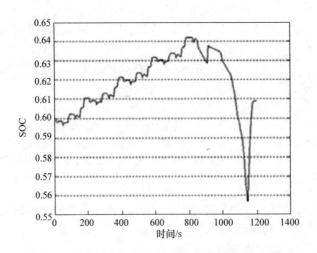

图 9-39 锂离子电池 SOC 随车辆行驶工况时间的变化

第 9 章 行星混合动力系统设计过程中的基础仿真研究

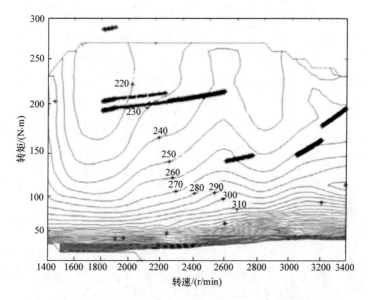

图 9-40 基于发动机 MAP 图，行星变速器的基本传动比（动力系统构型 2）调节失败的情形

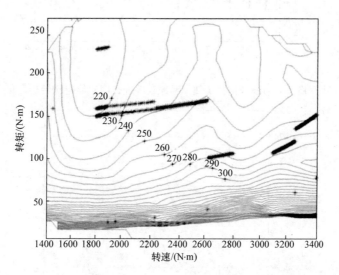

图 9-41 行星传动基本速比 3.38 时，动力系统构型 2 的柴油发动机工作点

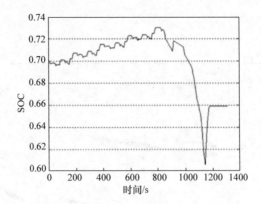

图 9-42 对应图 9-41 中数据的电池 SOC 变化

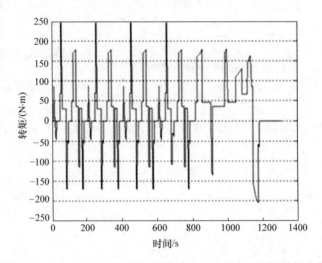

图 9-43 动力系统构型 2 使用新减速器速比时永磁电机转矩变化

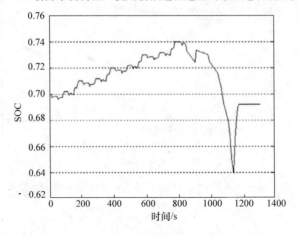

图 9-44 对应于图 9-43 中数据电池 SOC 值的变化

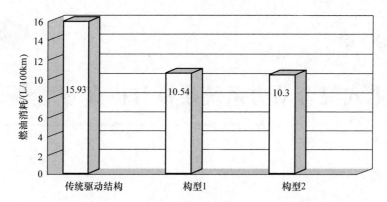

图 9-45　传统柴油机与上述两种不同构型混合动力总成中的柴油机油耗比较
（Chang，2005；Szumanowski，Chang，& Piórkowski，2005b）

第 10 章
插电式混合动力系统建模与仿真

本章介绍插电式混合动力系统的工作原理。纯电动汽车的动力系统非常接近于插电式混合动力系统，因此插电式混合动力系统的纯电驱动模式很重要。为了延长续驶里程，在设计过程中必须关注能量效率，重点是电耗方面。同时，动力电池容量增加同时会引起质量和体积的增大，因此一般情况下不推荐这种方式。大量试验证明，多档变速器、机械变速器的合理选择同汽车续驶里程之间有很强的关联性。在 PHEV 动力系统中，使用变速器意味着使用电池能量的车辆行驶距离更长。本章讨论了机械速比的合理匹配及其对汽车续驶里程的影响，具体介绍了三种机械变速器——齿轮（滚珠式）变速器、带式 CVT 和被称为紧凑型行星混合动力装置（CHPTD，见第 9 章）的行星变速器，另外还配有齿轮减速器，通过特殊结构的电磁离合器连接或断开。机械变速器的档位数和档位对应的速度取决于汽车尺寸、质量和性能要求三个指标，在大多数情况下最高车速是关键因素。

10.1 概　　述

如第 1 章所述，在动力系统构型方面，PHEV 动力总成同非插电式混合动力系统（HEV）相同（由第 1 章中图 1-10 和图 1-11 的对比可知）。为延长纯电驱动的行驶里程，通常采用不同的控制策略。但不能像非插电式混合动力系统那样，它不需要保持动力电池的 SOC 平衡。当动力电池还没有发生深度放电时，动力系统处于工作状态时，混合动力电动汽车以纯电动模式行驶。当 SOC 下降到设定最低值，PHEV 动力系统转为混合动力模式或纯发动机模式工作，此时动力系统工作在轻度混合动力模式。这样可以使得动力电池的 SOC 稳定在较低值，大体不变，如果车辆继续行驶，与非插电混动力系统就相差无几了。当然，这需要较大容量和储能更多的动力电池。因此，PHEV 动力系统将成为混合动力技术下一个阶段的发展主角。

HEV 和 PHEV 动力系统在工作时的差别（Duvall, 2005; Mitsutani, Yamamoto, & Takaoka, 2010）如图 10-1 所示。

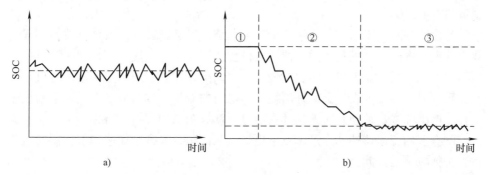

图 10-1　车辆行驶工况下电池的 SOC 随时间变化情况
a）非插电式混合动力系统　b）插电式混合动力系统

PHEV 动力系统工作时，可以分成三个阶段：

1）第一阶段，图 10-1b 中的①，外部供电系统给动力电池充电。

2）第二阶段，图 10-1b 中的②，PHEV 与纯电动汽车一样工作，首先由动力电池供电。当需要急加速或通过陡坡时，就进入传统的非插电式混合动力模式。PHEV 像非插电式混合动力电动汽车一样，具有较长的行驶里程和较低的油耗。因此，PHEV 动力系统设计可以在非插电式混合动力电动汽车的结构基础上进行，并通过增大动力电池的容量使其兼具 BEV 和 HEV 的优点，加装通过插座和插接件连接到电网的动力电池充电器。当然，这也需要专门的动力电池 SOC 检测和动力系统的控制策略。

3）第三阶段，在图 10-1b 中的③中 PHEV 动力系统像非插电式混合动力电动汽车那样控制，如前面所提到的，SOC 保持在一个合适水平，但比图 10-1 中区域②中的值小。

除了前面描述的情况，只要外部充电没问题，PHEV 可以用动力电池的能量实现纯电动驱动模式。当动力电池放电达到一定程度后，发动机起动给动力电池充电或驱动汽车行驶，这种情况下 PHEV 动力系统没有以前的工作模式那样高效。当汽车主要在市内车速受到限制的区域行驶时，这种工作模式是可以接受的。在这种情况下，一般把纯电动行驶里程 20km 作为动力电池储能匹配的先决条件，因为这一里程直接同动力电池的体积和重量有关。

10.2　纯电动模式

纯电动行驶是 PHEV 动力系统工作的一个重要阶段。这时，插电式混合动力

混合动力

电驱动系统工程与技术：建模、控制与仿真

电动汽车可以当成常规纯电动汽车。当动力电池 SOC 变化到足以进入混合动力模式即需要发动机开/停机时，会有一些细微差别，这与电池能量相对变少和控制策略有关。

就功率分配效率而言，详细分析动力系统损失是衡量动力系统有效性和提高效率的唯一方法。电机及其逆变器、机械变速器都会产生损失，合理匹配机械速比和把电机-逆变器工作区限制在最佳效率区可以降低损失。很明显，电机-变速器系统损失能量太大，会额外消耗动力电池的能量，从而最终降低纯电动续驶里程。电机和整个动力系统的内部损失分析计算结果如图 10-2 和图 10-3 所示。

配有多档变速器的动力系统效率更高，在汽车具有频繁加速和再生制动这些行驶特征时更是如此。

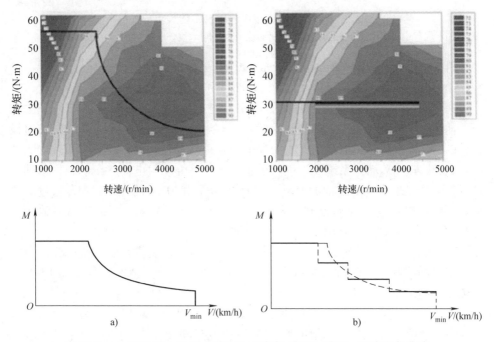

图 10-2 在 MAP 图上绘制永磁电机（PWM 控制）转矩-速度变化曲线
a）没有机械变速器 b）配备 4 档变速器

如果汽车长时间高速行驶，其续驶里程与城市高速续驶里程的差别不足 10%，而在动态的城市行驶工况下，续驶里程的差别约为 50%，如图 10-4 所示。这对纯电动汽车和插入式混合动力电动汽车来说是最重要的。

问题是需要设计什么样的变速器能具备成本低、质量轻、容易控制的特点，并且与电机逆变器和 BMS 协调工作。

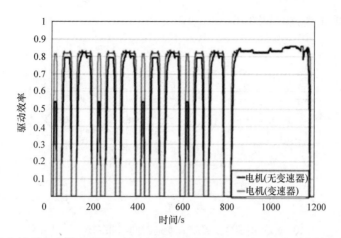

图 10-3 在电机无变速器和使用4档变速器（见图10-2）时，整个动力效率的变化对比

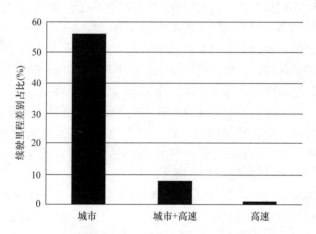

图 10-4 纯电动汽车在不同行驶工况下的续驶里程对比
（注：分析所用市区循环工况的最高速度为50km/h）

10.3 机械变速器的概念

对于轻型 BEV 和 PHEV 有两个建议：使用三档滚珠式变速器和带式变速器（CVT）。在这两种情况下，改变速比或者换档的基本条件是变速过程中电机断电（电机的转矩为零）。当驱动电机的转动惯量非常小时，与使用离合器的汽车相比，纯电动驱动不需要考虑汽车是在加速还是再生制动（这意味着电动机－发电机两种模式下机械速比可变）。这种控制也容易应用在串联 PHEV 动力系统中（见图 1-7），这种系统中发动机用作增程器，通常这种装置同驱动轮之间没有机

械连接。这种典型方案如图10-5所示。

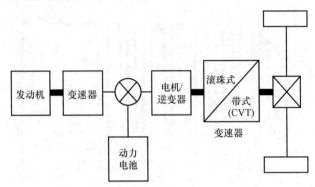

图10-5 使用滚珠式或带式变速器的串联PHEV动力系统

如图10-6和图10-7所示，充电机/控制器有两个功能。当动力系统工作在混动模式时，控制器控制发动机－发电机与动力电池协调工作；当动力电池充电时，充电机就是单一功能的充电器。从细节讲，发动机－发电机控制器在混合动力模式下起作用。此时，由发动机－发电机输出的电能经过可控节点输送给动力电池或者电机，这取决于汽车的驱动功率需求（见第7章）。当动力电池工作在大电流放电瞬间，发动机－发电机开始输出电能到动力系统，并根据反馈信号进行准确控制。建议可介入控制的发动机－发电机用作主要能源（见图2-1）。这个受控的发动机－发电机系统就是典型的增程器，用在纯电动汽车上就叫作PHEV，因此必须采取匹配的控制策略。

这个控制单元运行的第二个功能是使用外部电能（来自电网）为动力电池充电，这是一种纯充电器的功能。

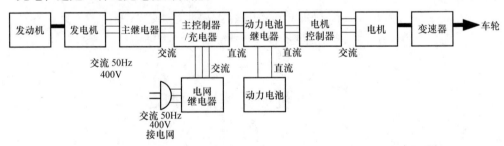

图10-6 串联混合动力驱动系统中，充电器或发动机－发电机控制单元（两功能单独实现）框图

充电器接口可以接到三相或者两相电网。作者实验室设计的试验原型机（如图10-6和图10-7所示）可接入三相电网和三相发电机（见图10-6），充电机控制器频率调整为20kHz。原型机质量15kg，其最大直流输出功率为4.5kW。发动

第10章
插电式混合动力系统建模与仿真

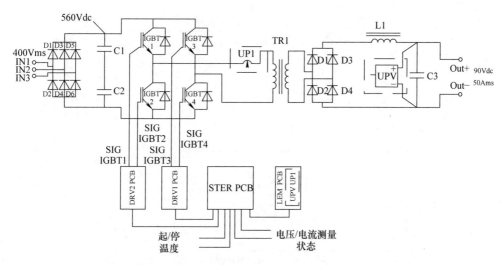

图 10-7 串联混合动力系统的车载动力电池充电器或者发动机 –
发电机单元控制器（实验室设计）

机 – 发电机控制在发动机在恒速模式下工作。直流 90V 输出最大电流为 50A，假设发电机的磁通为常数。

因为不需要额外的充电器，上面提出的概念可以降低 PHEV 动力系统的成本。但是有一个条件，就是同步发电机的输出参数应该与电网参数相同（具体参数包括输入的频率和电压）。尽管发动机 – 发电机替代电网供电并已大量生产，但在汽车上应用还需要特殊结构的发动机（例如两缸、液冷、快速易起动、低噪声等）。最近考虑采用小型汪克尔发动机直接驱动永磁发电机的布置形式。另一个有希望的结构是新一代自由活塞发动机，也是直连的，但需要与线性永磁发电机相连。这种类型发动机的最佳工作模式就是恒速和恒转矩。

汽车驱动轮功率一定时，降低电机电流的方法就是使用升压变换器提升电压。此时，动力电池电压比电机电压低。当动力系统不用升压变换器时，电机的功率是相同的，但用了升压变换器后，电压升高电流减小了，同时电机的输出转矩也较小。

因此，为减低动力系统内部损失，有两种好方案，即使用升压变换器和采用三档或四档自动变速器。对于 BEV 和 HEV，变速器档位数比发动机单独驱动汽车的档位数少，因为电机具有足够的转矩和速度转换能力。这要求用于 BEV 和 PHEV 的自动变速器设计应该简单，并且成本要低于传统汽车中使用的 AMT。下面将通过具体例子进一步讨论升压变换器和上述变速器的方案。

升压变换器的典型结构如图 10-8 所示，汽车加速时工作时处于升压模式，再生制动为动力电池充电时处于降压模式。

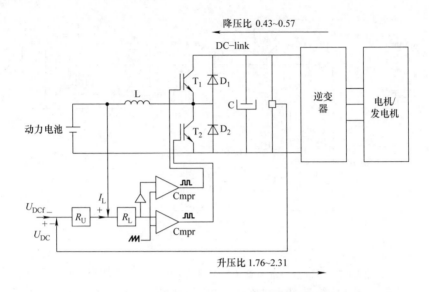

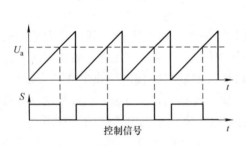

样机(作者实验室)

图 10-8 升压变换器设计示例（再生制动过程中从电机到动力电池的降压比为 0.43~0.57，加速和稳速行驶时动力电池到电机的升压比为 1.76~2.31）

(1) 滚珠式变速器概念

这种自动变速器的设计理念来自于简单的滚珠机构，如图 10-9 所示。

这种变速器用在动力系统中，电机运行最有效，同样在汽车加速尤其是再生制动时增加动能回收。选择结构参数和可减小电机电流的控制系统，可降低铜损并提高电机及逆变器的效率。这都取决于特定档位的传动比准确匹配和良好的控

第 10 章
插电式混合动力系统建模与仿真

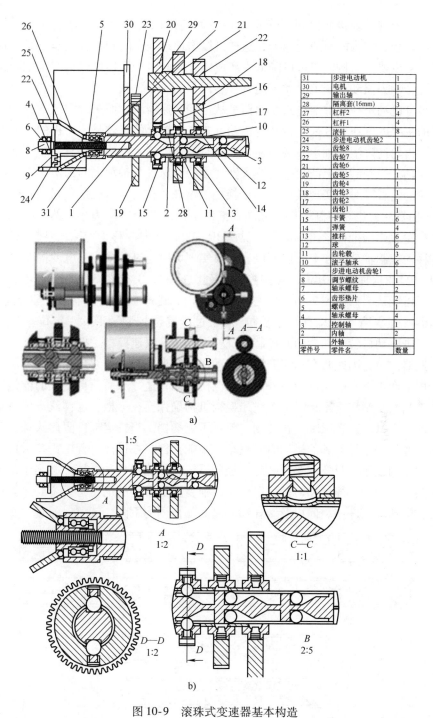

图 10-9 滚珠式变速器基本构造
a) 主截面图 b) 局部细节图（Mitsutani 等，2010；Sekrecki，2010）

混合动力
电驱动系统工程与技术：建模、控制与仿真

制系统，控制系统接收电机-车辆角速度和转矩的反馈。目标是设计一个体积小、重量轻、结构简单的变速器，这样可以增加乘坐空间和减轻整车重量，这对设计非常重要。结构简单可以降低生产成本，同时对结构稍稍改动便可把变速器用在混合动力驱动系统上，尤其适合轻型汽车。

步进电动机控制的滚珠式变速器是从三档变速器演变而来，它与常规手动变速器的主要差别在于其采用特殊的传动方式。主轴上的齿轮是不可拆的，而在输入轴上齿轮通过滚珠轴承安装。输入轴是空心轴，输入轴的内部有一个控制换档的阶梯轴。当控制轴上凸轮推动输入轴孔中的滚珠进入轴承之间的滚珠座内和所选齿轮的轮毂内时，实现换档（用于换档的滚珠，位于输入轴内比对应孔的轮廓大）。摘档时，齿轮控制轴一直移动到滚珠下出现一个凹槽为止。然后，滚珠被安装在轮毂内的推杆推出滚珠座（见图10-10），并向内移动到输入轴越过通孔。左右移动控制轴就会换上相应档位。具体实现可以通过一个步进电动机控制（见图10-10）。这种换档方式，强制换档序列，1→2→3 或者 3→2→1。不经过 2 档，不可能从 1 档换到 3 档，反之亦然。同时，由于没有离合器断开驱动电机，变速器没有空档（即总有一个档位）。通过准确地控制轴形状、定位丝杠的螺距、步进电动机转速和精确的控制系统就可以实现快速换档。换档时间比传统手动变速器的短，因此其在加速升档和制动降档时可以几乎连续传递转矩。制动时降档用来产生更大的制动转矩并提高发电机轴的转速，从而获得更大的能量回馈效率。当汽车制动直至最终停车时，换档机构确保换在一档。这样汽车就可以再次起动，在汽车停车时轴停止转动，就不可能换档。当特定部件阻碍滚珠回到滚珠座，并妨碍了控制轴的运动时，汽车也不能换档。在设计过程中需要考虑不能换档的原因在于，只要汽车行驶时，控制系统就能确保自动换档。必须注意变速器在换档过程中不能传递转矩，即电机从逆变器处得到的电压必须降到零。这时作用在滚珠和滚珠座之间以及滚珠和轴之间的作用力下降，就可以通过一个固定

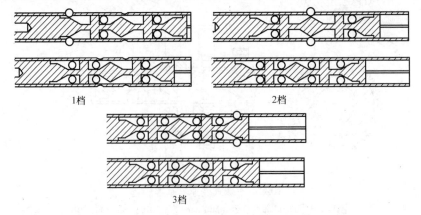

图 10-10　1 档升到 3 档时对应齿轮的接合与分离示意图

第10章 插电式混合动力系统建模与仿真

在控制轴孔槽内的专用弹簧把滚珠从滚珠座内推出。

倒车可以通过改变电机转动方向实现,所以不需要设计倒档齿轮。

(2)带式混合动力变速器的概念

混合动力无级变速器使用一种新型带式CVT,因为功率传递是通过摩擦(锥形轮)和齿轮结合实现的,所以也被称之为混合动力带。

这种无级变速器有两个特征:

1)齿轮直径可变(图10-11)。

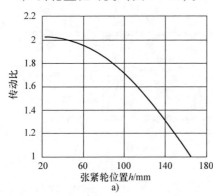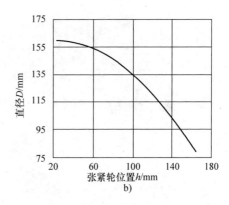

图10-11 带式变速器特性(Krawczyk,2010;2011)
a)传动比与带张紧轮的位置曲线 b)主动锥直径与张紧轮的位置曲线

2)使用标准齿形带可获得较高的效率(图10-12)。

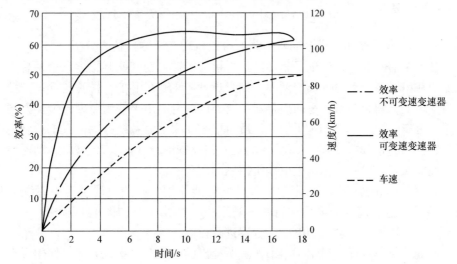

图10-12 加速过程中带式变速器的效率

这种变速器特别适合于在质量很小的轻型城市电动汽车,可以达到降低能耗和提高能量回馈效率的目的。

换档机构操作原理如下（结构见图10-13）：

步进电动机驱动的螺母可在两个旋向相反丝杠上移动。一个丝杠通过推力轴承连接到锥形轮上，另一个丝杠通过两个联轴器和一个推力轴承带动另一个锥形轮。这个机构调节速比是通过移动两个锥形轮实现的，而锥形轮的V形表面与混合动力带配合工作（图10-14）。

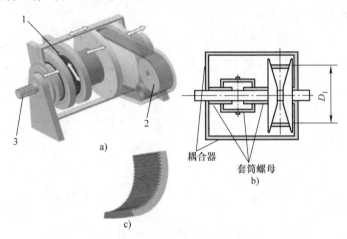

图10-13 带式变速器基本结构

a) 结构 b) 示意图 c) 混合带

1—步进电动机驱动的丝杠 2—输入转矩（与驱动电机相连）
3—输出轴（通过差速器连接驱动轮） D_1—锥形轮动态直径

(3) 动力系统（步进电动机控制的带式自动变速器）仿真分析

在本章前一部分，讨论了驱动电机直接与机械自动变速器相连，这种总成只可能用在串联混合动力系统构型中。如果设计中的AT用在并联或者行星排混合动力系统上，则必须有合适的离合器系统加以配合。由于控制原因，最佳方案是采用电磁离合器。图10-15所示的是最简单的并联动力系统方案，系统只有一个受电磁控制的离合器/制动器。重要的是，在稳态情况下要求离合器/制动器单元不消耗能量。也可以考虑步进电动机控制的离合器。

新型干式电磁离合器采用节能设计，可能应用于乘用车混合动力系统（见图10-16）。这种离合器可用在行星变速器上，如第1章的图1-15和图1-16所示，分别使用步进电动机和电磁离合器进行控制。

例如，第1章详细讨论了本书作者所提出的一种动力系统方案，使用了自动变速器和带式无级变速器，采用步进电动机进行控制（Szumanowski, Chang, Hajduga, & Piorkowski, 2007）。

试验的混合动力系统理念专门用于下一代乘用车。在不降低安全影响的情况

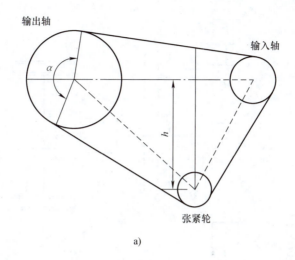

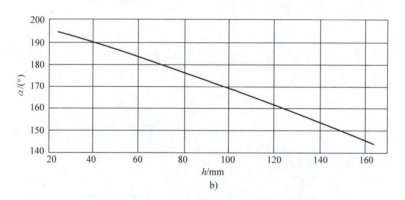

图 10-14 锥形轮接触角与张紧轮的位置关系
a) 变速器示意图 b) 带的摩擦接触角与张紧轮位置变化的关系

下,减轻车辆重量是汽车车身的重要目标之一。该理念是设计一个用轻质材料制造的刚性框架。这种方法特别适用于纯电动汽车和混合动力电动汽车,其中降低能耗才是最有意义的。超轻的城市汽车,设计成一种最简单的纵横梁－管式框架结构,其长、宽、高分别约为 3.1m、1.4m 和 1.65m。这种车架的重量仅有约 75kg,包括额定有效载荷在内(乘客加行李舱满载)的整车总重为 980kg。动力电池电压为 72V。在这款汽车上安装混合动力驱动系统的想法,就是使其可以插电式混合动力模式和非插电式混合动力模式工作。它有什么意义呢?具体目标在于动力电池 SOC 在 40%～80% 之间变化,一次充电的续驶里程为 300～400km。很明显,在实际行驶过程中有可能使动力电池 SOC 实现充放电平衡,但不是绝对必要的。根据设定的控制策略,要特别注意混合动力模式运行时的功率分配。

混合动力
电驱动系统工程与技术：建模、控制与仿真

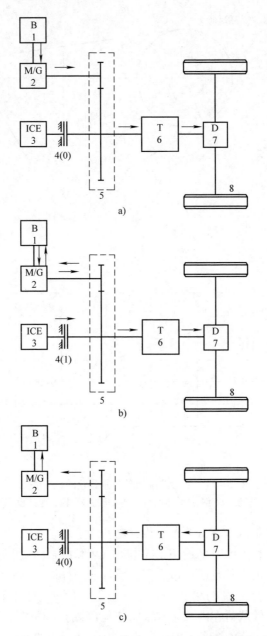

图 10-15 最简单的混合动力系统（采用步进电动机的自动变速器）
a）纯电动模式 b）混动模式 c）回馈制动模式
1—动力电池 2—电机/发电机 3—发动机 4—电磁控制的离合器/制动器单元 5—减速器（功率汇流点）
6—步进电动机控制的自动变速器或滚珠式无级变速器 7—主减速器差速器 8—驱动轮
注：4号件的符号说明：（0）离合器分离；（1）离合器接合；箭头指示能量流方向。

所有目标都要在 NEDC 工况下实现的，工况 1 的最高车速限制为 95km/h，工况 2 为 80km/h。

上述混合动力驱动系统的特点在于低功耗、在汽车加减速时能够自动改变机械速比，进而能够保证车辆在较低能耗下平稳行驶。自动离合器通过带式变速器的一个轮把电机轴与发动机轴连接起来，能使发动机能够"智能"开关。图 10-16 所示为带有自动离合器的混合动力系统。该混合动力系统包括一个由步进电动机控制的变速器（如前面滚珠式变速器中所述），其速度可变，且在自动离合器分离时不需要增加离合器，接在逆变器之后的电机端子上的电压瞬时值为零。实际上，在城市行驶时，为达到 95km/h 或 80km/h 的最高车速，只需要自动变速器有两个档位。通过带式变速器，也可以通过弹性离合器和自动离合器把电动机/发电机、发动机和变速器轴联结起来即可实现。最后一个方案应该以电磁方式进行控制，或者使用成本更高的步进电动机系统进行控制。

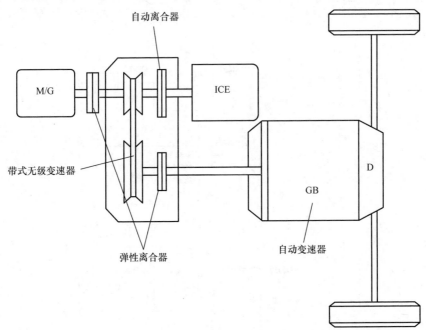

图 10-16 步进电动机控制的自动离合器和带式 CVT 的动力系统简图

步进电动机可改变带式变速器速比。根据自动变速器输出轴的转速（车速）和驱动轮（道路）上的功率需求，在加减速过程中自动改变带式变速器的速比。最后一种情况能够改进再生制动效果，此时电机处于发电机模式。

自动离合器包括传统干式双离合器、两个膜片弹簧，并由电磁执行机构连接和控制。只有在自动离合器接合和分离阶段（瞬态）才消耗电能。在稳态时，自动离合器保持工作状态并不需要电能,这说明自动离合器具有零能耗特点。

考虑混合动力系统的下列参数:发动机功率12kW(汽油机)、永磁电机额定功率8kW、带式CVT的变速范围1~2.5、动力电池包电压72V,额定容量50A·h。

根据本书提出的数学模型,作者采用计算机仿真方法设计了前面分析的试验动力系统。

图10-17~图10-21表明动力系统不同工作模式下的功率/转矩流,这些模式是通过控制算法获得的。

当汽车加速或匀速行驶时(对应于CVT输入轴的角速度低于200rad/s时),混合动力系统以纯电动模式工作。

当汽车加速行驶、匀速行驶(对应于CVT输入轴的角速度大于等于200rad/s),或者CVT输出轴转矩小于发动机最小转矩(为限制发动机运转区域)时,汽车以发动机单独工作模式行驶。当$T_{ICE} > T_{CVToutput}$时,电机工作在发电机模式(为动力电池充电)。

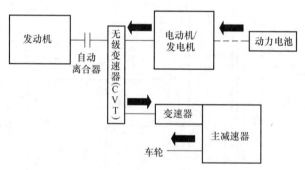

图10-17 汽车纯电动模式起动

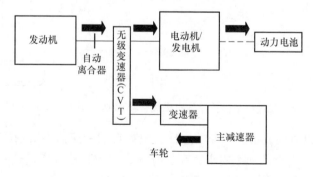

图10-18 汽车以发动机单独驱动模式起动

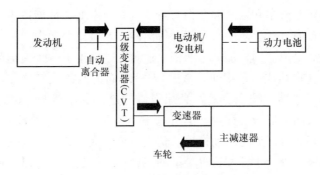

图 10-19　动力系统的混合动力模式

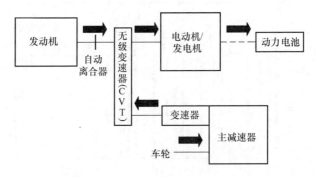

图 10-20　汽车再生制动的第一阶段

当汽车减速并且 CVT 的输入轴角速度大于等于 200rad/s 时，汽车工作在再生制动第一阶段。

当汽车减速并且 CVT 的输入轴角速度小于 200rad/s 时，汽车工作在再生制动阶段的第二阶段。

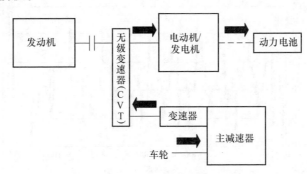

图 10-21　再生制动第二阶段

动力系统在 NEDC 工况下的动态特性部分仿真结果如图 10-22～图 10-32 所示，工况 1 和工况 2 中的最高速度分别为 95km/h 和 80km/h。

混合动力
电驱动系统工程与技术：建模、控制与仿真

为城市超轻型汽车开发的混合动力系统具有成本低和性能适中的特点，这个结论是基于现有的批量生产的汽车部件得出的。在城市交通中大多数情况下，汽车使用带式无级变速器，外加一个两档变速器。这引出了一个关键问题：什么是最有效的设计（也从成本角度加以考虑）？一个新的两档变速器和现成的限制换档范围的五档变速器，哪个有效？必须强调的是，变速器的变速过程是半自动的。变速器没有离合器与之配合。电机电压为零（松抬加速踏板），当自动离合器处于分离状态时可以进行手动换档。仿真结果令人满意，尤其是在油耗和电耗方面。这一结果对进一步开发这种类型的混合动力电动汽车，以及插电式混合动力模式或非插电式混合动力系统的运用，都是令人欣慰的。

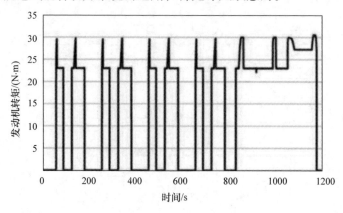

图10-22 发动机转矩变化

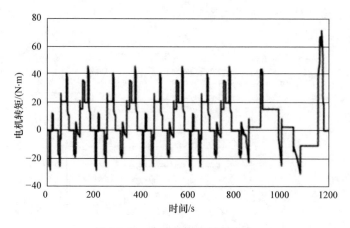

图10-23 永磁电机的转矩变化

第 10 章
插电式混合动力系统建模与仿真

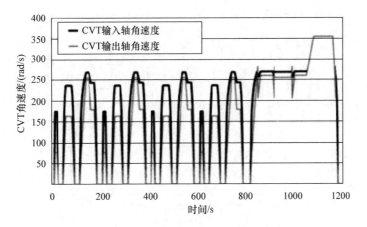

图 10-24　CVT 输入轴和输出轴的角速度变化

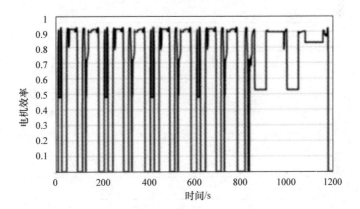

图 10-25　永磁电机的效率变化

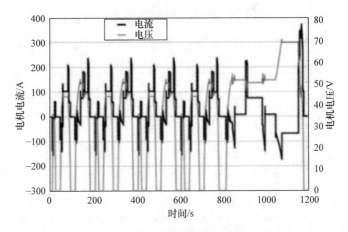

图 10-26　永磁电机的电压和电流变化

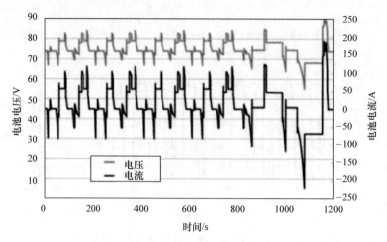

图 10-27 动力电池的电压和电流变化

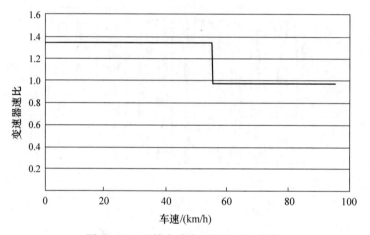

图 10-28 两档自动变速器的速比变化

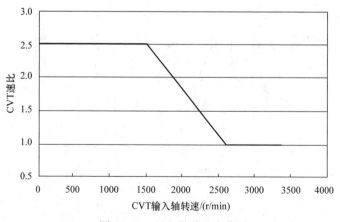

图 10-29 CVT 的速比变化

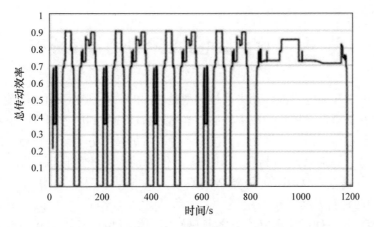

图 10-30　动力系统的效率

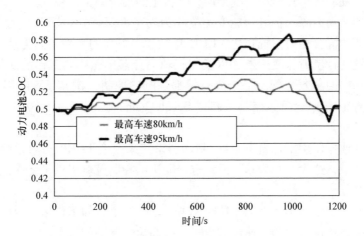

图 10-31　动力电池的 SOC 变化

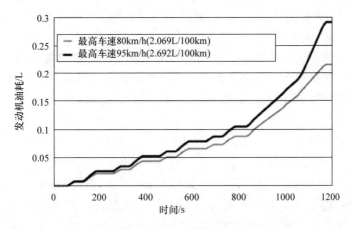

图 10-32　发动机的油耗

10.4 典型插电式混合动力系统分析

非插电式和插电式混合动力系统构型是相同的。差别在于动力电池的容量和体积，也就是质量、体积和成本方面，当然还有前面提到的控制策略也不同。

使用行星变速器的混合动力系统是一种先进的技术方案。这也就是本书作者选择紧凑型行星混合动力装置（CHPTD）作为动力系统的原因。第 1 章、第 8 章、第 9 章描述的 CHPTD 是复杂的系统。图 10-33 展示了增加了变速器的 CHPTD 的两种新方案。

CHPTD 是一种低成本解决方案，只使用一组行星齿轮机构和一台电机，具有纯电动、发动机单独驱动、混合动力、再生制动全部工作模式。一台小发动机用作增程器的动力源。行星齿轮变速器作为功率汇流装置，耦合了两个动力源。与其他现有的混合动力系统相比，CHPTD 能获得更高的效率，因为使用离合器/制动器系统的行星齿轮变速器，以及与三轴离合器单元协调工作的附加变速器，可以实现功率的高效分配。每个离合器都是电磁控制，在 PHEV 应用的 CHPTD 动力系统肯定需要专门的控制策略（Debal, Faid, & Bervoets, 2010; Smaling & Comits, 2010）。

机械变速器使用了几组离合器/制动器系统来改变 PHEV 动力系统的工作模式和档位调节，这为 PHEV 动力系统选择先进的控制策略提供了更多的可能性和灵活性。

增加变速器是为了在不同车速时调节发动机和电机的工作区，以提高能量利用效率。配备档位合适的变速器，也可以提高再生制动的效率。

（1）离合器/制动器系统设计

PHEV 动力系统使用的离合器/制动器系统能够影响动力系统的性能，但现有的电磁离合器/制动器系统会持续消耗电能。为了最大限度地减少能耗，本书作者根据一个专利提出的概念，选择了一种创新的稳态零消耗的离合器/制动器系统。作为一种低成本的解决方案，干式摩擦离合器被看成是新离合器的设计基础。新设计的离合器/制动器系统的基本结构如图 10-34 所示（Szumanowski, Liu, & Hajduga, 2010）。

能够沿着轴的 X 方向移动的两个刚性连接的双膜片弹簧是设计中的一个关键部件（见图 10-34、图 10-35）。当这个轴移动到最终位置的瞬时，两个膜片弹簧受到轴的拉力。此后，其中一个膜片弹簧由于刚性连接停留在另一个位置，处于稳态，不消耗电能。图 10-35b 所示为膜片弹簧的特性。把两个膜片弹簧反向连接，并且把两个膜片弹簧的初始位置设定在其特性曲线的 O 点，得到双膜片弹簧

第 10 章
插电式混合动力系统建模与仿真

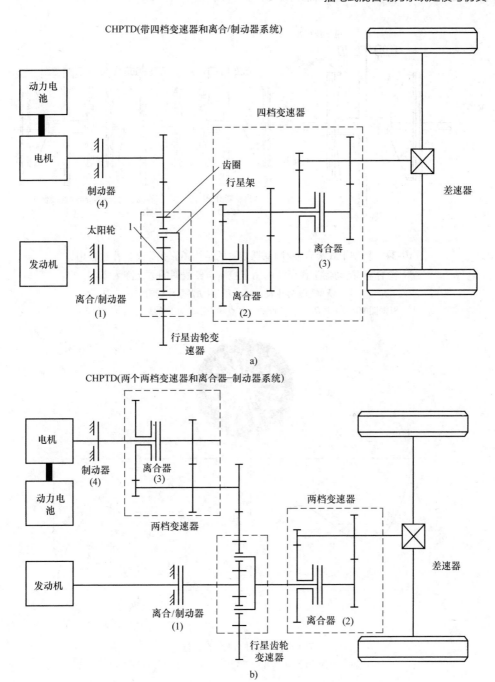

图 10-33 带附加变速器的 CHPTD 新构型
a) 四档变速器和离合器/制动器系统 b) 两套两档变速器和离合器/制动器系统

的特性如图 10-35c 所示。

混合动力
电驱动系统工程与技术：建模、控制与仿真

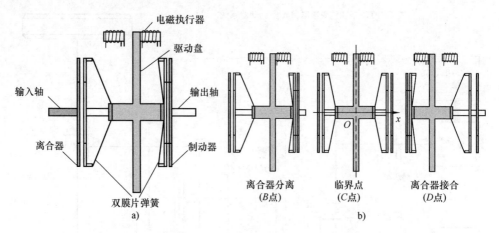

图 10-34 新型干式离合器/制动器装置的结构图。在稳态工作过程中，
离合器/制动器工作所需的用于控制电磁线圈的电能降为零
a) 新型稳态零电耗的离合器/制动器系统结构
b) 根据图 10-35c 中 B、C、D 点的（C 点为瞬态）对应的离合器工作位置

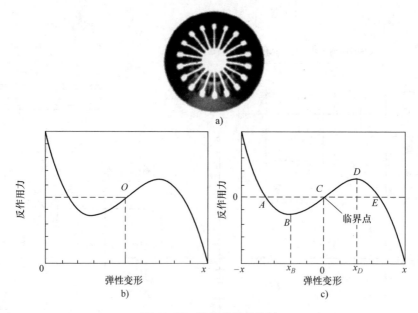

图 10-35 膜片弹簧的特性
a) 膜片弹簧 b) 单膜片弹簧特性 c) 双膜片弹簧特性

双膜片弹簧有两个稳态，分别是离合器的接合和分离状态（见图 10-34b）。在离合器工作时，双膜片弹簧工作在其特性曲线的 B 点和 D 点之间（见图 10-35c）。

第 10 章
插电式混合动力系统建模与仿真

必须用两套电磁执行机构产生相反方向的作用力。在接合过程中，双膜片弹簧从 B 点移动到 D 点。根据双膜片弹簧的特性，当双膜片弹簧从 B 点移动到 C 点时，作用力只施加在压盘上。当弹簧经过临界点 C 时，离合器能够自动接合，而在稳态情况下的能耗为零。分离时，双膜片弹簧的工作方向与接合时的相反。

膜片弹簧的特性与其材料和尺寸相关。膜片弹簧的作用力为其轴向变形的函数。

该离合器转矩在输入轴和输出轴间分配的基本方程组由第 8 章中的式 (8-14) ~ 式 (8-25) 所定义。为详细分析离合器操作中稳态下的零能耗，需要把下列数学模型添加到上述方程组中。

传输到离合器压盘表面的转矩把离合器的输入轴和输出轴连接起来（见式10-1）。

$$\begin{cases} I_{in}\dfrac{d\omega_{in}}{dt} = T_{in} - T_{cl} - \omega_{in}b_{in} \\ I_{out}\dfrac{d\omega_{out}}{dt} = T_{cl} - T_{out} \end{cases} \quad (10\text{-}1)$$

式中，I_{in} 和 I_{out} 为换算到输入轴和输出轴上的等效转动惯量；T_{in} 和 T_{out} 为输入转矩和输出轴上的阻力矩；T_{cl} 为离合器摩擦盘上传递的转矩；ω_{in}、ω_{out} 分别为输入和输出轴的角速度；b_{in} 为输入轴的转矩速度系数，与连接到输入轴上动力源驱动力矩相关。

离合器的传递转矩能力与其摩擦盘的尺寸和材料有关（见式10-2）。

$$\begin{cases} F_f = F_n\mu S \\ T_f = F_f r \\ T_{f\max} = \dfrac{rF_f}{\pi(r_2^2 - r_1^2)}\int_{r_1}^{r_2}\int_0^{2\pi} r^2 d\theta dr = \dfrac{2}{3}\dfrac{r_2^3 - r_1^3}{r_2^2 - r_1^2}F_n\mu \end{cases} \quad (10\text{-}2)$$

式中，$T_{f\max}$ 为离合器传递的最大转矩；F_f 为离合器两个盘之间的摩擦力；F_n 为摩擦盘上的轴向力；S 为根据等效半径计算的表面积；r 为摩擦盘的等效半径，根据式 (10-2) 计算；r_1 为摩擦盘内径；r_2 为摩擦盘外径；μ 为摩擦系数。

$T_{f\max}$ 用作一个阈值，用来判断离合器传递最大转矩时是处于打滑还是同步接合状态。这就意味着，对于输入转矩如果大于最大摩擦转矩，离合器盘会处于连续滑动状态，离合器就不能完全接合传递转矩；如果低于 $T_{f\max}$，离合器就可以正常接合传递转矩。离合器盘的滑动边界条件就定义为 $T_{f\max}$。

当离合器打滑时，动摩擦系数用于计算离合器所传递的转矩，通过离合器传递的转矩就是其传递转矩的能力。转矩方向取决于两个摩擦盘间的相对速度，见式 (10-3)。

$$\begin{cases} T_{f\max k} = RF_n\mu_k \\ T_{cl} = sgn(\omega_e - \omega_v)T_{f\max k} \end{cases} \tag{10-3}$$

式中，k 表示动态条件。

当离合器完全接合时，两个摩擦盘完全接合在一起，角速度完全相同。通过求解式（10-1），离合器传递的转矩为

$$\begin{cases} \omega_{in} = \omega_{out} = \omega \\ T_{cl} = \dfrac{I_{in}T_{out} + I_{out}(T_{in} - b_{in}\omega)}{I_{in} + I_{out}} \end{cases} \tag{10-4}$$

在接合过程中

$$F_n = F_s - F_e \tag{10-5}$$

式（10-5）中，当弹簧工作点位于 D 点时，双膜片弹簧的反作用力 F_s 为常数。

式（10-5）中，F_s 为双膜片弹簧的反作用力。由于膜片弹簧的作用力是其弹性变形的函数，当其工作点位于图 10-35c 所示的 D 点时，F_s 为常数。根据传统干式摩擦离合器的经验，其瞬态过程的时间（膜片弹簧的工作点在 B 点和 D 点之间移动）比离合器盘的角速度同步过程（$|\omega_{out} - \omega_{in}| \to 0$）所用时间短得多。可以认为，离合器的瞬态过程与此时的特性不相关，因此可以忽略瞬态过程中离合器的特性。

电磁执行机构的期望作用力 F_e 是电磁线圈中电流的函数。离合器接合的过程就意味着输出轴的角速度是由电磁线圈中的电流控制，因此有：

$$\omega_{out} = f(i, T_{in}) \tag{10-6}$$

式中，i 为电磁线圈中的电流。

电磁执行机构中电流使用不同控制策略时（演示用），离合器接合过程的仿真结果如图 10-36 所示。可见当电磁线圈中输入的电流波形不同时，离合器的接合时间有明显的变化。

图 10-37 所示为不同用途的离合器/制动器结构，由离合器/制动器结构、双离合器和制动器组成。基于上述概念，作者设计了一种改进驱动方案的离合器（见图 10-38），增加了轴承来保持压盘在非旋转状态下处于工作状态。电磁执行机构采用两组螺线管。本设计特别考虑了双离合器的应用。但是，只要稍加调整，这个设计也可用于离合器/制动器，或者仅用于制动器。同旋转驱动机构方案相比，该设计方案具有磨损小和稳定性高的特点。

图 10-39 所示为另一种结构的离合器，利用步进电动机的非旋转驱动解决方案 (Yn, Iseng & Lin, 2010)。与步进电动机执行机构方案相比，上述电磁驱动方案的动态特性好且径向尺寸小。

汽车在混合动力模式或发动机单独驱动模式下的行驶过程中，换档速度必须

第10章
插电式混合动力系统建模与仿真

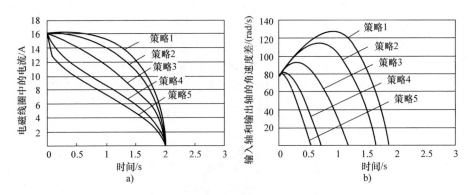

图 10-36 离合器/制动器的不同控制策略
a) 不同接合控制策略下电磁作动器中的电流 b) 不同接合控制策略下输入轴和输出轴的角速度差（$\omega_{in} - \omega_{out}$）。当输入和输出轴间的速度差为零时，离合器完全接合

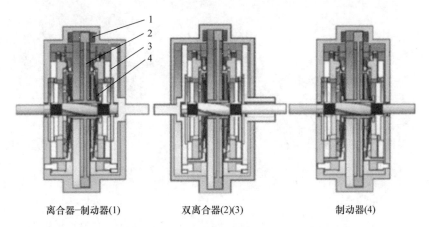

图 10-37 稳态时零电耗的离合器/制动器的不同应用
1—电磁执行器 2—驱动盘 3—摩擦盘 4—膜片弹簧

快。在换档过程中，应避免发动机出现超速的问题。

在图 10-40 中列出了反馈信号和转矩 – 速度控制信号，这是基于紧凑型行星齿轮传动混合动力装置的又一个方案。

在两档或四档变速器换档过程中，变速器中的离合器动作需要 0.3～2s，这包括输入和输出的同步过程。这意味着在最长 2s 内，离合器摩擦盘的滑动过程结束。在这个过程中，离合器把行星齿轮变速器输出轴上的外部载荷与驱动轮断开。同时，电机的转矩调节信号调节逆变器的输出电压，将其值限定为零，发动机接收反馈的速度信号使发动机转速下降（类似于普通汽车的加速）。当汽车再生制动时，发动机熄火（离合器分离、轴制动器制动），电机 – 发电机的转矩信号控制逆变器电压，并且齿轮反向旋转，类似于加速工况。这对汽车动能回馈效

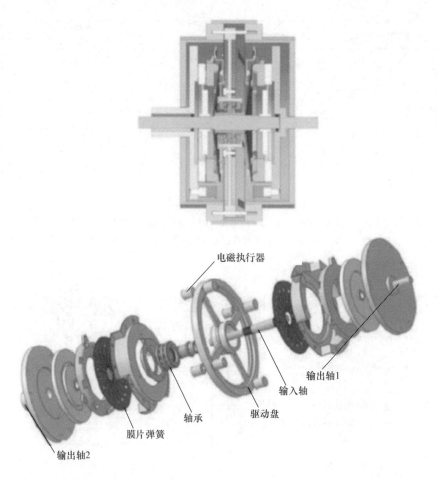

图 10-38 稳态时零电耗的电磁执行机构及离合器/制动器总成（用于双离合器）

率有很大影响，这一点将进一步证明。

（2）PHEV 混合动力系统建模

为评价设计的可行性和优化系统参数，利用所有部件的数学或数字化模型，在 MATLAB – SIMULINK 程序环境下建立了插电式混合动力系统的动态模型（Szumanowski，Liu，& Chang，2010）。

第 8 章评价了二自由度行星排的建模方法。一个二自由度行星排能把发动机和电机输出轴的功率、转矩和角速度，以及简化到其第三轴上的车辆的速度和阻力矩结合在一起。实际使用中，发动机和电机分别连接到行星齿轮系的太阳轮和齿圈上，行星架输出动力驱动汽车（见图 10-39）。下面 3 个方程描述了转矩和角速度间的关系，在这些方程中，k_p 为行星齿轮的基础速比，其调整对混合动力系统的功率分配有很大影响。

图 10-39 用步进电动机做执行机构的离合器方案（Yn 等，2010）

$$\begin{cases} J_1\dot{\omega}_1(t) = \eta_1 M_1(t) - \dfrac{1}{k_p}\eta_2 M_2(t) \\ J_3\dot{\omega}_3(t) = M_3(t) + \dfrac{k_p+1}{k_p}\eta_3 M_2(t) \\ \omega_1(t) + k_p\omega_2(t) - (1+k_p)\omega_3(t) = 0 \end{cases} \quad (10\text{-}7)$$

式中，ω_1、ω_2、ω_3 分别为太阳轮、齿圈和行星架的角速度；k_p 为行星齿轮的基础速比；J_1 为太阳轮及其连接件换算到太阳轮轴上的总转动惯量；J_3 为汽车质量、车轮和减速器换算到行星架轴上的总转动惯量；η_1、η_2 分别行星齿轮系内部功率损失的等效系数；M_1、M_2 分别为作用在太阳轮轴和齿圈轴上的外部转矩；M_3 作用在行星架上的外部转矩，为换算到对应轴上的汽车行驶阻力矩。

发动机建模是根据发动机 MAP 图（见第 7 章）。根据输入转矩和转速，可以从发动机 MAP 图（见图 10-46）上得到发动机的油耗率。

电机模型（见第 3 章、第 4 章）是根据电机（带控制器）的效率 MAP 图建立的（见图 10-27）。根据输入转矩和电机转速，通过查表得到电机效率。电机效率 MAP 图是利用 Unique Mobility 公司的 32kW 永磁电机（带控制器），通过转矩和速度关系线性换算得到的。

动力电池建模采用非线性动态动力电池模型（见第 5 章、第 6 章）。这种方法中，电势 E 和内阻 R 可通过求解电池 SOC（k）的 6 阶多项式得到。

$$\begin{cases} E(k) = A_e k^6 + B_e k^5 + C_e k^4 + D_e k^3 + E_e k^2 + F_e k + G_e \\ R(k) = A_r k^6 + B_r k^5 + C_r k^4 + D_r k^3 + E_r k^2 + F_r k + G_r \end{cases} \quad (10\text{-}8)$$

表 10-1 是式（10-8）的系数表，仿真所用的动力电池是 SAFT 公司的

30A·h-43V 锂离子动力电池模块。近似方程和其他系数都可由动力电池放电特性试验获得。

根据图 10-40 所示的 PHEV 动力系统构型，通过组合主要部件的模型，在 Matlab-Simulink 环境中建立了一个 PHEV 动力系统的完整仿真模型。

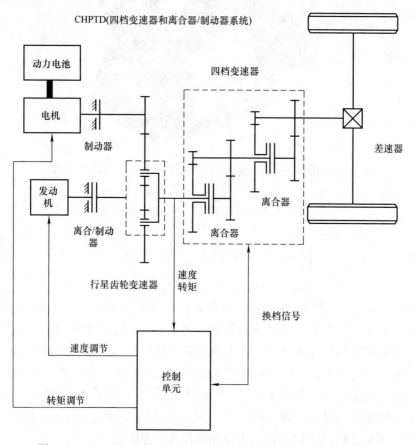

图 10-40　CHPTD 配备一个四档机械变速器和转矩-速度控制信号

表 10-1　30A·h 锂离子动力电池对应式（10-8）的系数（来自 SAFT 模型）

系数	放电时内阻 $R(k)$	电动势 $E(k)$
A	0.71806	-28.091
B	-2.6569	157.05
C	3.7472	-296.92
D	-2.5575	265.34
E	0.8889	-119.29
F	-0.14693	30.476
G	0.023413	38.757

(3) 仿真及参数优化

为了分析不同控制策略和参数的影响,使用 NEDC 工况进行了不同条件下的仿真结果比较。仿真分析中的汽车模型(见图 10-41)考虑采用超轻纵横梁管式车架结构的汽车(见图 10-42)。表 10-2 列出了使用行星齿轮变速器的 PHEV 动力系统的参数。通过分析需求对这些参数进行适当调整并进行仿真验证。

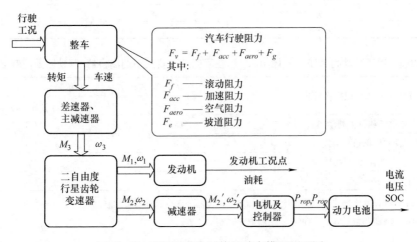

图 10-41 PHEV 动力系统的动态模型原理图

图 10-42 超轻纵横梁管式车架的汽车结构

动力系统的控制策略与离合器/制动器的状态有关。表 10-3 确定了离合器/制动器系统的控制信号和动力系统工作模式之间的关系。

表 10-2 配有行星齿轮变速器的 PHEV 动力系统及其主要部件的仿真参数

仿真参数	数据
汽车质量/kg	750
滚动阻力系数	0.008
空气阻力系数	0.33
迎风面积/m²	1.6
车轮滚动半径/m	0.257
行驶工况	NEDC
主减速比	3.62

表 10-3 PHEV 动力系统（见图 10-33）在不同工作模式下的离合器/制动器的控制信号

PHEV 动力总成操作模式	离合器/制动器系统控制信号	
	离合器/制动器（1）①	制动器（4）②
纯电动和再生制动模式	Off	Off
发动机单独驱动模式	On	On
混合动力模式	On	On
发动机为动力电池充电模式（停车）	Off	Off

① On：离合器接合、制动器解除制动；Off：离合器分离、制动器施加制动。
② On：制动器施加制动；Off：制动器解除制动。

整个控制策略分成基本部分和附加部分（见图 10-43）。在基本控制策略中，车速和动力电池 SOC 用作反馈信号以实现动力系统工作模式的改变。为了降低油耗和实现 PHEV 功能，设计了两个额外的控制策略用于演示。另外，变速器轴上的转矩和汽车需求功率也影响低速行驶时的工作模式转换。

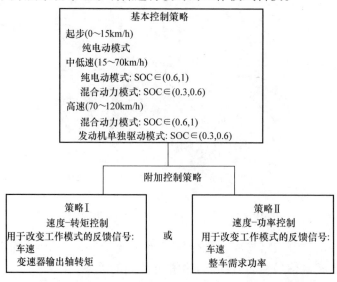

图 10-43 使用行星齿轮变速器的 PHEV 动力系统控制策略

此外，动力电池 SOC 设置一个阈值来确定 PHEV 的工作状态。当 SOC 高于阈值时，在中低速工况下使用纯电动模式，此时消耗更多电能来限制排放。当 SOC 低于阈值时，纯电动模式只是用于起动，这时动力系统的工作就像一个非插电式混合动力电动汽车一样。

通过对比仿真研究不同控制策略的影响。图 10-43 和表 10-4 展示了相同条件下采用不同控制策略的仿真结果。在行驶里程相同时，策略 I 的油耗比策略 II 的低 2%。在策略 II 中，在仿真结束时的 SOC 限制在设定值 0.5；而在策略 I 中，SOC 不控制，降到了 0.18。这说明动力系统可以在混合动力模式下长距离行驶，未对动力电池造成损害（即过度放电）的情况下就可以实现较好的排放性能。考虑到 PHEV 和类似的燃料经济性的要求，策略 II 要优于策略 I。下面的仿真内容是使用策略 II 得到的。

动力电池容量影响 PHEV 动力系统的纯电动续驶里程。为了实现插电混合动力系统的功能，动力电池电量调整为 $3.9kW \cdot h$。在仿真中使用了 NEDC 工况，最高车速限制在 65km/h。根据仿真结果，采用优化的变速器换档方案，在动力电池 SOC 从 0.95 降到 0.4 时，纯电动续驶里程可达 55km。

表 10-4 两种控制策略下所分析的 PHEV 动力系统仿真结果（50 次 NEDC）

	策略 I	策略 II
总续驶里程/km	540	540
总油耗/L	13.55	13.82
平均燃油消耗率/（L/100km）	2.51	2.56
仿真结束时的 SOC	0.18	0.52

根据动力系统构型（图 10-40），变速器匹配了 4 套不同的变速装置，具体如下：

1) 行星齿轮变速器。
2) 在发动机和行星齿轮变速器之间增加减速器。
3) 在电机和行星齿轮变速器之间增加减速器。
4) 四档变速器。

所有这些装置的速比对功率分配、发动机与电机的工作点都有影响。

齿轮速比优化的目标是其内部能量损失最小和能耗率最低，这涉及发动机油耗和电机效率。速比优化通常基于计算机仿真方法进行。

行星齿轮变速器的基础速比影响混合动力系统的功率分配。表 10-5 中给出的仿真结果表明较小的行星齿轮变速器基础速比，可以获得较好的燃油经济性。行星齿轮变速器的基础速比不可能是一个特定的数值，它受到制造、外形尺寸和其他实际情况的制约。表 10-5 是为满足这些要求而选择的速比。

发动机减速器速比和电机减速比采用类似方法进行了优化。

四档变速器是 PHEV 动力系统中的一个重要部件,通过准确调整齿数比和换档方案,能够提高城市和郊区不同行驶情况下能量效率。因为作者将研究重点放在动力性和燃油经济性上,选择了换档方案如下:

1 档: 0 ~ 15km/h;

2 档: 15 ~ 40km/h;

3 档: 40 ~ 70km/h;

4 档: 70 ~ 120km/h(或更高车速)。

表 10-5 和表 10-6 表明了速比影响油耗和电机效率的趋势。在一个选择范围内,最佳速比标示在表 10-5 和表 10-6 中。然而,实际的速比优化是一个更加复杂的过程,因为改变每个速比都是互相关联的。速比的调整应该结合发动机和永磁电机的工况点进行,因为优化速比也受到实际性能和其他限制条件的约束。例如,发动机和电机工况点应该位于一个限定区域,选择电机功率时应该为加速和爬坡留出合适的余量。

表 10-5 行星齿轮变速器不同速比的仿真结果(假设其他齿轮速比不变)

行星齿轮变速器基础速比	平均油耗/(L/100km)	电机平均效率(%)
1.80	2.186	76.95
1.875	2.201	76.32
1.99	2.218	75.97
2.25	2.260	75.09
2.99	2.383	73.56

注: 1. 1 档传动比: 2.00; 2 档传动比: 1.50; 3 档传动比: 0.95; 4 档传动比: 0.83; 发动机减速比: 3.22; 电机减速比: 1.98。

2. 仿真时间: 30000s; 续驶里程: 270km; 电池 SOC 变化: 0.9 ~ 0.5。

表 10-6 四档变速器不同速比的仿真结果(假设其他速比不变)

序号	1 档	2 档	3 档	4 档	平均油耗/(L/100km)	电机平均效率(%)
1	2.00	1.50	1.10	0.90	2.301	75.40
2	2.00	1.50	1.00	0.90	2.259	75.95
3	2.00	1.50	1.00	0.90	2.251	76.25
4	2.00	1.50	1.10	0.83	2.227	76.21
5	2.00	1.50	0.95	0.83	2.213	75.99
6	2.00	1.50	1.00	0.83	2.206	76.36
7	2.00	1.50	0.95	0.85	2.199	76.73
8	2.00	1.50	0.95	0.83	2.192	76.42

第10章 插电式混合动力系统建模与仿真

（续）

序号	1档	2档	3档	4档	平均油耗/(L/100km)	电机平均效率(%)
9	2.00	1.50	0.95	0.83	2.189	76.58
10	2.00	1.50	0.95	0.83	2.186	76.69
11	2.00	1.45	0.95	0.83	2.176	76.95
12	1.20	1.20	1.20	1.20	2.567	74.90

注：1. 行星齿轮变速器的基础速比：1.80；发动机减速比：3.22；电机减速比：1.98。
2. 仿真时间：30000s；行驶里程：270km；电池SOC变化：0.9~0.5。
3. 表10-6中的第12行表示单速比，这意味着变速装置仅由一个定速比的减速器组成。

表10-6中的仿真结果表明了使用四档变速器的必要性。所分析的PHEV动力系统装用四档自动变速器，比没有变速器的情况下平均油耗下降16.3%（见表10-8的第11行和第12行的数据）。图10-44~图10-48表示了分析所用PHEV动力系统中发动机和电机的工作点情况，分成装用四档变速器（图10-45、图10-46）和不用变速器（图10-47、图10-48）两种情况。PHEV动力系统的部分仿真结果如图10-49所示。

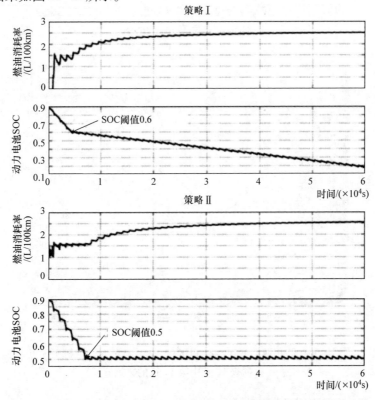

图10-44 装用四档变速器时PHEV动力系统在两种不同控制策略下的仿真分析结果（50次NEDC循环）

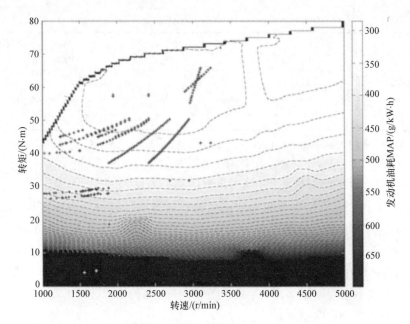

图 10-45　装用四档变速器时 PHEV 动力系统的发动机工况点
（根据表 10-6 中第 11 行的数据）

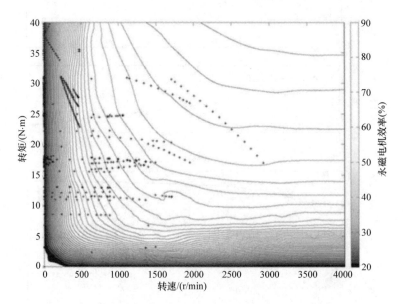

图 10-46　装用四档变速器时 PHEV 动力系统的永磁电机工况点
（根据表 10-6 中第 11 行的数据）

第 10 章
插电式混合动力系统建模与仿真

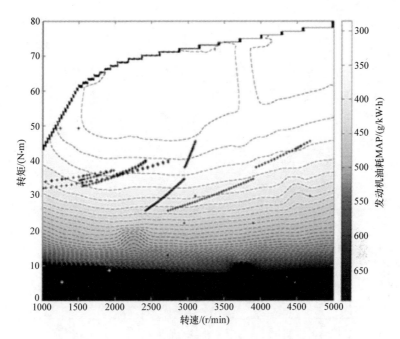

图 10-47　未用四档变速器时 PHEV 动力系统的发动机工况点
（根据表 10-6 中第 12 行的数据）

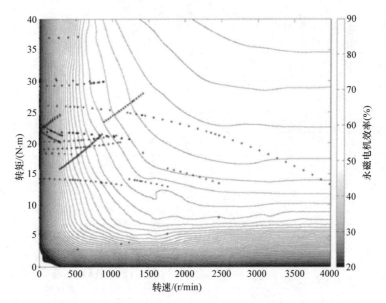

图 10-48　未用四档变速器时 PHEV 动力系统的永磁电机工况点
（根据表 10-6 中第 12 行的数据）

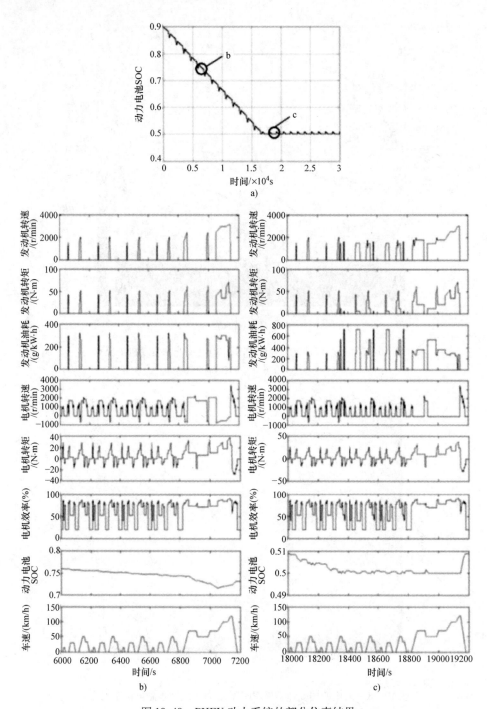

图 10-49　PHEV 动力系统的部分仿真结果

a）动力电池 SOC 变化（根据表 10-6 中第 11 行）　b）根据图 10-49a 中的数据点 b，高 SOC 值时一个循环工况的仿真结果　c）根据图 10-49a 中的数据点 c，在低 SOC 值时一个循环工况的仿真结果

第10章
插电式混合动力系统建模与仿真

根据 MAP 图（见图 10-45）上发动机工况点，模拟仿真所分析的发动机的功率比需求的大。这说明，这样的轻型汽车应该选择功率小一些的发动机。这也证明了仿真是一个修正和验证设计的有效方法。

为了证明该设计的实用性，作者对额定质量为 1200kg 的汽车进行了更多内容的仿真。对于没有使用四档变速器的情况，在整个驱动工况中不可能保持发动机和电机的工况点都位于限定区域内。表 10-7 中的仿真结果表明，四档变速器能够明显提高能量效率，然而电机平均效率比整车质量为 750kg 的电机平均效率低。通过观察电机的工况点，电机功率对于这个质量范围的汽车来说太小了，说明应该调整电机功率。

表 10-7 四档变速器不同速比的仿真结果（车重 1200kg，假设其他速比不变）

序号	1档	2档	3档	4档	平均油耗/(L/100km)	电机平均效率(%)
1	2.90	2.10	1.50	1.10	3.228	71.27
2	2.90	2.10	1.60	1.00	3.163	71.40
3	2.90	2.10	1.50	1.00	3.101	72.03
4	2.80	2.10	1.45	1.00	3.070	72.37
5	1.50	1.50	1.50	1.50	3.686	63.78

注：1. 表中的第 5 行只有一个速比，说明变速器为定速比减速器。
2. 行星齿轮变速器的基础速比：1.80；发动机的减速器速比：3.22；电机的减速器速比：1.85。
3. 仿真时间：30000s；续驶里程：270km；动力电池 SOC 变化范围：0.9~0.5。

当 PHEV 动力系统工作在再生制动模式时，电机轴上的等效转矩影响能量效率。通过准确控制四档变速器，可以改变电机工况点来提高再生制动阶段的能量效率。再生制动的能量效率与汽车的动能和动力电池接收的电能有关（见图 10-50）。

对于质量为 750kg 的汽车，在使用与不使用四档变速器情况下，对再生制动时的能量效率进行对比仿真。根据仿真结果可知，在 NEDC 工况下，再生制动的平均效率从 67.16% 提高到了 76.01%。这表明使用四档变速器使得再生制动效率提高了约 9%。

图 10-50 表示在 35s 内速度从 120km/h 降至 0km/h 时，再生制动期间电机的工况点。

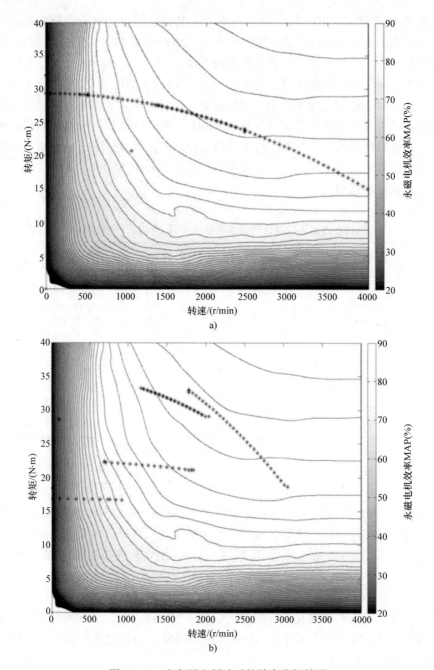

图 10-50 汽车再生制动时的效率分析结果
a) 传动系统配有四档变速器时再生制动期间电机的工况点（根据表 10-6 中第 11 行数据的仿真数据）
b) 传动系统无四档变速器时再生制动期间电机的工况点（根据表 10-6 中第 12 行数据的仿真数据）

附录 缩略语

AC：交流
ACR：自动电流调节器
AMT：自动机械变速器
ASR：自动调速器
BLDC：永磁无刷直流电机
BMS：电池管理系统
CHPTD：紧凑型行星齿轮混合动力装置
CVT：无级变速器
DC：直流
EM：电机
EMF：电动势
ESR：等效串联电阻
EV：电动汽车
FC：燃料电池
FUD：联邦城市循环工况
HE：能量型（动力电池）
HEV：混合动力电动汽车
HP：功率型（动力电池）
HSSD：分轴式混合动力装置
ICE：内燃机
IGBT：绝缘栅双极型晶体管
NEDC：新欧洲行驶工况
PHEV：插电式混合动力电动汽车
PM：永磁
PMSM：永磁同步电机
PPG：行星齿轮变速器
PS：主要能源
PWM：脉冲宽度调制
RMS：方均根
SCR：硅控整流器
SOC：荷电状态
SS：辅助能源
UC：超级电容

参 考 文 献

Abdulaziz, M., & Jufer, M. (1974). Magnetic and electric model of synchronous permanent – Magnet machines. *Bull. SEV, 74*(23), 1339–1340.

Anderson, W. M., & Cambier, C. (1990). An advanced electric drivetrain for EVs. In *Proceedings of EVS 10*. Hong Kong, China: EVS.

Antoniou, A. Komythy, Brench, J., & Emadi, A. (2005). Modeling and simulation of various hybrid electric configurations of the HMMWV. In *Proceedings of VPPC*. IEEE.

Ashihaga, T., Mizuno, T., Shimizu, H., Natori, K., Fujiwara, N., & Kaya, Y. (1992). Development of motors and controllers for electric vehicle. In *Proceedings of EVS 11*. Florence, Italy: EVS.

Ayad, M. Y., Rael, S., & Davat, B. (2003). Hybrid power source using supercapacitors and batteries. In *Proceedings of 10th European Conference on Power Electronics and Applications (EPE2003)*. EPE.

Barsaq, F., Blanchard, P., Broussely, M., & Sarre, G. (2004). Application of li-ion battery technology to hybrid vehicles. In *Proceedings of ELE European Drive Transportation Conference*. Estorial, Portugal: ELE.

Bartley, T. (2005). Ultra capacitors and batteries for energy storage in heavy-duty hybrid-electric vehicles. In *Proceedings of 22nd International Battery Seminar and Exhibit*. Fort Lauderdale, FL: IEEE.

Baucher, J. P. (2007). Online efficiency diagnostic method of three phases asynchronous motor. In *Proceedings of Powereng IEEE*. IEEE.

Beretta, J. (1998). New classification on electric–thermal hybrid vehicle. In *Proceedings of EVS 15*. Brussels: EVS.

Bin, W. (n.d.). Brushless DC motor speed control. *Ryerson Polytechnic University.*.

Blanchard, P., Gaignerot, L., Hemeyer, S., & Rigobert, G. (2002). Progress in SAFT li-ion cells and batteries for automotive application. In *Proceedings of EVS19*. EVS.

Braga, G., Farini, A., Fuga, F., & Manigrasso, R. (1991). Synchronous drive for motorized wheels without a gearbox for light rail systems and electric cars. In *Proceedings of EPE'91 European Conference on Power Electronics*. EPE.

Brusaglino, G., & Tenconi, A. (1992). System engineering with new technology for electrically propelled vehicles. In *Proceedings of EVS 11*. EVS.

Bullock, K. J., & Hollis, P. G. (1998). Energy storage elements in hybrid bus applications. In *Proceedings of EVS15*. EVS.

Burke, A. (2002). Cost-effective combinations of ultra capacitors and batteries for vehicle application. In *Proceedings of AABC*. AABC.

Burke, A. F., & Heitner, K. L. (1992). Test procedures for hybrid/electric vehicles using different control strategies. In *Proceedings of EVS 11*. Florence, Italy.

Burke, A. F., & McDowell, R. D. (1992). The performance of advanced electric vans – Test and simulation. In *Proceedings of EVS 11*. EVS.

Burke, A., & Miller, M. (2003). Ultra capacitor and fuel cell applications. In *Proceedings of EVS20*. EVS.

Burke, A. F. (1992). *Development of test procedures for hybrid electric vehicles*. INEL US Department of Energy INEL Field Office.

Butler, K. L., Ehsani, M., & Kamath, P. (1999, Nov.). A matlab-based modeling and simulation package for electric and hybrid electric vehicle design. *IEEE Transactions on Vehicular Technology*, *48*(6), 1770–1778. doi:10.1109/25.806769.

Cackette, T., & Evaoshenk, T. (1995). *A new look at HEV in meeting California's clean air goals*. Paper presented at EPRI North American EV & Infrastructure Conference. Atlanta, GA.

Caumont, O., Moigne, P. L., Rombaut, C., Muneret, X., & Lenain, P. (2000). Energy gauge for lead acid batteries in electric vehicles. *IEEE Transactions Energy Conservation*, *15*(3), 354–360. doi:10.1109/60.875503.

Cegnar, E. J., Hess, H. L., & Johnson, B. K. (2004). A purely ultra capacitor energy storage system hybrid electric vehicles utilizing a based DC-DC boost converter. In *Proceedings of IEEE Applied Power Electronics Conference APEC'04*, (vol. 2, pp. 1160 – 1164). IEEE.

Ceraol, M., & Pede, G. (2001). Techniques for estimating the residual range of an electric vehicle. *IEEE Transactions on Vehicular Technology*, *50*(1), 109–111. doi:10.1109/25.917893.

Chan, C. C. (1994). The development of an advanced electric vehicle. In *Proceedings of EVS 12*. EVS.

Chan, C. C. (1994). The development of an advanced electric vehicle. In *Proceedings of EVS 12*. Los Angeles, CA: EVS.

Chan, C. C., & Lueng, W. S. (1990). A new permanent magnet motor drive for mini electric vehicles. In *Proceedings of EVS 10*. EVS.

Chan, C. C., Jiang, G. H., Chen, X. Y., & Wong, K. T. (1992). A novel high power density PM motor drive for electric vehicle. In *Proceedings of EVS 11*. EVS.

Chan, C. C. (2002). The state-of-the-art of electric and hybrid vehicles. *Proceedings of the IEEE*, *90*(2), 247–270. doi:10.1109/5.989873.

Chan, C. C., & Chau, K. T. (2001). *Modern electric vehicle technology*. Oxford, UK: Oxford University Press.

Chang, Y. (2005). *Battery modeling for HEV and battery parameters adjustment for series hybrid bus by simulation*. (MSc thesis). Warsaw University of Technology. Warsaw, Poland.

Chen, K., Bouscayrol, A., Berthon, A., Delarue, P., Hissel, D., & Trigui, R. (2009). Global modeling of different vehicles. *IEEE Vehicular Technology Magazine, 4*(2), 80–89. doi:10.1109/MVT.2009.932540.

Chris, C., & Luo, L. (2005). Analitical design of PM traction motors. In *Proceedings Vehicle Power and Propulsion Conference VPPC*. Chicago, IL: IEEE.

Chu, A. (2007). Nanophosphate li-ion technology for transportation application. In *Proceedings of EVS 23*. EVS.

Chu, A., & Braatz, P. (2002). Comparison of commercial supercapacitors and high-power lithium-ion batteries for power-assist applications in hybrid electric vehicles. *Journal of Power Sources, 112*, 236–240. doi:10.1016/S0378-7753(02)00364-6.

Datla, M., & High, A. (2007). Performance decoupling control of an induction motor with efficient flux estimator. In *Proceedings of Powereng*. IEEE.

Debal, P., Faid, S., & Bervoets, S. (2010). Parallel hybrid (booster) range extender power train. In *Proceedings of EVS 25*. EVS.

Dietrich, P., Ender, M., & Wittmer, C. (1996). *Hybrid III power train update*. Electric & Hybrid Vehicle Technology.

Duvall, M. S. (2005). Battery evaluation for plug-in hybrid electric vehicles. In *Proceedings of Vehicle Power and Propulsion*. IEEE. doi:10.1109/VPPC.2005.1554580.

Ehsani, M., Gao, Y., Gay, L., & Emadi, A. (2004). *Modern electronic, hybrid electric and fuelcell vehicles – Fundamentals, theory and design*. Boca Raton, FL: CRC Press. doi:10.1201/9781420037739.

Eifert, M. (2005). Alternator control algorithm to minimize fuel consumption. In *Proceedings of VPPC*. IEEE.

Eiraku, A., Abe, T., & Yamacha, M. (1998). An application of hardware in the loop simulation to HEV. In *Proceedings of EVS 15*. EVS.

Ferraris, P., Tenconi, A., Brusaglino, G., & Ravello, V. (1996). Development of a new high-performance induction motor drive train. In *Proceedings of EVS 13*. EVS.

Fleckner, M., Gohring, M., & Spiegel, L. (2009). New strategies for an efficiency optimized layout of an operating control for hybrid vehicles. In *Proceedings of Aachen Colloquium*. Aachen Colloquium.

Fletcher, R. (1974). Minimization of a quadratic function of many variables subject only to lower and upper hounds. *J. Inst. Maths. Applies*.

Fletcher, R., & Powell, M. J. D. (1974). On the modification of LDLT factorization. *Mathematics of Computation, 28*.

Fujioka, N., Ikona, M., Kiruna, T., & Konomaro, K. (1998). Nickel metal-hydride batteries for hybrid vehicle. In *Proceedings of EVS 15*. EVS.

Gear, C.W. (1971). Simulations: Numerical solution of differential algebraic equations. *IEEE Transactions, 18*.

Gear, C. W. (1972). DIFSUB for the solution of ordinary differential equations. *Communications of the ACM, 14*.

Giglioli, R., Salutori, R., & Zini, G. (1992). Experience on a battery state of charge observer. In *Proceedings of EVS 11*. EVS.

Gill, P.E., & Murray, W. (1972). Quasi–Newton methods for unconstrained optimization. *J. Inst. Applies.*

Gosden, D. F. (1992). Wide speed range operation of an AC PM EV drive. In *Proceedings of EVS 11*. EVS.

Gu, W., & Wang, C. (2000). Thermal-electrochemical modeling of battery systems. *Journal of the Electrochemical Society, 147*(8), 2910–2922. doi:10.1149/1.1393625.

Hajduga, A. (2005). *Electrical-mechanical parameters adjustment of ICE hybrid drive using simulation method.* (PhD thesis). Warsaw University of Technology. Warsaw, Poland.

Haltori, N., Aoyama, S., Kitada, S., Matsuo, I., & Hamai, K. (1998). *Configuration and operation of a newly-developed parallel hybrid propulsion system.* Nissan Motor Co. Technical Papers.

Haltori, N., Aoyama, S., Kitada, S., Matsuo, I., & Hamai, K. (2011). *Configuration and operation of a newly-developed parallel hybrid propulsion system.* Nissan Motor Co. Technical Papers.

Hayasaki, K., Kiyota, S., & Abe, T. (2009). The potential of parallel hybrid system and nissan's approach. In *Proceedings of Aachen Colloquium*. Aachen Colloquium.

He, X., Parten, M., & Maxwell, T. (2005). Energy management strategies for HEV. In *Proceedings of IEEE Vehicle Power and Propulsion Conference, Illinois Institute of Technology*. Chicago, IL: IEEE.

He, Z., Zhang, C., & Sun, F. (2002). Design of EV BMS. In *Proceedings of EVS19*. EVS.

Hecke, R., & Plouman, S. (2009). Increase of recuperation energy in hybrid vehicles. In *Proceedings of Aachen Colloquium*. Aachen Colloquium.

Hellenbraich, G., & Rosenburg, V. (2009). FEV's new parallel hybrid transmission with single dry clutch and electric support. In *Proceedings of Aachen Colloquium*. Aachen Colloquium.

Hellenbroich, G., & Huth, T. (2010). New planetary-based hybrid automatic transmission with electric torque converter and on-demand actuation. In *Proceedings of 20th Aachen Colloquium Automobile and Engine Technology,* (pp. 92-105). Aachen Colloquium.

Hellenbrouch, G., Lefgen, W., Janssen, P., & Rosenburg, V. (2010). New planetary based hybrid automatic transmission with electric torque converter on demand actuation. In *Proceedings of Aachen Colloquium*. Aachen Colloquium.

Henneberger, G., & Lutter, T. (1991). Brushless DC–Motor with digital state controller. In *Proceedings of EPE '91 European Conference on Power Electronics and Application*. EPE.

Heywood, J. B. (1989). *Internal combustion engine fundamentals*. London: McGraw-Hill Company.

Hirschmann, D., Tissen, D., Schroder, S., & De Donecker, R. W. (2005). Inverter design for HEV considering mission profile. In *Proceedings of Vehicle Power and Propulsion Conference VPPC*. IEEE.

Hofman, T., & Van Druten, R. (2004). Research overview – Design specification for HV. In *Proceedings of ELE European Drive Transportation Conference*. Estorial, Portugal: ELE.

Hofman, T., Hoekstra, D., van Druten, R. M., & Steinbuch, M. (2005). Optimal design of energy storage systems for hybrid vehicle drivetrains. In *Proceedings of Vehicle Power and Propulsion*. IEEE. doi:10.1109/VPPC.2005.1554535.

Huang, H., Cambier, C., & Geddes, R. (1992). High constant power density wide speed range PM motor for EV application. In *Proceedings of EVS 11*. EVS.

Ippolito, L., & Rovera, G. (1996). Potential of robotized gearbox to improve fuel economy. In *Proceedings of International Symposium Power Train Technologies for a 3-Litre-Car*. Academic Press.

Jezernik, K. R. (1994). Induction motor control for electric vehicle. In *Proceedings of EVS 12*. EVS.

Johnson, V. H., & Pesaran, A. A. (2000). Temperature-dependent battery models for high-power lithium-ion batteries. In *Proceedings of International Electric Vehicle Symposium*. EVS.

Jozefowitz, W., & Kohle, S. (1992). Volkswagen golf hybrid – Vehicle result and test result. In *Proceedings of EVS 11*. Florence, Italy: EVS.

Jyunichi, L., & Hiroya, T. (1996). Battery state-of-charge indicator for electric vehicle. In *Proceedings of International Electric Vehicle Symposium*. EVS.

Kalman, P. G. (2002). Filter SOC estimation for Li PB HEV cells. In *Proceedings of EVS19*. EVS.

Karden, E., Buller, S., & De Doncker, R. W. (2002). A frequency-domain approach to dynamical modeling of electrochemical power sources. *Electrochimica Acta, 47*(13–14), 2347–2356. doi:10.1016/S0013-4686(02)00091-9.

Keith, H. (2007). Doe plug in hybrid electric vehicles R&D plan. In *Proceedings of European ELE–Drive Transportation Conference*. Brussels: ELE.

Keith, M. (2007). Understanding power flows in HEV CVT's with ultra capacitor boosting plug-in hybrid electric vehicles R&D plan. In *Proceedings of EET*. EET.

Keith, H. (2007). Doe plug in hybrid electric vehicles R&D plan. In *Proceedings of Eoropean ELE–Drive Transportation Conference*. Brussels: ELE.

Kelly, K. (2007). Li-ion batteries in EV/HEV application. In *Proceedings of EVS 23*. EVS.

Kenjo, T., & Nagamori, S. (1985). *Permanent magnet and brushless DC motors*. Oxford, UK: Claderon Press.

Killman, G. (2009). The hybrid power train of the new Toyota Prius. In *Proceedings of Aachen Colloquium*. Aachen Colloquium.

Kim, J., Lee, S., & Cho, B. H. (2010). SOH prediction of li-ion battery based on hamming network using two patterns recognition. In *Proceedings of EVS 25*. EVS.

Kim, J., Loe, S., & Yeo, T. (2010). Regenerative analysis of braking patterns for HEV. In *Proceedings of EVS 25*. EVS.

King, R. D., & Konrad, C. E. (1992). Advanced on–board EV AC drive – Concept to reality. In *Proceedings of EVS 11*. EVS.

Kitada, S., Aoyama, S., Haltori, N., Maeda, H., & Matsuo, I. (1998). Development of parallel hybrid vehicles system with CVT. In *Proceedings of EVS15*. EVS.

Kleimaier, A., & Schroder, D. (2002). An approach for the online optimized control of a hybrid powertrain. In *Proceedings of 7th International Workshop on Advanced Motion Control Proceedings*, (pp. 215-220). AMC.

Krawczyk, P. (2010). *Determining of chosen parameters of an urban electric vehicle equipped with a continuously variable transmission by simulation studies*. (Thesis). Warsaw University of Technology. Warsaw, Poland.

Krawczyk, P. (2011). *Comparative analysis of a CHPTD drive in various configurations*. (Master Thesis). Warsaw University of Technology. Warsaw, Poland.

Kruger, M., Cornetti, G., Greis, A., Weidmann, U., Schumacher, H., Gerhard, J., & Leonhard, R. (2010). Operational strategy of a diesel HEV with focus on the combustion engine. In *Proceedings of Aachen Colloquium*. Aachen Colloquium.

Kuhn, B., Pitel, G., & Krein, P. (2005). Electrical properties and equalization of li-ion cells in automotive application. In *Proceedings of VPPC*. IEEE.

Lecout, B., & Liska, I. (2004). NiMH advanced technologies batteries for hybrid public transportation system. In *Proceedings of ELE European Drive Transportation Conference*. ELE.

Ledowskij, A. N. (1985). *Electrical machines with high coercive force permanent magnets*. Moscow: Energoatimizdat.

Lukic, S. M., Wirasingha, S. G., Rodriguez, F., Cao, J., & Emadi, A. (2006). Power management of an ultra capacitor/battery hybrid energy storage system in an HEV. In *Proceedings of IEEE Power and Propulsion Conference*. IEEE.

Malkhandi, S., Sinha, S. K., & Muthukumar, K. (2001). Estimation of state-of-charge of lead-acid battery using radial basis function. In *Proceedings of Industrial Electronics Conference*, (vol. 1, pp. 131–136). IEC.

Marcos, J., Lago, A., Penalver, C. M., Doval, J., Nogueira, A., Castro, C., & Chamadoira, J. (2001). An approach to real behavior modeling for traction lead-acid batteries. In *Proceedings of Power Electronics Specialists Conference*, (vol. 2, pp. 620–624). PES.

Martines, J. E., Pires, V. F., & Gomes, L. (2009). Plug-in electric vehicles integration with renewable energy building facilities – Building vehicle interface. In *Proceedings of Powereng IEEE 2nd International Conference on Power Engineering, Energy and Electrical Drives*. Lisbon: IEEE.

Matsusa, K., & Katsuta, S. (1996). Fast rotor flux control of vector contolled induction motor operating at maximum efficiency for EV. In *Proceedings of EVS 13*. EVS.

McCann, R., & Domagatla, S. (2005). Analyses of MEMS-based rotor flux sensing in a hybrid reluctance motor. In *Proceedings of Vehicle Power and Propulsion Conference VPPC*. IEEE.

Miller, J. M., McCleer, P. J., & Everett, M. (2005). Comparative assessment of ultracapacitors and advanced battery energy storage systems in power split electronic-CVT vehicle power trains. In *Proceedings of IEEE International Electric Machines and Drives Conference IEMDC2005*. IEEE.

Miller, J. M., McCleer, P. J., Everett, M., & Strangas, E. (2005). Ultra capacitor plus battery energy storage system sizing methodology for HEV power split electronic CVT's. In *Proceedings of IEEE International Symposium on Industrial Electronics*. IEEE.

Miller, J., Eschani, M., & Gao, J. (2005). Understanding power flows in HEV CVT's with ultra capacitor boosting. In *Proceedings of VPPC*. IEEE.

Mitsutani, N. Yamamoto, & Takaoka, T. (2010). Development of the plug-in hybrid system THS II plug-in. In *Proceedings of EVS 25*. EVS.

Moore, T. (1996). Ultralight hybrid vehicle principles and design. In *Proceedings of EVS 13*. Osaka, Japan: EVS.

Morano, T. (2007). Pro-post hybrid parallel hybrid drive system. In *Proceedings of EVS 23*. EVS.

Morio, K., Kazuhiro, H., & Anil, P. (1997). Battery SOC and distance to empty meter of the Honda EV plus. In *Proceedings of International Electric Vehicle Symposium*, (pp. 1–10). EVS.

Moseley, P., & Cooper, A. (1998). Lead acid electric vehicle batteries – Improved performance of the affordable option. In *Proceedings of EVS 15*. EVS.

Nelson, R. F. (2000). Power requirements for battery in HEVs. *Journal of Power Sources, 91*, 2–26. doi:10.1016/S0378-7753(00)00483-3.

Neuman, A. (2004). Hybrid electric power train. In *Proceedings of ELE European Drive Transportation Conference*. Estorial, Portugal: ELE.

Noil, M. (2007). Simulation and optimization of a full HEV. In *Proceedings of EVS 23*. EVS.

Ortmeyer, T. (2005). Variable voltage variable frequency options for series HV. In *Proceedings of Vehicle Power and Propulsion Conference VPPC*. Chicago, IL: IEEE.

Overman, B. (1993). Environmental legislation may initiate the EV and HV industry will economics sustain. In *Proceedings of ISATA*. Aachen, Germany: ISATA.

Ovshinski, S. R., Dhar, S. K., Venkatesan, S., Fetchenko, M. A., Gifford, P. R., & Corrigan, D. A. (1992). Performance advances in ovonic NiMH batteries for electric vehicles. In *Proceedings of EVS 11*. EVS.

Padmaraja, Y. (2003). *(BLDC) motor fundamentals*. Brushless, DC: Microchip Technology Inc..

Pang, S., Farrell, J., Du, J., & Barth, M. (2001). Battery state-of-charge estimation. In *Proceedings of American Control Conference*, (vol. 2, pp. 1644–1649). ACC.

Piller, S., Perrin, M., & Jossen, A. (2001). Methods for state–of–charge determination and their applications. *Journal of Power Sources, 96*, 113–120. doi:10.1016/S0378-7753(01)00560-2.

Piórkowski, P. (2004). *Study of energy's accumulation efficiency in hybrid drives of vehicles*. (Ph.D. thesis). Warsaw University of Technology. Warsaw, Poland.

Plett, G. (2003). LiPB dynamic cell models for kalman-filter SOC estimation. In *Proceedings of EVS-20*. EVS.

Portmann, D., & Guist, A. (2010). Electric and hybrid drive developed by Mercedes–Benz vans and technical challenges to achieve a successful market position. In *Proceedings of Aachen Colloquium*. Aachen Colloquium.

Rodrigues, S., Munichandraiah, N., & Shukla, A. (2000). A review of state-of-charge indication of batteries by means of A.C. impedance measurements. *Journal of Power Sources, 87*(1-2), 12–20. doi:10.1016/S0378-7753(99)00351-1.

Rsekranz, C. (2007). Modern battery systems for HEV. In *Proceedings of EVS 23*. EVS.

Ruschmayer, R. Shussier, & Biermann, J.W. (2006). Detailed aspects of HV. In *Proceedings of Aachen Colloquium*. Aachen Colloquium.

Rutquist, P. (2002). Optimal control for the energy storage in a HEV. In *Proceedings of EVS19*. EVS.

Saenger, F., Zetina, S., & Neiss, K. (2008). Control approach for comfortable power shifting in hybrid transmission – ML 450 hybrid. In *Proceedings of Aachen Colloquium*. Aachen Colloquium.

Salkind, A., Atwater, T., Singh, P., Nelatury, S., Damodar, S., Fennie, C., & Reisner, D. (2001). Dynamic characterization of small lead-acid cells. *Journal of Power Sources*, *96*(1), 151–159. doi:10.1016/S0378-7753(01)00561-4.

Samper, Z. S., & Neiss, K. (2008). Control approach for comfortable powershifting in hybrid transmission. In *Proceedings of Aachen Colloquium*. Aachen Colloquium.

Sato, S., & Kawamura, A. (2002). A new estimation method of state of charge using terminal voltage and internal resistance for lead acid battery. *Processing Power*, *2*, 565–570.

Schofield, M., Mellor, P. H., & Howe, D. (1002). Field weakening of brushless PM motors for application in a hybrid electric vehicle. In *Proceedings of EVS 11*. EVS.

Schofield, N. (2006). Hybrid PM generators for EV application. In *Proceedings of Vehicle Power and Propulsion Conference VPPC*. IEEE.

Schupbach, R. M., & Balda, J. C. (2003). The role of ultra capacitors in an energy storage unit for vehicle power management. In *Proceedings of IEEE 58th Vehicular Technology Conference*. IEEE.

Schupbach, R. M., Balda, J. C., Zolot, M., & Kramer, B. (2003). Design methodology of a combined battery-ultra capacitor energy storage unit for vehicle power management. In *Proceedings of IEEE Power Electronics Specialists Conference*. IEEE.

Schussler, M. (2007). Predictive control for HEV – Development optimization and evaluation. In *Proceedings of ELE European Conference*. ELE.

Sekrecki, M. (2010). *Mechanical transmission in hybrid and electric vehicle driving systems: Project assumption data for automatic gear transmission controlled by electric stepper motor*. (Thesis). Warsaw University of Technology. Warsaw, Poland.

Sekrecki, M. (2011). *Analysis and modeling of a hybrid propulsion system with automatic input gear changes and a planetary gear with two degrees of freedom*. (Master Thesis). Warsaw University of Technology. Warsaw, Poland.

Shen, W. X., Chan, C. C., Lo, E. W. C., & Chau, K. T. (2002). Estimation of battery available capacity under variable discharge currents. *Journal of Power Sources*, *103*(2), 180–187. doi:10.1016/S0378-7753(01)00840-0.

Shen, W. X., Chau, K. T., Chan, C. C., & Lo, E. W. C. (2005). Neural network-based residual capacity indicator for nickel-metal hydrid batteries in electric vehicles. *IEEE Transactions on Vehicular Technology*, *54*(5), 1705–1712. doi:10.1109/TVT.2005.853448.

Shimizu, K., & Semya, S. (2002). Fuel consumption test procedure for HEV. In *Proceedings of EVS19*. EVS.

Smaling, R., & Comits, H. (2010). A plug-in hybrid electric power train for commercial vehicles. In *Proceedings of EVS 25*. EVS.

Sporckman, B. (1992). Comparison of emissions from combustion engines and 'European' EV. In *Proceedings of EVS 11*. Florence, Italy: EVS.

Sporckman, B. (1995). *Electricity supply for electric vehicles in Germany*. Paper presented at EPRI North American EV & Infrastructure Conference. Atlanta, GA.

Stempel, R. C., Ovshinsky, S. R., Gifford, P. R., & Corrigan, D. A. (1998). Nickel-metal hydride: Ready to serve. *IEEE Spectrum*. doi:10.1109/6.730517.

Stienecker, A. W. (2005). A combined ultra capacitor – Lead acid battery energy storage system for mild hybrid electric vehicles. In *Proceedings of IEEE VPPC*. IEEE.

Strabnick, R., Naunin, D., & Freger, D. (2004). Online SOC determination and forecast for EV by use of different battery models. In *Proceedings of ELE European Drive Transportation Conference*. ELE.

Sweet, L.H., & Anhalt, D.A. (1978). Optimal control of flywheel hybrid transmission. *Journal of Dynamic System, Measurement and Control, 100*.

Szumanowski, A. (1993). Regenerative braking for one and two source EV drives. In *Proceedings of ISATA 26*. Aachen, Germany: ISATA.

Szumanowski, A. (1994). Simulation study of two and three-source hybrid drives. In *Proceedings of EVS12*. EVS.

Szumanowski, A. (1996). Generic method of comparative energetic analysis of HEV drive. In *Proceedings of EVS13*. Osaka, Japan: EVS.

Szumanowski, A. (1996). Simulation testing of the travel range of vehicles powered from battery under pulse load conditions. In *Proceedings of EVS13*. Osaka, Japan: EVS.

Szumanowski, A. (1996). Generalized method of comparative energetic analyses of HEV drives. In *Proceedings of EVS13*. Osaka, Japan: EVS.

Szumanowski, A. (1997). Advanced more efficient compact hybrid drive. In *Proceedings of EVS14*. EVS.

Szumanowski, A. (1999). *Evolution of two steps of freedom planetary transmission in hybrid vehicle application*. Global Power Train Congress.

Szumanowski, A. (2000). *Fundamentals of hybrid vehicle drives*. ISBN83-7204-114-8

Szumanowski, A., & Bramson, E. (1992). Electric vehicle drive control in constant power mode. In *Proceedings of ISATA 25*. Florence, Italy: ISATA.

Szumanowski, A., & Brusaglino, G. (1992). Analyses of the hybrid drive consisting of electrochemical battery and flywheel. In *Proceedings of EVS 11*. EVS.

Szumanowski, A., & Brusaglino, G. (1999). Approach for proper battery adjustment for HEV application. In *Proceedings of EVS 16*. EVS.

Szumanowski, A., & Hajduga, A. (1998). Energy management in HV drive advanced propulsion systems. In *Proceeding of GPS*. Detroit, MI: GPS.

Szumanowski, A., & Hajduga, A. (2006). Optimization series HEV drive using modeling and simulation methods. In *Proceedings of VPPC*. IEEE.

Szumanowski, A., & Jaworowski, B. (1992). The control of the hybrid drive. In *Proceedings of EVS11*. EVS.

Szumanowski, A., & Krasucki, J. (1993). *Simulation study of battery engine hybrid drive*. Paper presented at the 2nd Polish-Italian Seminar Politecnico di Torino. Turin, Italy.

Szumanowski, A., & Nguyen, V. K. (1999). *Comparison of energetic properties of different two-source hybrid drive architectures*. Global Power Train Congress.

Szumanowski, A., & Piórkowski, P. (2004). Ultralight small hybrid vehicles: Why not? In *Proceedings of ELE European Drive Transportation Conference*. Estorial, Portugal: ELE.

Szumanowski, A., Chang, Y., & Piórkowski, P. (2005). Method of battery adjustment for hybrid drive by modeling and simulation. In *Proceedings of IEEE Vehicle Power and Propulsion (VPP) Conference*. IEEE.

Szumanowski, A., Chang, Y., & Piórkowski, P. (2005). Analysis of different control strategies and operating modes of a compact hybrid planetary transmission drive. In *Proceedings of IEEE Vehicle Power and Propulsion (VPP) Conference*. IEEE.

Szumanowski, A., Chang, Y., Hajduga, A., & Piorkowski, P. (2007). Hybrid drive for ultalight city cars. In *Proceedings of EET*. EET.

Szumanowski, A., Chang, Y., Piórkowski, P., Jankowska, E., & Kopczyk, M. (2005). Performance of city bus hybrid drive equipped with Li-ion battery. In *Proceedings of EVS 21*. EVS.

Szumanowski, A., Dębicki, J., Hajduga, A., Piórkowski, P., & Chang, Y. (2003). Li-ion battery modeling and monitoring approach for hybrid electric vehicle applications. In *Proceedings of EVS-20*. EVS.

Szumanowski, A., Hajduga, A., & Piórkowski, P. (1998). Evaluation of efficiency alterations in hybrid and electric vehicles drives. In *Proceedings of Advanced Propulsion Systems*. GPC.

Szumanowski, A., Hajduga, A., & Piórkowski, P. (1998). Proper adjustment of combustion engine and induction motor in hybrid vehicles drive. In *Proceedings of EVS15*. EVS.

Szumanowski, A., Hajduga, A., Chang, Y., & Piórkowski, P. (2007). Hybrid drive for ultralight city cars. In *Proceedings of ELE European Conference*. ELE.

Szumanowski, A., Hajduga, A., Piórkowski, P., & Brusaglino, G. (2002). Dynamic torque speed distribution modeling for hybrid drives design. In *Proceedings of EVS19*. EVS.

Szumanowski, A., Hajduga, A., Piórkowski, P., Stefanakos, E., Moore, G., & Buckle, K. (1999). Hybrid drive structure and power train analysis for florida shuttle buses. In *Proceedings of EVS 16*. EVS.

Szumanowski, A., Liu, Z., & Chang, Y. (2010). Design of planetary plug-in hybrid and its control strategy. In *Proceedings of EVS 25*. EVS.

Szumanowski, A., Nguyen, K. V., & Piórkowski, P. (2000). Analysis of charging-discharging of nickel metal hydride (NiMH) battery and its influence on the fuel consumption of advanced hybrid drives. In *Proceedings of GPC*. GPC.

Szumanowski, A., Piórkowski, P., Hajduga, A., & Ngueyen, K. (2000). The approach to proper control of hybrid drive. In *Proceedings of EVS 17*. Montreal, Canada: EVS.

Szumanowski, A., Piórkowski, P., Sun, F., & Chang, Y. (2005). Control strategy choice: Influences on effectiveness of a HEV drive. In *Proceedings of EVS 21*. EVS.

Szumanowski, A. (2000). *Fundamentals of hybrid vehicle drives*. Warsaw: ITE Press.

Szumanowski, A. (2006). *Hybrid electric vehicle drive design based on urban buses*. Warsaw: ITE Press.

Szumanowski, A. (2010). *Nonlinear dynamics traction battery modeling* (pp. 199–220). INTECH.

Szumanowski, A., & Chang, Y. (2008). Battery management system based on battery nonlinear dynamics modeling. *IEEE Transactions on Vehicular Technology, 57*(3), 1425–1432. doi:10.1109/TVT.2007.912176.

Szumanowski, A., Chang, Y., & Piorkowski, P. (2005). Analysis of different control strategies and operating modes of compact hybrid planetary transmission drive. In *Proceedings of Vehicle Power and Propulsion*. IEEE. doi:10.1109/VPPC.2005.1554631.

Szumanowski, A., Chang, Y., & Piórkowski, P. (2006). Battery parameters adjustment for series hybrid bus by simulation. *Electrotechnical Review, 2*, 139.

Szumanowski, A., & Hajduga, A. (1998). Energy management in HV drive advanced propulsion systems. In *Proceedings of Advanced Propulsion Systems*. GPS.

Szumanowski, A., Hajduga, A., & Piórkowski, P. (1998). Evaluation of efficiency alterations in hybrid and electric vehicles drives. In *Proceedings of Advanced Propulsion Systems*. GPC.

Szumanowski, A., Liu, Z., & Hajduga, A. (2010). Zero steady-states electrical energy consumption clutch system. *High Technology Letters, 16*(1), 58–62.

Szumanowski, A., Piorkowski, P., & Chang, Y. (2007). Batteries and ultra capacitors set in hybrid propulsion systems. power engineering, energy and electrical drives. In *Proceedings of Powereng*. IEEE.

Takaoka, T., & Komatsu, H. (2010). Newly-developed toyota plug-in hybrid system and its vehicle perfomance. In *Proceedings of 20th Aachen Colloquium Automobile and Engine Technology*. Aachen Colloquium.

Tamburro, A., Mesiti, D., Ravello, V., Pesch, M., Schenk, R., & Glauning, J. (1997). *An intergrated motor-generator development for an effective drive train re-engineering*. CRF Technical Papers.

Timmermans, J.-M., Zadora, P., Cheng, Y., Van Mierlo, J., & Lataire, P. (2005). Modeling and design of super capacitors as a peak power unit for hybrid electric vehicles. In *Proceedings of IEEE 2005 VPPC*. IEEE. doi:10.1109/VPPC.2005.1554635.

Tojura, K., & Sekimori, T. (1998). Development of battery system for hybrid vehicle. In *Proceedings of EVS 15*. EVS.

Trackenbrodt, A., & Nitz, L. (2006). Two mode hybrids = adoption power of intelligent system. In *Proceedings of Aachen Colloquium*. Aachen Colloquium.

Vaccaro, A., & Villaci, D. (2004). Prototyping a fussy based energy manager for parallel HEV. In *Proceedings of ELE European Drive Transportation Conference*. Estorial, Portugal: ELE.

Van Mierlo, J., Maggetto, G., & Van den Bossche, P. (2003). Models of energy sources for EV and HEV: Fuel cells, batteries, ultracapacitors, flywheels and engine-generators. *Journal of Power Sources, 128*(1), 76–89. doi:10.1016/j.jpowsour.2003.09.048.

Veinger, A. H. (1985). *Adjustable synchronous drive system*. Moscow: Energoatimizdat.

Wyczalek, F. A., & Wang, T. C. (1992). Regenerative braking for electric vehicles. In *Proceedings of ISATA 2J*. Florence, Italy: ISATA.

Yamagouchi, K. (1996). *Advancing the hybrid system*. Electric & Hybrid Vehicle Technology.

Yamaguci, K., Mityaishi, Y., & Kawamoto, M. (1996). Dual system – Newly developed hybrid system. In *Proceedings of EVS 13*. EVS.

Yamamura, H. (1992). Development of power train system for Nissan. In *Proceedings of EVS 11*. Florence, Italy: EVS.

Yn, C., Iseng, C., & Lin, S. (2010). Development of clutchless AMT system for EV. In *Proceedings of EVS 25*. EVS.

Zhong, J. (2007). Regenerative braking system for a series hybrid electric city bus. In *Proceedings of EVS 23*. EVS.

Zolot, M. D., & Kramer, B. (2002). *Hybrid energy storage studies using batteries and ultra capacitors for advanced vehicles*. Paper presented at the 12th International Seminar on Double Layer Capacitors and Similar Energy Storage Devices. Deerfield Beach, FL.